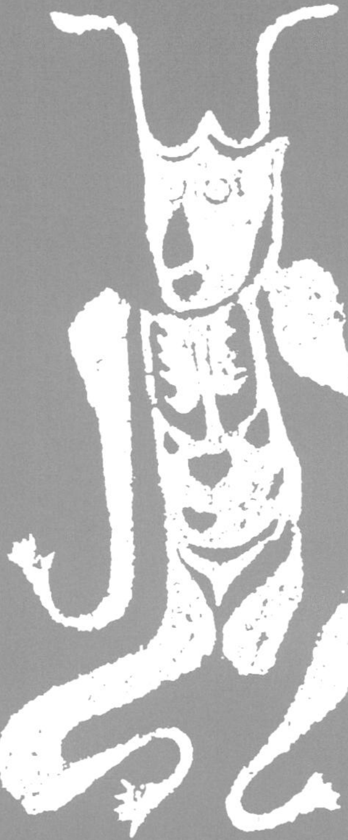

慈恵大師が祈禱のとき鏡に映ったという角大師（P77）

〈改訂新版〉

日光パーフェクトガイド

NIKKO PERFECT GUIDE

日光市観光協会 監修

下野新聞社

日光フォトコンテスト入賞作品

目次　改訂新版 日光パーフェクトガイド

第1章　日光市街

第2章　日光山内

第3章　中禅寺湖・男体山

第4章　戦場ヶ原

第5章　湯元温泉

第6章　霧降高原

第7章　足尾

第8章　日光周辺

※本書は旧日光エリアを中心に書かれたものです

日光の自然と歴史

日光への交通

日光は、東京から北に約150キロ。鉄道ではＪＲと東武鉄道が利用でき、車では北関東自動車道、東北自動車道から日光宇都宮道路に入ればよい。また、周辺地域からは、関越自動車道を群馬県で降りて日光に入るルートや、会津方面から日光を目指すルートもある（16～17ページ参照）。

日光は「自然の冷蔵庫」

関東地方では、奥日光の寒さはとくに有名である。戦場ヶ原《せんじょうがはら》の１月の平均気温はほぼ零下７度で、最低気温が零下20度を記録することもある。また降雪も多く、スキー場も設けられている。

その一方で、夏は快適なほど涼しい。８月の平均気温が日光市街で21～22度、中禅寺湖畔の中宮祠《ちゅうぐうし》で18～19度、戦場ヶ原では17～18度である。このため、しばしば日光は関東地方の「自然の冷蔵庫」と呼ばれる。

夏の冷涼な気候が、日光を避暑地として発展させ、さらに戦場ヶ原の開拓地においては高原野菜の栽培やイチゴや花の育苗を定着させている。

日光各地の特色

ひと口に日光といっても、地域によってかなりの変化がある。その大きな原因のひとつが標高の違いである（9ページの図参照）。

日光の市街が約530メートル、中禅寺湖が1269メートル、戦場ヶ原（三本松）が1394メートル、湯ノ湖《ゆのこ》（湯元温泉《ゆもとおんせん》）が1478メートル、そして霧降高原の丸山が1689メートルである。さらに、これらの背後に男体山《なんたいさん》（2486メートル）や白根山《しらねさん》（2578メートル）に代表される2000メートル級の日光連山がそびえている。

<日光市街>

標高の低い位置にある日光市街は、日光の玄関口であり、日光山内にある二社一寺《にしゃいちじ》（日《にっ》光東照宮《こうとうしょうぐう》、日光山輪王寺《にっこうさんりんのうじ》、日光二荒山神社《にっこうふたらさんじんじゃ》。さらに輪王寺に属する家光廟大猷院《いえみつびょうたいゆういん》もある）のいわば門前町にあたる。

<中禅寺湖・男体山>

中禅寺湖は、男体山の噴火によって生まれたせき止め湖で、周囲が約25キロある。規模の大きい自然湖のなかで、日本一の高さを誇る。中禅寺湖には、もともと魚がすんでいなかったが、明治時代になって次々と魚が放流され、今では日本有数の釣り場となっている。さらに、ここで育ったヒメマス、ニジマスなどの卵や稚魚は、全国の養殖場や河川、湖沼にも供給されている。

さまざまな伝説に彩られた湖の周囲には、日光二荒山神社中宮祠、日光山中禅寺を中心に中禅寺温泉、キャンプ場、外国大使館別荘などがある。また、日光二荒山神社中宮祠は男体山の登拝口になっている。そして、湖を運航する中禅寺湖遊覧船、湖畔を散策するハイキングコースも楽しめる。

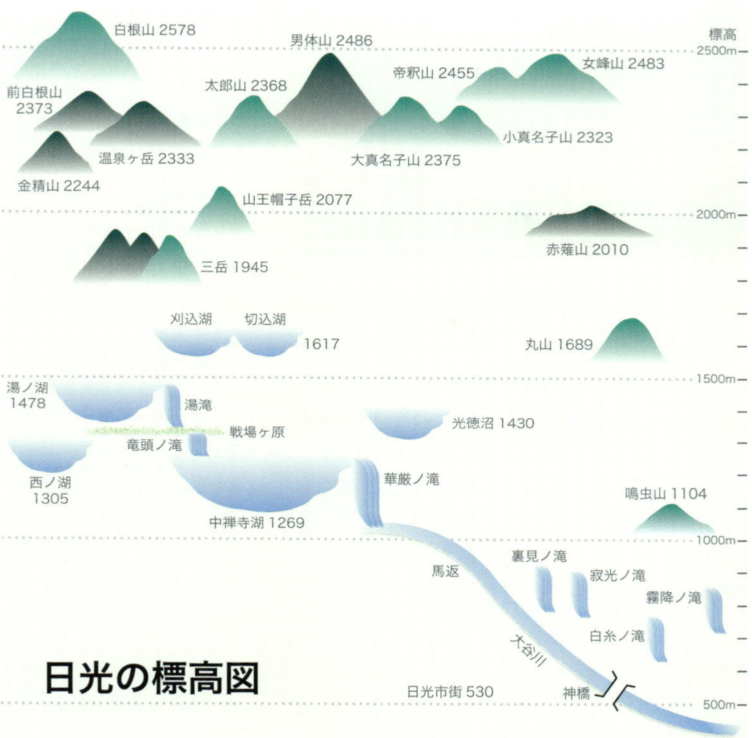

<戦場ヶ原>

戦場ヶ原は、日本を代表する湿原のひとつで、広さは約400ヘクタールある。高山植物の宝庫であり、6月から8月にかけてクロミノウグイスカグラ、ワタスゲ、イブキトラノオ、ノハナショウブ、ホザキシモツケなどの花を楽しめる。また、湿原の周囲にはカラマツ、ミズナラ、ハルニレ、ズミなどの落葉広葉樹林がある。なかでも、「小田代原《おだしろがはら》の貴婦人」の愛称を持つシラカンバは、ハイカーばかりか、プロ・アマ問わずカメラマンの人気の的である。

高山植物の開花時期には、たくさんのハイ

カーが訪れる戦場ヶ原は梅雨の影響を受けにくく、日光市街が雨でも晴れているときが多い。電車を降りて駅前が雨でも、奥日光など目的地の天気を確認することをおすすめする。

冬、一面の雪で覆われる戦場ヶ原は、またクロスカントリースキーの盛んなところでもある。初心者コースから公認コースまで、各種コースがそろっている。戦場ヶ原の東に位置する光徳《こうとく》がコースの出発点となっている。

<湯元温泉>

湯ノ湖は、奥日光のいちばん奥（北）に位置し、湖の北側には源泉を持つ湯元温泉街が広がる。

湯元温泉の歴史は、1200余年前に勝道上《しょうどうしょう》人《にん》がここに温泉を発見したことに始まり、温泉神社や温泉寺が、今もその名残をとどめている。この昔ながらの温泉地としての顔に加えて、現在ではスキー場やキャンプ場が開設され、総合的なレジャー地として生まれ変わっている。

その一方で、湯元温泉は湯ノ湖を中心に自然に触れ合う絶好の場所となっている。湯ノ湖の周囲は約３キロで、１時間余りで一周できるハイキングコースがある。湯ノ湖は、中禅寺湖や湯川とともに、釣りスポットとして人気が高い。湯元温泉は前白根山《まえしらねさん》、金精山《こんせいざん》などへの登山口でもある。

<霧降高原>

日光市街の北側に広がる高原地帯が、霧降高原である。関東平野を一望でき、高原の中央を霧降高原道路が貫通している。

交通の便がよいので、色とりどりのツツジが咲き競うつつじヶ丘や、ニッコウキスゲが咲き乱れるキスゲ平を訪れるマイカー族が多い。また、キャンプ場やスポーツ・レジャー施設も整備されている。

数多くの滝

日光には滝が多いことから、「日光四十八滝」とか「七十二滝」という言い方が残っている。「日光三名瀑《めいばく》」と呼ばれるのは華厳ノ《けごんの》滝《たき》、裏見ノ滝《うらみのたき》、霧降ノ滝《きりふりのたき》だが、湯滝《ゆだき》や竜頭ノ《りゅうずの》滝《たき》もこれらと甲乙つけがたい。また、規模は小さいながらも姿の美しい滝が、あちこちに点在している。ちなみに、華厳ノ滝は「日本の三大名瀑」にも数えられている。

東武日光駅前には、代表的な滝のタイプを知ることができる「滝のモデル」がある。

野生の生き物たち

高山植物や樹木に恵まれた日光には、植物とともに生きる野生動物や野鳥、昆虫が生息している。

野生動物では、これまで観測されたものを含めてニホンカモシカ、ツキノワグマ、ヤマネ、ニホンジカ、ニホンザルなどが生息している。しかし、環境の変化とともに人間との

摩擦が生じていることも事実である。日光市の「市の花」でもあるニッコウキスゲの芽を食べてしまうニホンジカ、人間からもらうエサをねだるニホンザルなど、観光客のマナーとともに、野生動物と人間との共生のあり方が問われている。ともに自然の恵みを享受する者として、できるかぎり動物たちとの接触を避け、彼らが生きる領域に足を踏み入れないように配慮したい。

ハイキングコースを歩いていると、野鳥や昆虫に出会う機会に恵まれる。耳を澄まし、目をこらして観察してみよう。

日光を開いた勝道上人

日光という未開の地を開き、ここを一大聖地に変えたのが、勝道上人（735~817）である。

勝道上人は日光のある下野国《しもつけのくに》（栃木県）の人で、明星天子《みょうじょうてんし》のお告げに導かれて、男体山（二荒山）に向かったと伝えられている。頂上を極めるまでには、多くの困難に遭遇したが、天応《てんおう》２（782）年についに悲願を達成する。

日光を彩る伝説の多くは、勝道上人の足跡や業績に由来しており、日光を理解するうえで、最も重要な人物である。

神仏習合とは

勝道上人が日光を開いて以来、日光はずっと神仏習合の時代が続いた。そして、日本では、高い山は古来から神でもあった。

ゆえに、男体山は御神体（信仰の中心）であり、イコール大己貴命《おおなむちのみこと》であり、千手観音《せんじゅかんのん》でもある。同じように、女峰山《にょほうさん》も御神体で、田《た》心姫命《ごりひめのみこと》であり、阿弥陀如来《あみだにょらい》でもある。さらに、太郎山《たろうさん》も御神体で、味耜高彦根命《あじすきたかひこねのみこと》であり、馬《ば》頭観音《とうかんのん》でもある。

このように、いわば古来からの山岳信仰と神道、仏教の考え方が違和感なく同居していたのである。現代人には一見、複雑なように思えるが、日光の歴史を深く知るうえで欠かすことのできない知識である。

こうした神仏習合のあり方は、明治元（1868）年の神仏分離令を境に改められ、日光もその例外ではなかった。明治４（1871）年に神仏分離が行われ、一時は数多くの寺が併合されるなどした。

日光再興の恩人、天海大僧正

戦国時代の混乱は、日光もその例外ではなく、日光は一時苦境に立たされる。その原因は、日光山衆徒が小田原の北条氏に加担したためで、小田原城を攻め落とした豊臣秀吉によって所領を没収されてしまう。

これを救ったのが、江戸時代に日光山の貫《かん》主《す》となった天海大僧正《てんかいだいそうじょう》（1536？～1643、慈《じ》眼大師《げんだいし》）で、日光再興の恩人である。

100歳を超える長寿だった天海大僧正は、家康・秀忠《ひでただ》・家光《いえみつ》公の徳川３代の将軍に仕えたばかりか、日光東照宮の造営に強く影響を与えたといわれている。

ところで、真偽はともかく、日光には天海大僧正にまつわる興味深い言い伝えが残っている。実は、天海大僧正は明智光秀だったというのである。

本能寺で織田信長を死に追いやった明智光秀は死を逃れ、僧に姿を変えて天海大僧正になった。そして、日光に明智の名を残した。それが、眺望豊かな明智平《あけちだいら》の名前の由来だという。

家康公の遺言と日光東照宮

徳川家康《とくがわいえやす》公（1542～1616）なくして、今日に及ぶ観光地日光の発展はありえなかった。日光にとって最も重要な人物である。

その発端は、家康公の遺言にあった。天下統一後、江戸に徳川幕府を開いた家康公は、これを盤石《ばんじゃく》なものにし、平和を永続させるため、次の趣旨の遺言を残したのである。

「日光山に小さな堂を建てて、自分を神としてまつること。自分は、日本の平和の守り神となる」

日光は江戸のほぼ真北。北天は、宇宙の中心であり、不動の北極星を中心に星々が規則正しく運行する。これがこの世の規範であり、江戸から見れば、その要の位置に日光がある。つまり、江戸と北極星を結ぶ宇宙の中心軸にまつられることによって、日本の平和の守り神になろうとしたのである。

この遺言のなかでは「小さな堂」とあったが、家康公を追慕する３代将軍家光公によって絢爛豪《けんらんごう》華《か》な社殿に建て替えられた。おかげで、私たちは江戸初期の芸術の粋《すい》を集めた、世界に誇る日光東照宮《にっこうとうしょうぐう》を目にすることができるのである。

ただし、ひと言付け加えるべきだろう。一見、絢爛豪華にばかり見える社殿には、家康公の根本精神が生きていることを。

この社殿には、至るところに平和への願い

が込められているのである。さらにいえば、日光東照宮は平和のシンボルなのである。

中国の故事に基づく彫刻類も、唐子《からこ》も、また「眠り猫」も、竜や貘《ばく》の霊獣《れいじゅう》も、すべて平和というキーワードで、その意味が明らかにされるのである。そして、ここは、彫刻の花咲き、鳥歌う楽土《らくど》でもある。

そうした視点で東照宮を見直すと、「日暮らし門」と呼ばれる陽明門《ようめいもん》ばかりか、ほかの建物にも興味がそそられる。なぜ、ここに、こんな彫刻・絵画が施されているのかを考えただけでも飽きることがない。さらには、東照宮の霊獣ウォッチングやネイチャーウォッチングという、新たな発見続出の思いがけない楽しみ方もある。

●家光廟大猷院

二社一寺の陰に隠れているが、見逃せないのが、家光廟大猷院である。家光廟大猷院は家康公を生涯追慕した家光公（1604～1651）の墓所で、「死んだ後も、東照大権現《とうしょうだいごんげん》（家康公）にお仕えする」という遺言に基づいて建てられた。

東照宮をはばかって、異なる雰囲気の造りになっているが、やはり江戸初期の芸術の粋をこらした一級品の建造物である。ちょっと足を延ばして、ぜひご覧いただきたい。二社一寺のいちばん奥にある。

日光市全図

A
B
C
1
2
3
4
福島県
P208
湯西川温泉
八汐湖
奥鬼怒
川俣湖
川俣
大笹牧場
P182
刈込湖
切込湖
金精峠
涸沼
日光市
P172
湯元温泉
女峰山
五色沼
白根山
湯ノ湖
P156
霧降高原
寂光ノ滝
裏見ノ滝
外山毘沙門堂
滝尾神社
釈迦堂
戦場ヶ原
男体山
群馬県
清滝神社
P42
P186
興雲律院
中禅寺温泉
中禅寺湖
西ノ湖
殉死の墓
日光
清滝寺
P20
古河電工
P124
P192
足尾
鹿沼市

D
E
F
1
2
3
4
P204
那須町
那須塩原市
大田原市
川治温泉
鬼怒川温泉
矢板市
栃木県
塩谷町
さくら市
今市
宇都宮市
高根沢町
N
0m
2500m
5km

都心からの鉄道路線図

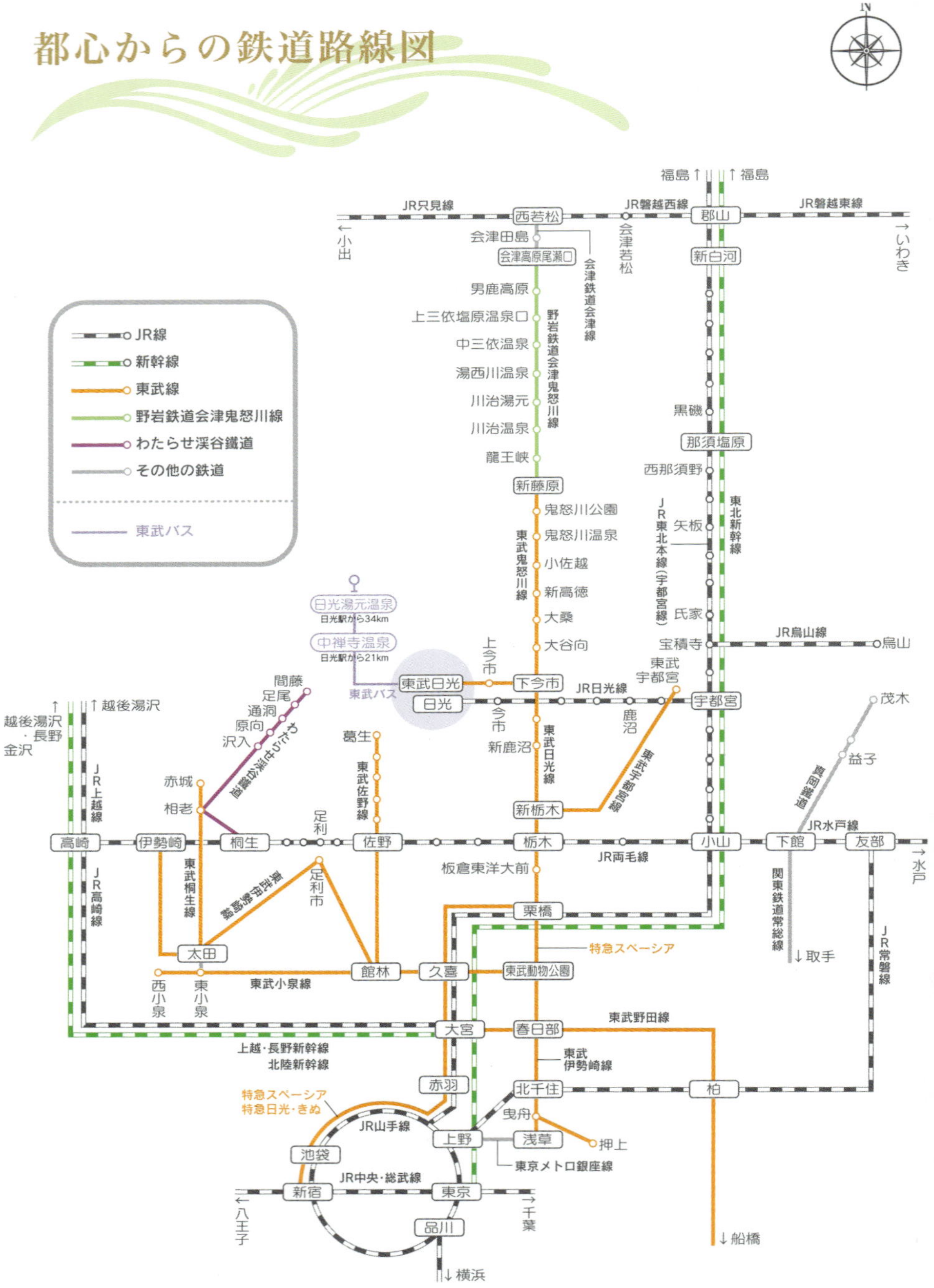
N
JR線
新幹線
東武線
野岩鉄道会津鬼怒川線
わたらせ渓谷鐵道
その他の鉄道
東武バス
福島
福島
JR只見線
JR磐越西線
JR磐越東線
西若松
郡山
小出
いわき
会津若松
会津田島
会津鉄道会津線
会津高原尾瀬口
新白河
男鹿高原
上三依塩原温泉口
中三依温泉
湯西川温泉
川治湯元
川治温泉
龍王峡
野岩鉄道会津鬼怒川線
黒磯
那須塩原
西那須野
新藤原
鬼怒川公園
鬼怒川温泉
小佐越
新高徳
大桑
大谷向
東武鬼怒川線
矢板
JR東北本線(宇都宮線)
東北新幹線
氏家
宝積寺
JR烏山線
烏山
日光湯元温泉
日光駅から34km
中禅寺温泉
日光駅から21km
東武バス
東武日光
日光
上今市
下今市
今市
JR日光線
鹿沼
東武宇都宮
宇都宮
茂木
益子
真岡鐵道
新鹿沼
東武日光線
東武宇都宮線
新栃木
間藤
足尾
通洞
原向
沢入
わたらせ渓谷鐵道
赤城
相老
葛生
東武佐野線
越後湯沢・長野・金沢
越後湯沢
JR上越線
高崎
伊勢崎
桐生
足利
佐野
栃木
小山
下館
友部
JR水戸線
JR両毛線
水戸
板倉東洋大前
JR高崎線
東武桐生線
東武伊勢崎線
足利市
関東鉄道常総線
JR常磐線
栗橋
特急スペーシア
取手
太田
館林
久喜
東武動物公園
西小泉
東小泉
東武小泉線
大宮
春日部
東武野田線
上越・長野新幹線
北陸新幹線
東武伊勢崎線
赤羽
北千住
柏
特急スペーシア
特急日光・きぬ
JR山手線
曳舟
上野
浅草
押上
池袋
東京メトロ銀座線
JR中央・総武線
新宿
東京
八王子
千葉
品川
船橋
横浜

主要道路アクセスと距離

本書の利用にあたって

内容を大きく２つに分けると、カラーページの＜地域ガイド＞と、詳しいデータをまとめた＜資料・情報ページ＞から構成されています。

＜地域ガイド＞（19〜223ページ）

●日光の中心となる地域を次の８章で解説しています。それぞれの位置関係は、「日光市全図」（14〜15ページ）に示しています。

第１章　日光市街
第２章　日光山内（日光東照宮、日光山輪王寺、日光二荒山神社、家光廟大猷院）
第３章　中禅寺湖・男体山
第４章　戦場ヶ原
第５章　湯元温泉
第６章　霧降高原
第７章　足尾
第８章　日光周辺（今市、鬼怒川・川治、湯西川・川俣・奥鬼怒）

この８章に加えて、２つの「史跡探勝路」と、12の「ハイキングコース」を、地図を添えて掲載しています。

●各章には、その地域の主要な社寺、施設、観光スポットなどを、見出しを立てて掲げました。そして、見出しの後ろに、地図における位置を示しました。

●見出しの項目は、その写真を載せたうえで内容をなるべく詳しく解説することに努めました。そして、社寺や施設に出かける場合に必要な詳しいデータ（社寺拝観料や施設利用料、問い合わせ先、交通など）は、＜資料・情報ページ＞に一覧表にして掲載しました。

●第２章の見出しの順序は、拝観しやすい順序に並べたもので、必ずしも所属関係を表すものではありません。

●「みやげ」「グルメ」の欄では、地域の代表的な名産品、料理（素材）を取り上げました。お店選びは＜資料・情報ページ＞を参照してください。

＜資料・情報ページ＞（224〜259ページ）

●このページは、日光を訪れる人や、日光を知りたい人のために、できるかぎりのデータを網羅しています。いわば「日光ミニ・データブック」としても利用できます。

●このページの最も大きな特徴は、日光市観光協会に加盟するすべての「宿泊施設」「飲食・物産店、湯波専門店、製造元」が掲載されていることです（232〜247ページ）。加盟店みずからが自己ＰＲした「ＰＲ」欄を、宿泊先やお店選びなどの参考にしてください。

●日光を訪れる場合に、注意が必要なのはクレジットカードを利用できる店が限られていることです。利用を希望する際には、あらかじめ確認することをおすすめします。また、カードを利用できる金融機関および郵便局も限られていますので、226ページを参考にしてください。両替についても同様です。

●「日光の伝統行事」および「日光の観光イベント」（254〜257ページ）については、日時が変更になる場合がありますので、お出かけの前にかならず確認をしてください。

＜その他のページ＞

●「索引」（260〜263ページ）には、＜地域ガイド＞の見出しで取り上げた全項目が五十音順に並んでいます。

なお本書は修学旅行生の利用も考えて、初出の固有名詞、常用漢字表の表外漢字および表外音訓などに適宜ふりがなをつけています。

第1章

日光市街

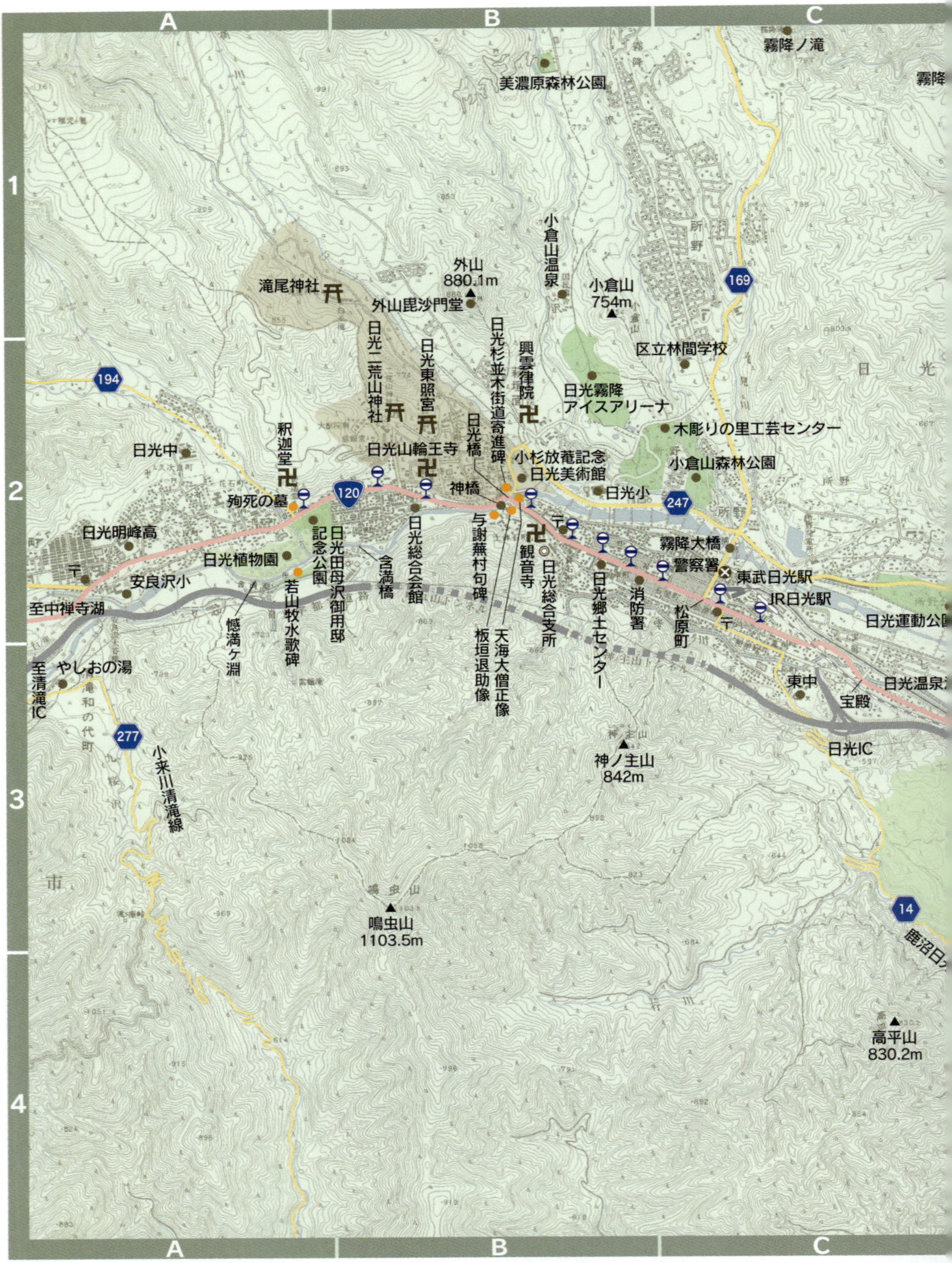

〈凡例〉※他ページも参照　バス停　P駐車場　トイレ　船の発着場　キャンプ場　000国道　000県道・地方道　有料道路　一般車両進入禁止

日光市街
D
E
F
1
2
3
4
N
0m
500m
1km
毘沙門山
585.7m
245
愛宕山
510m
茶臼山
517m
大谷川
丸山公園
247
至鬼怒川温泉
東武鬼怒川線
461
至矢板
日光北街道
武日光線
光宇都宮道路
日光柳営博物館
日光だいや川公園
グリーンパーク
野口小
119
日光街道
JR日光線
杉並木公園
上今市駅
121
日光口PA
下今市駅
62
今市小
春日町
日光杉並木街道
至宇都宮
今市駅
日光市歴史民俗資料館
121
日光市役所
今市IC
今市高
70
例幣使街道

「日光を見ずして けっこうというなかれ」

「日光《にっこう》」という地名の由来は、男体山《なんたいさん》の元の呼び名である二荒山《ふたらさん》を「ニコウザン」と音読みし、日光という文字を当てたとされている。

そもそも、男体山をなぜ二荒山と呼んだのかは、補陀洛《ふだらく》を由来とする説が有力。補陀洛とは、観音菩薩《かんのんぼさつ》の浄土であるポータカラ（梵《ぼん》語《ご》）を漢字に当てたもので、補陀洛山からフタラ山（二荒山）の名が生まれたとする。ほかに、日光の山にはクマザサが多いことから、アイヌ語のフトラ（＝クマザサ）がフタラとなったという説と、馬返《うまがえし》（いろは坂の上り口）付近の岩壁の洞穴から春秋２回風が吹き荒れるので、二荒となったという説とがある。

「日光を見ずしてけっこうというなかれ」という言葉があるように、日光は見どころが多い。一般に、日光といえば東照宮《とうしょうぐう》が有名だが、日光の歴史の始まりは奈良時代にさかのぼる。天平神護《てんぴょうじんご》２（766）年、勝道上人《しょうどうしょうにん》が四《し》本龍寺《ほんりゅうじ》を建立したのが、日光の始まりである。

日光の魅力は史跡だけではない。数々の史跡を訪ねると同時に、豊かな緑と水に恵まれた大自然を存分に味わいたいものである。それぞれの史跡へたどりついたら、まずは、男体山を眺めてみるとおもしろい。日光の大自然を象徴する雄大な山は、見る角度によって、さまざまな表情を見せてくれるに違いない。

JR日光駅貴賓室《ジェイアールにっこうえききひんしつ》

P20-2C

明治23（1890）年開業の歴史ある駅。「白い貴婦人」とも呼ばれる洋風木造建築の駅舎は大正元年に建て替えられたもの。長年にわたり設計者が不明だったが、当時の鉄道院技手・明石虎雄の設計であったことが近年判明した。明治のロマネスクの香りを残す名建築

貴賓室も設けられた風格のあるJR日光駅

として知られ、夜になるとライトアップによって、白亜の駅舎が幻想的な姿で浮かび上がる。

駅長室の隣には、かつて大正天皇が田母沢《たもざわ》の御用邸《ごようてい》（現在の日光田母沢御用邸記念公園）を訪れたときに休息した貴賓室が、当時のままに保存されている。広さは約40平方メートル。天井にはシャンデリア、床には豪華なじゅうたんが敷きつめられており、白い大理石の暖炉が威厳を漂わせている。

暖炉の上の大きな鏡は姿を見るためのものではなく、反射を利用して陽光を得るためのものだという。この貴賓室は、ゴールデンウイークなど利用客の多い時期には開放され、ホームから直接見学することができる。閉鎖時にも、たのめば見せてもらえる。

東武日光駅《とうぶにっこうえき》

P20-2C

昭和４（1929）年、東武鉄道日光線の開通と同時に開業した。駅構内には、定期観光バスの受付所や日光観光案内所などがある。日光観光案内所では、観光の案内ばかりでなく、天候の状況など、その日の新鮮な情報を得ることができる。思いもかけない情報が入手できる場合があるので利用したい。

日光には滝が多いが、東武日光駅前の「滝のモデル」を見れば代表的な滝のタイプを知ることができる。

JR日光駅とともに関東の駅100選に認定された東武日光駅

日光郷土センター《にっこうきょうどセンター》

P20-2B

平成14（2002）年にリニューアルされ日光観光情報センターとしての機能も備わり、訪れた国内外旅行客への情報提供所として利用されている。

日光郷土センター外観

館内にはインターネットが設置され、メールや行き先などの情報検索で利用されている。

また、ビジットジャパン案内所カウンターや日・英・中・韓の４か国語翻訳ビデオコーナーを設置。駐車場も備え、日光市観光協会日光支部事務局もある。

小杉放菴記念日光美術館《こすぎほうあんきねんにっこうびじゅつかん》

P20-2B

平成９（1997）年10月に開館した市立美術館で、収蔵する日光市出身の画家・小杉放菴（1881～1964）の作品を中心に、「自然へのいつくしみ」を基本テーマとした広範な作品展示を展開している。

放菴は二荒山神社《ふたらさんじんじゃ》の神官の子として生まれ、日光に永住した洋画家・五百城文哉《いおきぶんさい》の内弟子となった後、洋画に限らず漫画、挿絵、日本画でも優れた作品を残した。当時の文展（文部省美術展覧会）でも２回最高賞を受賞している。代表作は、東大安田講堂の壁画「泉」と「水郷」「山幸彦」「神橋」「奥の細道画冊」など。未醒《みせい》、放庵の号もある。

小杉放菴記念日光美術館

日光田母沢御用邸記念公園《にっこうたもざわごようていきねんこうえん》

P20-2A

日光田母沢御用邸記念公園（旧日光田母沢御用邸）は、大正天皇（当時は皇太子）のご静養のため、明治32（1899）年に造営された。

建物は、赤坂離宮から移されたものを骨格として、明治32年１月15日起工、同年６月に本館その他の工事を終了。その後、大正７年から９年にかけて、大正天皇の滞在に伴って、大増改築が行われた。

建物の広さは4471平方メートル、部屋数は106あり、大正天皇は大正14年夏まで、毎年のようにお過ごしになられた。昭和になっても、昭和天皇ならびに香淳皇后、また第２次大戦の折には天皇陛下（当時は皇太子）が日光疎開により昭和19年７月から約１年ご滞留なされた。

敷地面積は、大正11年時では約10万7000平方メートルあったが、現在は約４万平方メートル（1万1900坪）。

この旧御用邸のもつ価値として、①江戸・明治・大正時代の建築が融合し、建築学的にもたいへん貴重、②これほど、大規模な木造建築物は、全国でも数少ない、③明治期に建築された旧御用邸のうち、本邸宅の残存するものは旧日光田母沢御用邸のみ、④建築内部に施されている装飾・絵画など、建築全体に文化的価値がある、の４点が挙げられ、平成15（2003）年には国の重要文化財に指定され、平成19年には「日本の歴史公園100選」に選定された。

日光田母沢御用邸記念公園

日光植物園《にっこうしょくぶつえん》

P20-2A

「日光植物園」の通称で知られているこの植物園は、正式には「東京大学大学院理学系研究科附属植物園日光分園」という。明治35（1902）年に東照宮《とうしょうぐう》付近に開設されたが、その後、明治44（1911）年、現在の場所に移転した。植物学の研究、教育のため、東京大学が設けた教育実習施設である。

日光は男体山《なんたいさん》、女峰山《にょほうさん》、白根山《しらねさん》など2000メートルを超える山が連なり、中禅寺湖《ちゅうぜんじこ》をはじめとする大小の湖沼、戦場ヶ原《せんじょうがはら》や小田代原《おだしろがはら》のような湿原があり、また渓流や滝も多い恵まれた自然環境にある。そのため高山植物、湿原植物に恵まれて、1500種類以上もの草や木が自生しており、この植物園では主に高山植物や山地性の植物について研究が行われている。

植物園の現在の面積は10万6980平方メートルで、自生するものも含めて約2200種類の植物が栽培されている。

園内で栽培されている樹木の多くは、開園当時に広く日本各地から集めたものであるが、起伏に富んだ地形と相まって、今では自然林を思わせる景観となっている。

数ある樹木の中でも、サクラ、カエデ、ツツジ類の収集に力を入れており、サクラ類は、日本に自生する16種のうち、寒冷地では栽培できないものを除く13種をすべて栽培しており、変種、品種などを含めると30種類以上を観察することができる。同じく、カエデ類は、26種のうち19種を、ツツジは51種のうち27種、変種などを含めれば40種類以上を保有している。

草本植物は園内のいたるところに植え込んであるが、特殊な生育条件を必要とする種類はロックガーデン、ボッグガーデンで栽培されている。

ロックガーデンは、この植物園の見どころのひとつ。溶岩を組んでつくった築山で、できるだけ自然に近い状態で高山植物が育成されており、園内に５か所設けてある。

ボッグガーデンとは、湿原植物を育てるために設けた湿地園で、約100種類が栽培されている。

避暑で訪れていた大正天皇もここを好んで散歩された。それを記念して昭和２（1927）年に記念園がつくられ、大正天皇の「お帽子掛けの栗の木」と呼ばれるクリの木がある。園の中ほどにある塀の東側は旧日光田母沢御《きゅうにっこうたもさわご》用邸《ようてい》の一部で、昭和25（1950）年に植物園の敷地となった。田母沢川にかかる橋や庭内の石灯籠《いしどうろう》などに、御用邸時代の面影が残る。

なお、この日光植物園の本園は東京都文京区にある「小石川植物園」で、貞享《じょうきょう》元（1684）年に徳川幕府が設けた「小石川御薬園」を引き継いだものである。

植物園入り口

広々とした日光植物園の園内

日光植物園の
春の花

日光植物園で栽培されている植物は、自生するものも含めて約2200種類ある。そのうち、春に咲く植物の一部を紹介しよう。

遅い春に、いっせいに咲き乱れる様は、植物ファンならずとも魅せられる。

（　）内は開花時期。

アカヤシオ（4月中旬〜下旬）

アズマシャクナゲ（4月下旬〜5月上旬）

タンチョウソウ（4月中旬〜5月上旬）

ヤマブキ（4月下旬〜5月上旬）

キバナイカリソウ（5月上旬〜下旬）

シロヤシオ（5月上旬〜6月中旬）

カザグルマ（5月下旬〜6月上旬）

クリンソウ（5月中旬〜6月上旬）

憾満ヶ淵《かんまんがふち》（含満ヶ淵）

P20-2A

男体山《なんたいさん》から噴出した溶岩によってできた奇勝で、川岸に巨岩があって、岩上に晃海僧正《こうかいそうじょう》によって造立された不動明王《ふどうみょうおう》の石像が安置されていた。「かんまん」の名は、不動明王の真言《しんごん》（呪文《じゅもん》）の最後の句から出ている。それを漢字に当てて「憾満」と書いた。「含満」とも書くので「がんまん」と濁って発音されることが多いが、命名の由来を考えると「かんまん」と読むのが正しい。

神橋《しんきょう》方面から大谷川《だいやがわ》沿いの道をたどり含満橋を渡ると、舗装の道が終わり駐車場に出る。そこから上流に向かって「ストーンパーク」と呼ばれる公園が広がり、その中央の道を奥に行くと、慈雲寺《じうんじ》と化地蔵《ばけじぞう》がある。そのあたりの大谷川の小渓谷が憾満ヶ淵である。

慈雲寺山門の手前には、大正天皇御製《ぎょせい》歌碑がある。日光田母沢御用邸記念公園に近いこのあたりを散策しながら詠まれた「衣手もしぶきにぬれて大谷川月夜涼しく岸づたひせり」の歌が刻まれている。

慈雲寺は承応《じょうおう》3（1654）年に晃海僧正が創建したものだが、当時の建物は明治35（1902）年の洪水で流失した。現在の本堂は昭和48（1973）年に復元されたものである。

本堂から少し上流にいくと、右手に霊庇閣《れいひかく》がある。これは慈雲寺創建のとき、晃海僧正が建立した護摩壇《ごまだん》で、対岸の不動明王の石像に向かって護摩供養が行われた。これも当時の建物が流失したため、昭和46（1971）年に復元されたものである。

この護摩壇の対岸の絶壁に、「かんまん」の梵字《ぼんじ》が刻まれている。この梵字には弘法《こうぼう》大師《だいし》が筆を投げて彫りつけたという伝説があり、「弘法の投筆《なげふで》」といわれている。しかし、実際のところは、この地を開いた晃海が山順僧正《さんじゅんそうじょう》の書した梵字を刻ませたものだ。晃海と空海《くうかい》（弘法大師）の発音が似ているため、誤って伝えられたのであろう。

荒々しい流れを見せる景勝地、憾満ヶ淵

慈雲寺

霊庇閣。慈雲寺創建のとき建てられた護摩壇

苔（こけ）むした化地蔵

霊庇閣から奥には、約70体の地蔵群が一列に並んでいる。これは慈眼大師天海《じげんだいしてんかい》の門弟が彫ったもので、当時は100体ほどあったという。しかし、これも明治35年の大洪水で何体かが流出している。このとき地蔵群の先頭に配置されていた「親地蔵」も流されてしまったが、川床に埋没していたその御首《おんくび》を地元の人が見つけ、現在は浄光寺《じょうこうじ》に安置されている。

この地蔵群には「化地蔵《ばけじぞう》」「並地蔵《ならびじぞう》」「百地《ひゃくじ》蔵《ぞう》」などの呼び名がある。化地蔵の名前の由来は、みんな似たような姿なので何回数えても数が合わないからという説と、仏教用語の「抜苦与楽《ばっくよらく》」の「抜苦」がつまって「化《ばけ》」となったという説がある。

大谷川をはさんで、地蔵群の対岸は日光植物園である。春の新緑に始まり秋の紅葉、そして地蔵たちが雪をかぶるまで、美しい風光を楽しむことができる。

高さ20メートルの裏見ノ滝

裏見ノ滝《うらみのたき》

P14-3C

大谷川《だいやがわ》の支流荒沢川《あらさわがわ》の上流にある、高さ約19メートルの滝。元禄《げんろく》2（1689）年に奥の細道行脚《あんぎゃ》で日光を訪れた芭蕉《ばしょう》は、この滝を見て「暫時《しばらく》は滝に籠《こも》るや夏《げ》の初《はじめ》」の句を詠んだ。滝の裏には不動明王《ふどうみょうおう》がまつられているが、現在はお参りすることはできない。

寂光ノ滝《じゃっこうのたき》

P14-3C

田母沢川《たもざわがわ》にそそぐ沢に落ちる滝。このあたりに昔、寂光寺《じゃっこうじ》があったことから名がついた。寂光寺は弘仁《こうにん》11（820）年に弘法大師《こうぼうだいし》が開基したと伝えられる。江戸時代には寂光権現《じゃっこうごんげん》、拝殿、不動明王堂《ふどうみょうおうどう》などが立ち並び、修験道《しゅげんどう》・浄土信仰の中心地として栄え、釘抜《くぎぬき》念仏発祥の地として、その名を知られている。明治4（1871）年の神仏分離で寂光権現が廃され、寂光が若子《じゃっこ》に改められて若子神社に。滝に向かう途中、池石《いけいし》（生石《いきいし》）と呼ばれる巨石がある。

寂光ノ滝

上面に常に水をたたえる池石

清滝寺《せいりゅうじ》

P14-3C

勝道上人《しょうどうしょうにん》が中禅寺《ちゅうぜんじ》立木《たちき》観音《かんのん》のうら木（先の細いほう・末木）で刻んだと伝えられる千手《せんじゅ》観音《かんのん》が本尊である。古来、男体山《なんたいさん》は女人禁制であったために、参拝できなかった女性巡礼者のための札所として栄えた。

清滝寺

清滝神社《きよたきじんじゃ》

P14-3C

弘仁《こうにん》11（820）年、弘法大師《こうぼうだいし》の開基と伝えられる。社の背後の岩壁に滝があるのを見た大師は、中国の大鷲山《だいじゅせん》の清滝で起こったという奇跡の話にちなんで、これを清滝と名づけた。ここにほこらを建てて金毘羅大権現《こんぴらだいごんげん》をまつり、清滝権現とした。滝の隣に「勝《しょう》福山金剛成就院清滝寺《ふくさんこんごうじょうじゅいんせいりゅうじ》」を建てたが、明治4（1871）年の神仏分離で、清滝神社とされた。毎年5月15日には「湯立て神事」が行われる。

清滝神社

興雲律院《こううんりついん》

P20-2B

天台宗の安楽律法流《あんらくりっぽうりゅう》に属する寺で、享保《きょうほう》14（1729）年の創建である。この寺は天台の正しい教えをすすめ、仏法の戒律を実践するという目的を持ち、西の比叡山《ひえいざん》（京都・延《えん》暦寺《りゃくじ》）と東の東叡山《とうえいざん》（東京・寛永寺《かんえいじ》）、ここ日光山の3か所に創建された本山格の道場のひとつ。鐘楼門《しょうろうもん》前に「参詣者以外の見物お断り」の看板があるとおり、修練道場である。

この鐘楼門は唐様《からよう》の素木《しらき》造《づく》り、屋根は入母《いりも》屋造《やづく》りで、竜宮造《りゅうぐうづく》りといわれる様式の変形。かつては美しい音色の梵鐘《ぼんしょう》があったが、第2次世界大戦で供出してしまい、いまだにない。境内には安産と子どもの成長を願って奉納された将棋の駒が並ぶ三天堂《さんてんどう》（駒堂《こまどう》）がある。

興雲律院鐘楼門

駒堂とも呼ばれる三天堂

古河電工と日光和楽踊り《ふるかわでんこうとにっこうわらくおどり》

P14-3C

明治時代、足尾《あしお》から産する銅鉱石を精錬するため、精銅所が現在の清滝《きよたき》に建てられた。これが古河電工日光事業所の前身、日光電気精銅所で、栃木県の代表的な夏祭「日光和楽踊り」はここで生まれた。

その由来は、大正２（1913）年９月６、７日に民間工場としては前例のない大正天皇・皇后のご視察を受け、その大任を果たした所員の祝賀の席で自然発生的に歌い踊られたもの。当時は盆踊りなどが禁止されていたが、これを記念行事にしようという熱意が実り、名前も会社の精神「協同和楽」からとって「和楽踊り」とし、健全で明るい記念行事とすることで県から許可されたという歴史がある。開催日は、７月の創業記念日と９月の行幸記念日の中間をとって、８月の６、７日に近い金曜日。景気動向によって平成22（2010）年は市民主催となったが１年で古河電工主催にもどった。歌詞は次のとおりだが、所員などから公募した優秀作品も歌われる。

〽丹勢山《たんぜやま》から精銅所を見れば銅《かね》積む電車が出入する／日光街道をシャンシャン鈴音馬子《まご》は嫁頃紅緒笠《べにおがさ》／汽《き》てき鳴るのに隣じゃ起きぬ起きぬはずだよ新所帯《しんじょたい》（略）

一般の盆踊りと違い囃子櫓（はやしやぐら）が2基置かれる

温泉

日光温泉浴場《にっこうおんせんよくじょう》

P20-3C

日光温泉浴場

市営の温泉施設。アルカリ単純温泉で、リウマチ、運動機能障害、神経疲労回復に効能があるとされる。営業は午前10時～午後９時。毎週火曜日と12月30日～１月１日は休み。入浴料400円（65歳以上と小学生以下は半額）。

やしおの湯《やしおのゆ》

P20-3A

やしおの湯

大浴場、泡風呂、低温サウナ、露天風呂、休憩室、食堂、売店などを備えた市営の温泉施設。神経痛、五十肩、慢性消化器病、痔疾、冷え性、病後回復などに効能がある。

中学生以上500円、65歳以上と小学生250円。午前10時～午後９時。木曜日（祝日の場合はその翌日）と12月30日～１月１日は休み。

日光市街《にっこうしがい》のミニ散策路《さんさくろ》

電車の待ち時間がまだ2時間くらいあるときに、軽い散歩のつもりでミニ散策路を歩いてみよう。３コースとも、東武日光駅かＪＲ日光駅から歩く散策コース。

❶70分散策コース

散策コース情報

国道119号の裏道（北側）を通って神橋《しんきょう》まで行き、帰りは国道を通って戻るが、途中で観音寺《かんのんじ》に立ち寄るコース。

散策コースタイム

東武日光駅→６分→稲荷神社《いなりじんじゃ》・西行戻《さいぎょうもど》しの石《いし》→３分→虚空蔵尊《こくうぞうそん》→10分→神橋（トイレあり）→４分→観音寺→10分（日光総合支所の裏を通って、朝日生命日光営業所わきから国道に戻る）→日光郷土センター（トイレあり）→15分→ＪＲ日光駅→２分→東武日光駅

西行戻しの石

❷120分散策コース

散策コース情報

日光駅の裏側（北側）を歩くコースで、大谷川《だいやがわ》沿いを歩いて木彫りの里を周遊してから戻る。帰り道は野鳥が多い鳴沢《なるさわ》や、日光連山を一望できる県道を歩く。

散策コースタイム

東武日光駅→３分→霧降大橋《きりふりおおはし》→10分（大谷川緑地公園ゲートボール場を通過）→上流にかかる歩道橋（小学校グラウンドの右手を左折）→17分→木彫りの里工芸センター（トイレあり）→３分→日光うるし博物館（有料）→３分→かけなし地蔵→12分（テニスコート、小倉山《おぐらやま》遊歩道を通る）→鳴沢橋・霧降大橋→６分→下流にかかる歩道橋→３分（東武線の下をくぐる）→ＪＲ高架橋→２分→ＪＲ日光駅→２分→東武日光駅

日光市街を抜け大谷川にかかる霧降大橋を渡ると霧降高原に向かう

❸60分散策コース

散策コース情報

日光駅の裏側（北側）に流れる大谷川の対岸を歩いて戻るコース。

散策コースタイム

東武日光駅→３分→霧降大橋→10分（橋を渡って右に大谷川沿いを歩く）→下流の歩道橋→15分（大谷川にかかる歩道橋を渡って小さな橋を渡り左に歩く。病院を右に曲がり、国道119号に出る）→筋違橋《すじかいばし》→２分→異人石《いじんせき》（日光杉並木路左手）→８分→ＪＲ日光駅→２分→東武日光駅

異人石

駅前は雨、けれど奥日光は晴れ

梅雨の時期、戦場ヶ原は晴れの日が多い

日光市内の標高差は実に2000メートル以上。そのため、同じ日光でも、地域によって気象が異なっていることを、あらかじめ知っておきたい。

日光駅がある市街地から馬返《うまがえし》（標高832メートル）までは、いちじるしい気象の変化はないが、いろは坂を上り始めると、気温の低下が肌に感じられるほどである。

さらに上って明智平《あけちだいら》を過ぎ、中禅寺湖《ちゅうぜんじこ》東側から華厳ノ滝《けごんのたき》周辺（標高1274メートル）にかけては、男体山《なんたいさん》の南東斜面という地形の影響によって、霧の発生が多い。

もっと上って、奥日光の戦場ヶ原《せんじょうがはら》（標高1394メートル）から湯元《ゆもと》（標高1485メートル）にかけては１日のなかでも晴れ、くもり、霧、雨（冬は雪）など、急激に変化することがしばしばある。

とくに梅雨の時期は、駅周辺から中禅寺湖東半分に雨が降っていても、梅雨の影響を受けにくい中禅寺湖西半分から戦場ヶ原は晴れという日も多い。「駅前は雨、けれど奥日光は晴れ」というケースも少なくないので、観光協会や観光案内所などで目的地の天気を確認してから行動しよう。

みやげ

およそ1200年の歴史を誇る日光には、伝統ある名産品が数々ある。代表的なものを選んで紹介しよう。

日光ゆば《にっこうゆば》

ゆばは大豆の加工品のひとつで、豆乳を作り、これを煮たとき表面にできる薄い膜を引き上げたもの。乾燥する前のものが生ゆばで、乾燥させたものを干しゆばという。製法にほとんど違いはないが、京都のゆばは仕上がりが平たいのに対して、日光のゆば（特に揚げゆば）は幾重にも巻き上げるので、丸くボリュームがある。漢字をあてると、京都のゆばは「湯葉」で、日光のゆばは「湯波」と書くところも微妙に違っている。

日光ゆばの歴史は古い。輪王寺《りんのうじ》を中心とした仏徒修行が盛んになるに伴い、日光には多くの僧、修験者が集まった。修行をする者には精進（菜食）が要求される。そこで、たんぱく源は大豆に求められ、修験者たちが山岳地帯を旅するときには、軽量で、保存がきき、栄養にすぐれた食品として、きな粉やゆばを利用したという。

このように日光ゆばの起源は、都から伝えられたものと思われ、社寺の僧侶《そうりょ》や神官の食品として存続し、明治になってから一般に販売が始まった。

ゆば製造①ゆば引き上げ

ゆば製造②引き上げた薄い膜

ゆば製造③ゆば巻き上げ（薄い膜を巻き上げるのが日光ゆばの特徴）

（左上）ゆば刺身
（左下）ゆば煮物
（右上）ゆば田楽

日光彫《にっこうぼり》

日光彫の起源は、３代将軍家光《いえみつ》公のとき東《とう》照宮《しょうぐう》を造替《ぞうたい》した名匠《めいしょう》たちが、余技として作ったのが始まりといわれている。日光彫には、「ヒッカキ」という独特の道具を用いる。ヒッカキは線を彫るための刃物だが、ふつうの三角刃と異なり、先端を折り曲げたキリダシを手前に引いて彫ることから、その名がついた。修理のとき、漆をかき落とすために工夫した刃物を、彫刻用に改良したのだろう。

図案にはボタン、キク、サクラなど、主に植物が用いられている。東照宮の彫刻紋様の影響だろう。木地はトチノキやカツラ、ホオなどで、お盆、茶たく、菓子器、銘々皿、テーブル、花台など種類が豊富。

日光彫の違い棚

日光下駄《にっこうげた》

日光には「御免下駄《ごめんげた》」という特殊な下駄があり、神官や僧侶《そうりょ》などに正式な履物として用いられていた。ふつうの下駄は２枚の歯がついているが、御免下駄は前の歯が最先端に、後ろの歯が最後尾についているのが特徴である。

この下駄の歯の部分などを改良して、明治中期ごろから、広く一般にも利用されたのが日光下駄である。その特徴は、台木の歯の形が八開《はちびら》きになっており、足の裏があたる部分に竹の皮で編んだ草履《ぞうり》表《おもて》が縫いつけてあること、鼻緒が太く、台木には前に１か所の穴があるだけで、横の２か所は竹の皮の中に編み込まれていることなどである。

日光茶道具《にっこうちゃどうぐ》

明治の初期から、木地師《きじし》（木工素材を作る人）の余技として作られてきた、伝統ある民芸品である。ロクロ細工による茶道具一式の観賞用ミニチュア玩具で、昔から日光のみやげものとして愛好されてきた。

茶わんと茶たくが数個、茶がま、茶筒、きゅうす、ひしゃく、茶こぼしなど10種類の茶道具が、お盆にのせられて１セットになっている。お盆の大きさは12～30センチ。茶がまにはサクラとクリ、きゅうすはミズナラ、お盆はトチノキというように、道具によって材料が使い分けられているのが特徴である。

日光茶道具

御免下駄

日光下駄

日光しそ巻唐辛子《にっこうしそまきとうがらし》

塩漬けにしたトウガラシ１本の種を抜き、同じく塩漬けにした赤ジソで巻いたもの。これを細かくきざんで温かいご飯で食べると食欲が増す。１本ずつ手で巻くという作業なので、機械による量産ができず、伝統の名産品として珍重されている。

もともとは修験者が塩分補給と体の温まる食べ物として愛用したもので、日光山輪王寺《にっこうさんりんのうじ》の強飯式《ごうはんしき》で、強飯受者に強いる言葉のなかにも、このトウガラシが出てくる。トウガラシ１本に含まれるビタミンＣはレモン10個分に相当するほどで、山にこもって修行する修験者たちの知恵がうかがえる食べ物である。

日光しそ巻唐辛子

おみやげ各種

グルメ

長い歴史に培われた食文化、豊かな自然にはぐくまれた食材、そして外国人別荘地・温泉地・観光地として磨かれた技術によって、バラエティー豊かな料理がそろっている。お店については、資料・情報ページに掲載したリストをじっくり読んで選んでほしい。

(左上)ゆば料理
(左下)羊羹(ようかん)
(右)日光の地酒・ワインなど

全国唯一の業種……鈴木《すずき》錺金具《かざりかなぐ》工芸社《こうげいしゃ》

錺金具《かざりかなぐ》は社寺建築などに使われている光り輝く金具の総称。日光市に本拠を置く鈴木錺金具工芸社は代表取締役の鈴木正男《すずきまさお》さんで２代目。初代の故重信《しげのぶ》さんに実弟の実《みのる》さんとともに弟子入りして日光二社一寺の修復を中心に40年余。企業化して全国で唯一の錺金具業となり、全国の仕事を担う。

錺金具で最も多いのが銅板を使う作品。「たがね」を使って形を切り抜き、透かし彫《ぼ》りや毛彫《けぼ》りなどの技法で文様を彫る。七々子《ななこ》といわれる小さな点を何万と打って装飾を施すことも。のみや七々子（たがね）、ハンマーなどの道具は自分で硬い鉄を削って作る。錺金具の表面仕上げは水銀焼き付けによる最低10工程を要する金鍍金《きんときん》が主で、まばゆい金色の金具が誕生する。

文化財修復は金具の拓本を取り、図面化、それを設計図とする。江戸時代の技術の粋を集めた東照宮で平成19（2007）年からの大修理に挑む。正男さんは「父親の仕事を自分の目で見て覚えた」。どうにかなると思うまでに25年から30年という技で文様を鮮やかによみがえらせる。実さんは「最高の作品ぞろい。修復に携われるのは幸せ」と意欲をみなぎらせる。

技術を後世に伝えるために求めに応じて大学などで研修会を何度も行っている。手本として本物と同じ標本の作製もしている。

全国から志願者が集まり、その結果、同社では女性２人を交えた７人が働く。中に「一人前」の領域に達した３代目の崇《たかし》さんもいる。４代目も続きそうで日光の伝統産業の未来は明るい。

金箔を張り、仕上げ作業をする鈴木実さん

神輿（みこし）錺

陽明門の扇垂木金具の標本

錺金具の製品標本、貴重な資料となる

葵（あおい）の紋などの金具

御仮殿扇八双金具

文学碑散策《ぶんがくひさんさく》

日光を訪れ、日光を愛した文人墨客《ぶんじんぼっかく》は数知れない。そうした先人たちが日光を詠んだ俳句、短歌などの文学碑も多い。先人の思いをしのんで、文学碑を巡ってみるのも「もうひとつの日光」の楽しみ方である。

ここでは８つの文学碑を紹介しよう。

❶窪田空穂《くぼたうつぼ》歌碑

五月なほ　ふかきみ雪の　男体の
山にとけては　湖《みずうみ》となる

窪田空穂（1877〜1967）は国文学者、歌人。歌集『青朽集《せいきゅうしゅう》』に収録されており、35歳当時、日光を訪れて詠んだ連作68首中の１首。

❷松尾芭蕉《まつおばしょう》句碑

あらたふと　青葉わか葉の　日の光

松尾芭蕉（1644〜1694）が、奥の細道行脚で詠んだ句。ほかに３句碑がある。

❸小説『徳川家康』記念碑

人はみな　生命の大樹の　枝葉なり

山岡荘八《やまおかそうはち》（1907〜1978）作の長編小説『徳川家康』の記念碑。家康の「南蛮銅具足」の兜《かぶと》を模したブロンズ像が置かれ、台座のなかに全26巻が納められている。

❹若山牧水《わかやまぼくすい》歌碑

鹿のゐて　いまもなくてふ　下野《しもつけ》の
なきむし山の　峰のまどかさ

若山牧水（1885〜1928）は、旅と酒を愛した歌人。大正11（1922）年10月30日、馬返《うまがえし》から電車に乗り、車窓から鳴虫山を眺めて詠んだ８首のうちの１首。

①窪田空穂歌碑（二荒山神社中宮祠境内）

②松尾芭蕉句碑（東照宮宝物館の入り口左手）

③小説「徳川家康」記念碑（東照宮宝物館裏、浩養園内）

④若山牧水歌碑（日光市花石町、花石神社境内）

⑤与謝蕪村《よさぶそん》句碑

二荒や　紅葉の中の　朱《あけ》の橋

与謝蕪村（1716〜1783）は、芭蕉《ばしょう》と並ぶ江戸中期の俳人、画家。関東、奥州各地を歩いたが、これは29歳ころの作といわれる。

⑥平畑静塔《ひらはたせいとう》句碑

榊《さかき》にて　下天《げてん》を祓《はら》う　山開《やまびらき》

平畑静塔（1905〜1997）は医学博士で、栃木県俳句作家協会会長を務めた。句は毎年８月１日の男体山登拝大祭を詠んだもの。

⑦葛西善蔵《かさいぜんぞう》文学碑

秋ぐみの　紅きをかめば　酸くしぶく

タネあるもかなし　おせいもかなし

葛西善蔵（1887〜1928）は、大正期の私小説家。代表作『湖畔日記《こはんにっき》』を湯元温泉の板屋旅館で書き上げた。碑文は作品中の歌で自筆。「おせい」は登場人物の名。

⑧矢島三嵩史《やじまさんすうし》句碑

白樺は　月が夜来て　晒《さら》すらし

矢島三嵩史（1895〜1955）は、日光国立公園レインジャー第１号で、日光博物館館長を務め、山仲間から「日光の山の神様」と慕われた。

⑤与謝蕪村句碑（神橋への園地内）

⑥平畑静塔句碑（戦場ヶ原、三本松園地内）

⑦葛西善蔵文学碑（湯ノ湖湖畔）

⑧矢島三嵩史句碑（奥日光、山王林道）

もうひとつの日光　史跡探勝路

憾満ヶ淵《かんまんがふち》～寂光《じゃっこう》ノ《の》滝《たき》コース

1200年以上の歴史をもつ日光には、重要だが目立たない、さまざまな史跡が点在している。そこで約3時間、8キロの歴史散策コース「史跡探勝路」を紹介しよう。

①落合源七《おちあいげんしち》・巴快寛顕彰碑《ともえかいかんけんしょうひ》

総合会館前の石碑。明治初期の神仏分離令による日光の苦難を、2人は町民を代表して東北巡幸途上の明治天皇に直訴した。

②磐裂神社《いわさくじんじゃ》（匠町《たくみちょう》）

本殿が大谷石《おおやいし》の石蔵に納められている珍しい神社。

③大正天皇御製歌碑《たいしょうてんのうぎょせいかひ》（P 26参照）

④慈雲寺《じうんじ》（P 26参照）

⑤霊庇閣《れいひかく》（P 26参照）

⑥弘法《こうぼう》の投筆《なげふで》（P 26参照）

⑦化地蔵《ばけじぞう》（P 27参照）

⑧憾満ヶ淵《かんまんがふち》（P 26参照）

⑨銭沢不動尊《ぜにざわふどうそん》

憾満ヶ淵の手前から15分ほど山を登ったところに不動明王《ふどうみょうおう》がまつられている。

⑩還源山妙覚院浄光寺《かんげんさんみょうかくいんじょうこうじ》

珍しい石屋根山門の寺。本尊は、春日仏《かすがのぶっ》師《し》・作と伝えられる座像の阿弥陀如来《あみだにょらい》。

浄光寺

⑪梵鐘《ぼんしょう》

浄光寺山門そばの日光最古の梵鐘。室町時代の長禄《ちょうろく》3（1459）年に、高僧の権律《ごんのりっ》師《し》源観が奉納したもの。歴史資料として貴重な銅鐘である。

⑫憾満親地蔵御首《かんまんおやじぞうおんくび》

化地蔵の親地蔵2体のうちの1体の首。明治35（1902）年の大洪水で流失したものが川床で発見され、浄光寺に安置された。

⑬菅笠日限地蔵尊《すげがさひぎりじぞうそん》

浄光寺本堂前、地蔵堂内にある。石の菅笠をかぶった珍しい地蔵で、日を限って願い事をするとかなうといわれている。

憾満親地蔵御首

蓮華石

⑭防火隊碑《ぼうかたいひ》

承応《じょうおう》元（1652）年から幕末まで幕命によって八王子（現・東京）千人同心が日光山の火の番にあたった。当地で客死《かくし》した隊員を弔《とむら》うため、天保《てんぽう》5（1834）年に建立された。

⑮文豪連理塚《ぶんごうれんりづか》

白河鯉洋《しらかわりよう》と田岡嶺雲《たおかれいうん》の墓標が並ぶ。それぞれ九州日報（現西日本新聞）の編集長、「いはらき」（現茨城新聞）の主筆だった。田岡嶺雲は日光で結核療養中に死去。

⑯座禅院権別当《ざぜんいんごんのべっとう》の墓

室町時代の前後、およそ200年間、日光を管理したのが座禅院で、お留守居権別当と呼ばれた。歴代の墓6基が現存している。

⑰導《みちび》き地蔵尊《じぞうそん》

等身大の地蔵が3体あり、中央の大きな地蔵が導き地蔵尊。天文《てんぶん》19（1550）年に造立された日光最古の石仏。

⑱蓮華石《れんげいし》

国道に面して横たわる巨石。子どもたちの遊び場で、子どもたちの守護神とされた。

⑲花石神社大ケヤキ《はないしじんじゃ》

花石神社表参道にせり出した樹高22メートルのケヤキの巨木。推定樹齢は800年。

⑳花石神社

勝道上人《しょうどうしょうにん》が蓮華石《れんげいし》に座して、日光連山を

花石神社

八幡神社

延命地蔵尊

遥拝《ようはい》するたびに、心眼に浮かぶ神格化した山が18あったという。その山霊をまつった「十八王子《じゅうはちおうじ》」が、この神社の始まり。明治2（1869）年に、花石神社と改めた。

㉑若山牧水歌碑《わかやまぼくすいかひ》（P 36参照）

㉒焼加羅《たきがら》の碑《ひ》

花石神社境内にある。焼加羅は日光市滝ヶ原原産の名馬で、延宝《えんぽう》3（1675）年に梶定良《かじさだよし》が愛馬の供養碑として建立した。

㉓花石神社大杉

樹高29メートル、推定樹齢600年の大杉。

㉔八幡神社《はちまんじんじゃ》

釈迦堂《しゃかどう》入り口左手の古い社《やしろ》。誉田別命《ほんだわけのみこと》＝応神《おうじん》天皇をまつる。天平神護《てんぴょうじんご》2（766）年に勝道上人《しょうどうしょうにん》がここに草庵《そうあん》をつくったとき、天から丸石が飛んできて「八幡大自在《はちまんだいじざい》である。国家守護のためにきた」と告げる夢をみたので、「飛石八幡《とびいしはちまん》」として社殿を建てた。

㉕釈迦堂《しゃかどう》（P 87参照）

㉖殉死《じゅんし》の墓（P 87参照）

㉗延命地蔵尊《えんめいじぞうそん》（犬牽《いぬびき》地蔵尊）

釈迦堂右手の国道に面した朱塗りの堂。室町時代に、板橋将監《いたばししょうげん》という領主が奥日光で狩猟のとき、湯の湖湖畔に立っていた勝道上人自刻の地蔵尊を犬に引かせて湖水に投げ込んだところ、激しい雷雨が起こって地蔵が犬を引いて岸へ引き返したという伝説があり、犬牽地蔵尊と呼んだ。後に延命地蔵尊としてまつり、現在地に移された。

㉘池石《いけいし》（P 27参照）

㉙若子神社《じゃっこじんじゃ》（P 27参照）

㉚寂光ノ滝《じゃっこうのたき》（P 27参照）

㉛青龍神社《せいりゅうじんじゃ》

弘法大師《こうぼうだいし》が滝尾《たきのお》、寂光《じゃっこう》を開いたとき、弟子たちが守護として京都醍醐《だいご》の青龍神を分祀《ぶんし》したのが始まりといわれ、大海津美命《おおわたつみのみこと》をまつる。晴天祈願をすると晴れるという。

㉜日光奉行所跡《にっこうぶぎょうしょあと》

元禄《げんろく》13（1700）年、梶定良宅を役宅として日光奉行が置かれ、寛政《かんせい》3（1791）年に役宅に接して役所が建てられた。現在は「史跡日光奉行所跡」の石柱が立っている。

青龍神社

第2章 日光山内

日光東照宮

日光山輪王寺

日光二荒山神社

家光廟大猷院

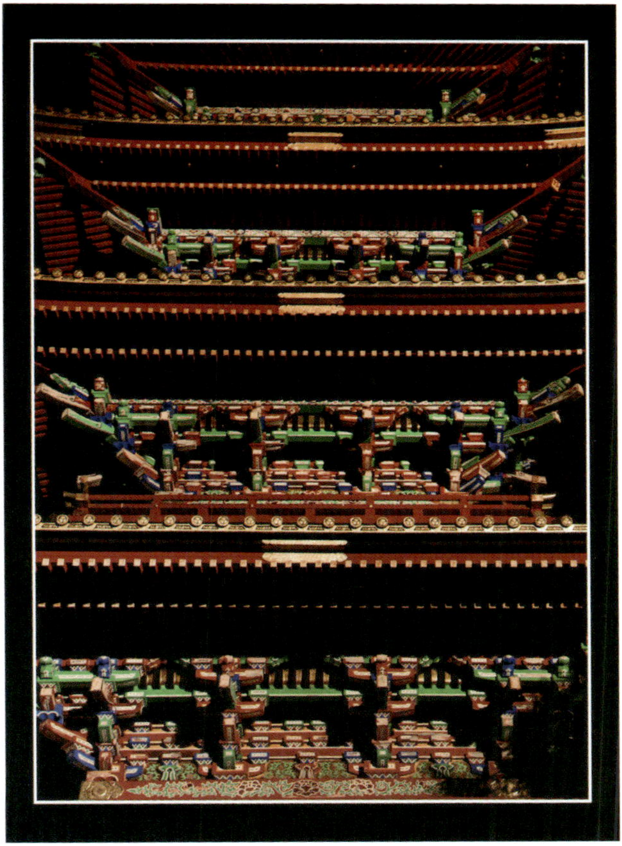

日光フォトコンテスト入賞作品

日光山内図
A
B
C
1
2
3
4
至滝尾神社
北野神社
仏岩
勝道上人の墓
奥社
朋友神社
日光二荒山神社
日枝神社
日光東照宮
法華堂
常行堂
家光廟大猷院
慈眼堂
旧奥社鳥居
五重塔
松尾芭蕉句碑
石唐門
小説「徳川家康」記念碑
保晃会の碑
日光
輪王寺本
青龍神社
120
至中禅寺湖
日光総合会館
至憾満ヶ淵

D
E
F
1
2
3
4
N
0m
50m
100m
稲荷川
興雲律院
日光東照宮客殿・新社務所
日光東照宮美術館
至霧降高原
御仮殿
小玉堂
東照宮武徳殿
東照宮宝物館
247
至JR・東武日光駅
輪王寺大護摩堂
寺
三仏堂
247
四本龍寺
小杉放菴記念
日光美術館
輪王寺宝物殿
本宮神社
勝道上人像
日光杉並木街道寄進碑
世界遺産の碑
太郎杉
深沙王堂
御旅所
119
天海大僧正銅像
二荒山神社神橋
120
板垣退助銅像
大谷川
至JR・東武日光駅

大谷川を渡り
日光の中心、二社一寺へ

日光山内《にっこうさんない》という地名は、日光東照宮《にっこうとうしょうぐう》、日光《にっこう》山輪王寺《さんりんのうじ》、日光二荒山神社《にっこうふたらさんじんじゃ》、家光廟大猷院《いえみつびょうたいゆういん》のある一帯をさす。日光市街とは大谷川《だいやがわ》が境となり、市街から日光橋を渡ると日光山内に入る。

2つの神社（日光東照宮、日光二荒山神社）と1つの寺（家光廟大猷院を含めた日光山輪王寺）を、一般に二社一寺《にしゃいちじ》と呼び、二社一寺共通の拝観券もある。

日光の歴史は勝道上人《しょうどうしょうにん》から始まる。開祖である勝道上人は、下野国芳賀郡《しもつけのくにはがぐん》（現在の栃木県真岡市《もおかし》南高岡）の人で、天平《てんぴょう》7（735）年に生まれた。7歳のある夜、明星天子《みょうじょうてんし》が夢に現れ、「仏の道を学び、日光山を開け」と告げたという。お告げに導かれ、勝道上人と10人の弟子は天平神護《てんぴょうじんご》2（766）年に大谷川を渡り、天応《てんおう》2（782）年に二荒山（男体山《なんたいさん》）山頂を極め日光を開いた。

神橋《しんきょう》

P43-4E

勝道上人が日光山を開くとき、両岸が絶壁となって流れる大谷川に道を阻まれた。そこで、護摩をたいて神仏の加護を求めると、雲の中から深沙王《じんじゃおう》が現れて2匹の蛇を放った。蛇は大谷川に架かり、やがて蛇の背中から山菅《やますげ》が生えて橋となった。この言い伝えから、神橋は山菅橋や山菅の蛇橋《じゃばし》とも呼ばれる。

現在のような朱塗りの橋になったのは、寛《かん》永《えい》13（1636）年の東照宮大造替《だいぞうたい》のとき。明治35（1902）年に、そのときの橋は洪水で流されたが、明治37（1904）年に再建された。

紅葉の背景が映える神橋

雪景色も美しい神橋

深沙王堂《じんじゃおうどう》

P43-4E

大谷川で勝道上人一行を救った深沙王を、勝道上人がまつったところで、神橋の北岸にある。深沙王の本地《ほんじ》は毘沙門天《びしゃもんてん》である。

深沙王をまつった深沙王堂

四本龍寺《しほんりゅうじ》

P43-3E

大谷川を渡った勝道上人が、初めて草庵《そうあん》を結んだ日光発祥の地である。現在は三重塔《さんじゅうのとう》、観音堂《かんのんどう》などが建っている。四本龍寺の名前の由来は紫雲立寺《しうんりゅうじ》といわれ、勝道上人が礼拝のときに、今も残る紫雲石《しうんせき》から紫の四雲がたなびいたと伝えられている。

日光発祥の地に立つ四本龍寺三重塔

四本龍寺跡に残る紫雲石

日光東照宮《にっこうとうしょうぐう》

戦国時代に生まれ、長い戦乱の世を生き抜いて天下統一を果たした徳川家康《とくがわいえやす》公は慶長《けいちょう》８（1603）年、征夷大将軍《せいいたいしょうぐん》に任ぜられて江戸に徳川幕府を開く。秀忠《ひでただ》公に２代将軍の座を譲ってからも大御所《おおごしょ》として天下ににらみをきかし、自分の死後について重要な遺言を残した。

「遺体は久能山《くのうざん》（静岡）におさめ、（中略）一周忌が過ぎたならば、日光山に小さな堂を建てて勧請《かんじょう》し、神としてまつること。そして、八州の鎮守《ちんじゅ》となろう」

元和《げんな》２（1616）年４月17日、家康公は駿《すん》府《ぶ》（静岡）で75歳の生涯を閉じる。翌年、日光に社殿が造営され、朝廷から東照大権現《とうしょうだいごんげん》の神号が贈られた。遺言どおり、神としてまつられたのである。

家康公が目指した「八州の鎮守」とは、現代風にいえば「日本全土の平和の守り神」である。日光は江戸のほぼ真北にあたる。家康公は、不動の北極星の位置から徳川幕府の安泰と日本の恒久平和を守ろうとしたのである。

家康公が望んだ「小さな堂」は、やがて家康公を敬愛する３代将軍家光公によって、いま見るような絢爛豪華《けんらんごうか》な「平和のシンボル」に生まれ変わる。現存する建物のほとんどは、「寛永《かんえい》の大造替《だいぞうたい》」で建て替えられたものだ。造替の総奉行・秋元但馬守《あきもとたじまのかみ》が幕府に提出した収支報告書『日光山東照大権現様御造営御目録』（通称『御造営帳』）によると、総工費は金56万8000両、銀100貫匁《かんもんめ》、米1000石。今の400億円に相当する。使った材木が14万本、工期は１年５か月、延べ454万人が携わった。35棟を建て替え・新築した大工事は寛永《かんえい》13（1636）年に完成して今に至る。

狩野山雪が描いた家康公像

慶長20（1615）年の大坂夏の陣に臨む家康公。豊臣秀頼を滅ぼして天下統一を完全に成し遂げる

石鳥居《いしどりい》

P47-2B

黒田藩52万石の藩主、黒田筑前守《ちくぜんのかみ》長政が元和《げんな》4（1618）年に奉納した石造りの鳥居で、高さ9メートル、柱の太さ3.6メートル、柱の中心の間隔が6.8メートル。京都八坂神社、鎌倉八幡宮のものと合わせて日本三大石鳥居と呼ばれるが、江戸時代に建てられた石造りの鳥居としては日本最大。後水尾《ごみずのお》天皇が書いた「東照大権現」の額だけでも畳1枚分の大きさがある。使われている石は筑前（福岡県）産の花崗岩《かこうがん》で、エジプトのピラミッドなどと同じく土嚢《どのう》を積む方法で引き上げた15個の石材で組み立ててある。石材を心棒で継ぎ、柱の上に渡した笠木《かさぎ》・島木《しまぎ》は軽量化のため空洞がある。こうした耐震設計の働きで、昭和24（1949）年に日光を襲った地震のときは、最初の強い揺れでかなりずれた継ぎ目が、余震で元の位置に戻ったという。

照降石《てりふりいし》

P47-2B

石鳥居を見上げる石段は、上にいくほど横幅が狭く、段（蹴上《けあげ》）が低い。わずか10段の石段を実際以上に高く、遠く見せる遠近法を利用している。10段目、中央の敷石が「照降石」で、斜めに分かれた茶と青の色の違いが強まると、翌日から天気が崩れるそうだ。

石鳥居と照降石のある石段。石段は千人枡形とも呼ばれる

石垣・阿房丸《いしがき・あほうまる》

P47-2B

東照宮建設の収支報告書『御造営帳』によれば工費の13パーセントが石工事に注ぎ込まれた。最大の石は、表門前の右手（東側）の石垣に使われた「阿房丸」。実測値で縦3.25メートル、横6.30メートルの巨石だ。

東照宮に使われた最大の石、阿房丸

五重塔《ごじゅうのとう》

P47-2B

石鳥居の左手にある高さ約36メートルの五重塔

若狭《わかさ》（福井県）の小浜《おばま》藩主、酒井忠勝の寄進で慶安《けいあん》３（1650）年に建立されたが、文《ぶん》化《か》12（1815）年に焼失し、３年後の文政《ぶんせい》元（1818）年に忠勝の子孫、忠進《ただゆき》によって再建された。

高さは約36メートル。内部は吹き抜けになっていて、中心を貫く直径60センチの心《しん》柱《ばしら》が４層（４階）から鎖でつり下げられ、その最下部は礎石の穴の中で10センチほど浮いている。建物が揺れても重心は常に中心にあって倒壊を防ぐ耐震・耐風対策といわれる。また、年を重ねると木材が縮んだり、建物自体の重みで屋根が沈み、建物に隙間《すきま》が生じる。そこで心柱を浮かせれば、屋根の下降とともに心柱も下がり、隙間が生じないというわけだ。

初層から４層までは屋根の垂木《たるき》がまっすぐ平行の和様、５層は垂木が扇の骨のように放射状の唐様《からよう》になっている。初層を飾る動物彫刻は子《ね》（ネズミ＝北）、卯《う》（ウサギ＝東）など十二支で方角を表している。

御仮殿《おかりでん》

P43-2D

御仮殿は、本社を修理する際、神霊《しんれい》を一時的に移しておく建物。寛永《かんえい》16（1639）年の建立とされる。本殿の建て替えや修理にあたっては仮設の社殿を建て、新しい本殿が完成したらそれを取り壊すのが一般的だが、日光東照宮では本社の修理が頻繁だったため、御仮殿は常設の建物になっている。御仮殿といっても本社と同じく拝殿・相《あい》の間《ま》・本殿からなる権現造《ごんげんづく》り。神霊が御仮殿に移っているときは、すべての神事が御仮殿の境内で行われ、神事に必要な神楽殿《かぐらでん》・護摩堂《ごまどう》・神輿舎《しんよしゃ》・雪隠《せっちん》などが仮設される。神霊を御仮殿に移すことを外遷宮《げせんぐう》といい、これまで19回行われた。文久《ぶんきゅう》３（1863）年以降は一度もない。

御仮殿

東照公御遺訓

徳川家康公が残したとされる人生訓。実際は後世のものであるが、耐えに耐えて天下を統一した家康公の人生哲学がよく表れている。

人の一生は重荷を負《おひ》て遠き道をゆくが如し　いそぐべからず　不自由を常とおもへば不足なし　こころに望おこらば困窮したる時を思ひ出すべし　堪忍《かんにん》は無事長久の基　いかりは敵とおもへ　勝事《かつこと》ばかり知《しり》てまくる事をしらざれば害其身にいたる　おのれを責《せめ》て人をせむるな　及ばざるは過《すぎ》たるよりまされり

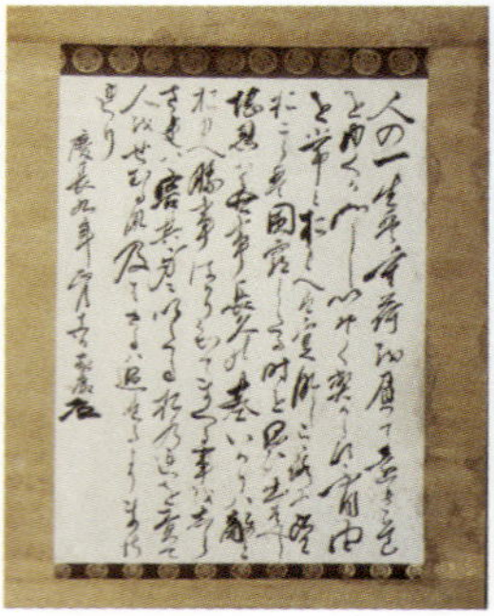

表門と仁王《おもてもんとにおう》

P47-2B

表門は正面左右に「阿吽《あうん》」の仁王像（身長4メートル）を安置しているので、昔は仁王門と呼ばれていた。仁王は仏教の守り神。明治4（1871）年実施の神仏分離で、この仁王像は大猷院《たいゆういん》の仁王門に移された。それ以来、門の名称も表門と呼ばれるようになった。仁王像が戻ってきたのは明治30（1897）年。

門の側面にいる唐獅子《からじし》や貘《ばく》、通路に面した麒麟《きりん》や虎《とら》など82の彫刻が施されている。裏面の虎のうち右から2頭目の体の模様が違う。縞《しま》ではなく丸、つまりヒョウであるが、江戸時代、ヒョウは虎の雌《めす》と思われていた。

「阿吽」の仁王像を安置する表門

三神庫・想像の象《さんじんこ・そうぞうのぞう》

P47-2B

表門を入ると右から正面へ鈎《かぎ》の手に3棟が並ぶ。右から下神庫《しもじんこ》・中神庫《なかじんこ》・上神庫《かみじんこ》。奈良の正倉院に代表される校倉造《あぜくらづく》りの建物で、春秋の渡御祭《とぎょさい》（百物揃千人武者行列《ひゃくものぞろいせんにんむしゃぎょうれつ》）の1200人分の装束や流鏑馬《やぶさめ》の道具などが収蔵されている。春秋の祭りの1週間ほど前から準備のため扉を開けるので内部をのぞける。

上神庫の妻《つま》（側面）に2頭の大きな象の彫刻があるが、耳の付き方や尻尾《しっぽ》の形が実際とは異なる。東照宮建立時のいわばアート・ディレクターのチーフだった狩野探幽《かのうたんゆう》が、実物を

下神庫

上・中神庫

想像の象

知らずに想像で彫刻の下絵を描いたことから、「想像の象」と呼ばれている。

西浄《さいじょう》

P47-2B

彫刻や彩色などのない間口9間、奥行き2間の細長い建物。内部には漆塗りの9個の便器が並ぶ。一般公開していない西浄は神様専用のトイレで一般には使用していない。東照宮のすべての建物が、軒先の瓦《かわら》は三葉葵《みつばあおい》の紋だが、西浄だけは三巴《みつどもえ》の紋。

神様専用のトイレ、西浄

神厩・三猿《しんきゅう・さんざる》

P47-2A

神様に仕える神馬《しんめ》の勤務場所が神厩。勤務時間は午前10時から正午まで。雨や雪の日は休みだ。神馬は雄の白馬が条件で、現在2頭が飼育されている。百物揃千人武者行列《ひゃくものぞろいせんにんむしゃぎょうれつ》には神馬もお供をする。

神厩は東照宮で漆を塗っていない唯一の素《しら》木造《きづく》り。長押《なげし》の上には「三猿」で有名な猿の彫刻が8面掲げられ、あたかも8ページの彫刻絵本になっている。昔から猿は馬を病気から守るとされ、室町時代までは猿を馬屋で飼う習慣があった。

杉木立の中にある神厩

猿の物語

神厩の彫刻は左から右へ8ページの絵本「猿の物語」になって、猿の一生を描きながら人の生き方を伝えている。

①手をかざした母猿が子猿の将来を見ている。子猿は信頼しきって母猿の顔をのぞき込む。②子どものときは悪いことを「見ザル、言わザル、聞かザル」。③一人立ち直前の猿。まだ、座っている。④口をへの字に曲げ、大きな志を抱いて天を仰ぐ。青い雲が「青雲の志」を暗示。⑤人生にまっすぐ立ち向かうが、がけっぷちに立つときも。迷い悩む仲間を励ます友がいる。⑥恋に悩む。⑦結婚した2匹の猿に、どんな荒波が待ち受けているのだろう。⑧おなかの大きい猿。子猿も、やがて母親になる。

高野槙《こうやまき》

P47-2B

神厩《しんきゅう》の前に高くそびえる１本の木が高野槙。東照宮の大造替《だいぞうたい》を行った徳川３代将軍家光公が自らの手で植えたと伝えられ、幹の太さ約３メートル、推定樹齢は370年以上。

3代将軍家光公のお手植えと伝えられる高野槙

内番所《うちばんしょ》

P47-2A

神厩の隣で、お札やお守りを扱っている小さな建物も、国指定の重要文化財である。たかが授与所とあなどってはいけない。江戸時代は日光奉行が支配する番所で、昼夜を問わず警備の役人が詰めて、目を光らせていた。昭和55（1980）年の漆の塗り替え修理には、1300万円もかかっているのである。

内番所。お札やお守りを扱う授与所となっている

御水舎《おみずや》（水屋《みずや》）

P47-2A

参拝者が手と口を清める場所を御手洗《みたらし》・手《ちょう》水《ず》所《どころ》といい、今ではどの神社にも水盤を置いた施設がある。しかし、かつては自然の川や

飛竜の彫刻のある御水舎

湧き水の場がそれとされ、境内に独立した建物を構えたのは東照宮の御水舎が最初といわれる。

幅1.2メートル、長さ2.6メートル、高さ１メートルの花崗岩《かこうがん》の水盤は、九州の鍋島《なべしま》藩主が元和《げんな》４（1618）年に奉納したもの。くり抜いた15センチの穴からサイフォンの原理で水が噴き上がる仕組みになっている。

屋根の下には、逆巻く波と飛竜《ひりゅう》の彫刻がある。飛竜は翼《つばさ》のある竜で、水をつかさどる霊《れい》獣《じゅう》とされる。

西側の屋根の角が切り落とされているのは魔除《まよ》け説のほか、杉の成長を邪魔しないためという説もある。

唐銅鳥居《からどうとりい》

P47-2A

日本で最初に造られた青銅製の鳥居。３代将軍家光公が金2000両を費やして建てた。柱の足元には、神社としては珍しい仏教様式の蓮の花弁が刻まれている。

青銅で造られた高さ6メートルの唐銅鳥居

陽明門《ようめいもん》

P47-1A

陽明門の名称は、宮中（現・京都御所）十二門のうちの東の正門が陽明門で、その名をいただいたと伝えられる。江戸時代初期の彫刻・錺《かざり》金《かな》具《ぐ》（P35参照）・彩色といった工芸・装飾技術のすべてが陽明門に集約され、その出来栄えは一日中ながめていても飽きないので日《ひ》暮《ぐ》らし門《もん》とも呼ばれる。

陽明門の彫刻群　日光フォトコンテスト入賞作品

とりわけ見事なのが、500を超える彫刻の数々だ。中央が盛り上がり、両端が反り返った曲線を特徴とする唐《から》破《は》風《ふ》の軒下に掲げられた「東照大権現《とうしょうだいごんげん》」の額の下で2段に並んでいるのは、上が竜。下はちょっとミステリアスな「息」。「いき」と読むのか「そく」なのか、その読み方すらいまだに不明という。上段の竜との違いは、牙《きば》があってひげがないことと、上くちびるに鼻孔《びこう》があることだ。

陽明門の裏側。陽明門には、霊獣と呼ばれる想像上の動物が194体いる

額の両横にある彫刻は麒麟《きりん》。ビールのラベルに描かれた麒麟には体に鱗《うろこ》があるが、東照宮の麒麟には鱗がない。中央部、白塗りの横木（頭貫《かしらぬき》）に彫られた宙を舞う通称「目貫《めぬき》の竜」の左右に勢ぞろいしているのは竜馬《りゅうば》。足に蹄《ひづめ》のある竜だ。麒麟によく似ているが、麒麟は1角、竜馬は2角、麒麟は牙を持っているが竜馬には牙がない。さらに、麒麟の蹄は先が2つに割れた偶蹄《ぐうてい》、竜馬の蹄は割れていない奇蹄《きてい》。そして、竜馬が竜の一族である証拠に体に鱗が生えている。こうした識別方法がわかってくると、東照宮がワンダーランドに見えてくる。

東照宮の建物に刻まれた彫刻の総数は5173体。最多は本社《ほんしゃ》の2468体（本殿《ほんでん》1439体、拝殿《はいでん》940体、石《いし》の間《ま》89体）、次いで唐門《からもん》の611体（7センチ×9センチの小さな花の彫刻が400体もある）、陽明門が3番目で508体。彫刻をテーマで分

一日中見ていてもあきないことから「日暮らし門」とも呼ばれる国宝の陽明門。陽明門は真南を向いて建っている

類すると人物、霊獣《れいじゅう》・動物、花鳥、植物、地紋（一定の図形が繰り返される文様）の４つになり、それらが使われている建物や場所に、法則があるという。例えば、人物の彫刻があるのは陽明門と唐門に限られている、霊獣の唐獅子は陽明門に、貘《ばく》は本殿にそれぞれ集中している、といった具合である。

日光東照宮の建物を代表する陽明門は、高さ11.1メートルの２層造り、正面の長さが7メートル、奥行きが4.4メートル。胡粉《ごふん》（貝殻をすりつぶしてつくった白の顔料）を塗った12本の柱には、グリ紋と呼ばれる渦巻状

魔除けの逆柱（右から2本目）

北面左側中央の柱にある「木目の虎」

後水尾天皇の筆による勅額

通路の間天井に描かれた狩野探幽による「昇竜（のぼりりゅう）」（左）と「降竜（くだりりゅう）」（右）。昇竜は別名「八方にらみの竜」、降竜は「四方にらみの竜」とも呼ばれている

陽明門の下層組物間には中国の故事・逸話に基づく計22体の人物彫刻がある。左が正面中央にある「周公聴訴（しゅうこうちょうそ）」。古代中国の政治家・周公は髪を洗いながら訴人の訴えを聴いたという故事をあらわしている。右は「訴人」

左は君主の四芸といわれた「琴棋書画の遊」のひとつ「展書（習字）」。右は「四睡」で豊干（ぶかん）、寒山（かんざん）、拾得（じっとく）の3人が虎と眠っている。禅の悟りの境地を表している

背面（北側）にある彫刻はすべて中国の仙人。左は鯉に乗る琴高（きんこう）仙人、右は竜に乗る黄仁覧（おうじんらん）

の地紋が彫られている。

有名な「魔除《まよ》けの逆柱《さかさばしら》」は、門をくぐり終わる左側の柱。グリ紋の向きがこの柱だけ異なっている。

これと同じ逆柱が、本社の拝殿と本殿に1本ずつあることは一般にはあまり知られていないようだ。

グリ紋それ自体に魔除けの意味があるといわれているが、「家を建てるときは瓦《かわら》3枚残す」という言葉があるように、建物は完成した瞬間から崩壊が始まる。それなら1か所だけ仕様を違え、建物はまだ未完成であると見なし、建物が長持ちするよう願った、という推理もできる。

家康公と子どもたち……陽明門の教訓

陽明門に「いじめ」の彫刻があると言えば、驚く人も多いだろう。俗に「唐子《からこ》（中国の子ども）遊び」と呼ばれる20の彫刻のなかに、腕力のある子の「弱い者いじめ」の場面を見ることができる。なぜ、徳川家康公をまつる天下の陽明門に、こうした子どもの彫刻があるのだろうか。

その答えは「平和への願い」だろう。平和な世界にこそ、子どもたちはのびのびと暮らすことができる。そして、次の平和な世界を築くのも子どもたちだ。その意味で、子どもはどんな時代でも宝物以上に大切なのである。子どもに「正しい道を歩んで平和の礎になってほしい」という家康公の願いを、唐子の彫刻は訴えているのである。

片肌を脱いだ体格のいい子どもが暴力を振るっている。止めている子もいれば、素知らぬふりをする子も。あなたは、いつもどうしている？

「司馬温公の瓶割（かめわり）」。中国の政治家・司馬は子ども時代、水瓶に落ちた友達を救うため大切な瓶を割った。生命の大切さを教える彫刻が、陽明門の正面中央に置かれている

雪でつくったクマを棒で壊そうとする子どもがいる。左端の子は泣き出した

江戸時代に流行した「子とろ子とろ」の遊び。今でいう鬼ごっこに興じる子どもを描いている

「遊びをせんとや生まれけん」という子どもの姿が描かれている。右の２人は竹馬に乗っている

昔も今も雪の日の子どもは元気いっぱい。雪だるまをつくってから、雪合戦も始まりそうだ

神輿舎《しんよしゃ》

P47-1A

陽明門に入って左側の建物で、なかに3基の神輿《みこし》が納められている。御輿とも書くが、それは平安時代に貴族を乗せて担いだ輿《こし》の尊敬語。神輿は神様の乗り物をいう。

中央の三葉葵《みつばあおい》の紋が入った神輿に乗るのが東照宮の主祭神《しゅさいじん》である徳川家康公。向かって右の神輿は配祀神《はいしじん》の豊臣秀吉公、左が同じく配祀神・源頼朝卿の神輿だ。春秋の百物揃千人武者行列の正式名称は神輿渡御祭《しんよとぎょさい》、つまりこれらの神輿が主役である。55人で担ぐ神輿1基の重さは約800キロ。昭和40年代に新調された2代目だ。寛永《かんえい》13（1636）年制作の初代の神輿は約1120キロ。引退理由は現代人には重すぎるから。現在は東照宮宝物館に展示してある。

建物内部の天井画は「天女奏楽《てんにょそうがく》の図」。天女の絵では日本一の美人といわれている。

神輿を納める神輿舎（上）と、天井に描かれた日本一美しいといわれる天女（右）

八乙女が神楽を舞う神楽殿（上）と、側面羽目に彫られた花かご（右）

神楽殿《かぐらでん》

P47-1A

和洋と唐様《からよう》（禅宗様）の折衷《せっちゅう》型の建物が多いなかで、神楽殿の様式は数少ない純和風。3間（1間＝約1.8メートル）四方の建物の内部は、北向き正面の前2間分が舞台、後ろ1間分は楽屋になっており、背面は回廊に接している。上に大きく開く蔀戸《しとみど》を舞台の袖《そで》に設け、観客に神楽がよく見えるようにしてある。春の大祭では、この舞台の上で八乙女《やおとめ》が神楽を舞う。

八乙女は、東照宮が建立される以前は日光《にっこう》三社権現《さんじゃごんげん》（現在の二荒山神社《ふたらさんじんじゃ》）に奉仕する巫《み》女《こ》だった。東照宮に所属してからは「3石《こく》5斗《と》2人扶持《ぶち》」の身分をあてがわれ、定員8名の世襲制だったという。現在の東照宮には八乙女の職制はなく、大祭のときには二荒山神社から手伝いに来てもらうそうだ。

文化財の修復……日光社寺文化財保存会《にっこうしゃじぶんかざいほぞんかい》

観光客が「昇殿は大名だけ」などの説明を受ける東照宮拝殿《とうしょうぐうはいでん》。外に組まれた足場の上では屋根裏の垂木《たるき》や柱の間の丸桁《がぎょう》を相手に日光社寺文化財保存会のメンバーが漆塗《うるしぬ》りと彩色《さいしき》の修復作業に打ち込む。集中していて呼吸音もしない。

保存会は「日光の社寺」の修理保存技術の保持を目的に二荒山、東照宮、輪王寺の二社一寺によって昭和45（1970）年に財団として設立された。社寺修復は各社寺独自から、明治、大正は明治12（1879）年に社寺関係者を中心に勝海舟《かつかいしゅう》などの有志が加わった「保晃会《ほこうかい》」が尽力。戦後は昭和25年に「日光二社一寺文化財保存委員会」が発足、幾多の変遷を経て財団設立に至る。

業務は主に文化財の保存修理と防災工事で設計から調査、記録、修理まで幅広い。会には女性４人を含め15人の職人が在職。修理に参加する関連業者も含めての若手の技術研修も山内《さんない》の事務所で毎年１度実施され、研鑽《けんさん》を積む。

35工程もある彩色作業の指導にあたるのはこの道40年余の彩色技術主任の沢田《さわだ》了司《りょうじ》さん。実際の作業は、彫刻の見《み》取《と》り図《ず》作成から始まり、使われた岩絵の具や技法

慎重に色を施す沢田了司さん（東照宮本殿）

彫刻をスケッチした見取り図。絵の具の種類や技法が書き込まれ、後の修理の参考資料となる

をスケッチする。見取り図１枚に２週間前後を要する。彫刻は東照宮だけで5000はあるとされるだけに気の遠くなるような作業量。修復は概ね50年に一度とされるが日光の風雪にさらされた彫刻の元の色を判断するのに「20年が理想。50年は限度」と沢田さん。そして下地までを洗い流し、彩色となる。沢田さんは「いい仕事をした先人の仕事をはがす。先人との戦い」と常に真剣勝負の気構えだ。

現在は平成19（2007）年から始まった東照宮の拝殿や唐門《からもん》などの平成の大修理が続く。沢田さんは「未来永劫《えいごう》まで伝えなくてはいけない」と筆先に力を込める。

彩色の制作工程が人目でわかるサンプル

祈禱殿《きとうでん》（上社務所《かみしゃむしょ》）

P47-1B

江戸時代はここで日光門主《もんしゅ》（輪王寺宮《りんのうじのみや》）が護摩を焚《た》いて天下泰平を祈願したという。明治の神仏分離に際して、仏教的建物であることを理由に境内から移転を命じられたが、社務所に使用する名目でここに据え置かれた。そのため、正式名称は今でも「上社務所」で参拝者のご祈禱に使われている。

結婚式などの祈禱にも使われている上社務所（祈禱殿）

唐門の門柱にある寄せ木細工で作られた昇竜の迫力ある顔

唐門正面の上部にある「舜帝朝見の儀」の彫刻。1本のケヤキに4列27人の人物が彫られている

日光フォトコンテスト入賞作品

唐門《からもん》

P47-1A

間口3メートル、奥行き2メートルの小さな門だが、東照宮で最も重要な本社の正門。江戸時代には「御目見得《おめみえ》」（将軍に拝謁《はいえつ》できる身分）以上の幕臣や大名だけが使えた。今でも唐門は、正月や大祭などの祭典のときと、国賓に相当する参拝者だけしか使えない。

全体が胡粉《ごふん》で白く塗られ、門柱に紫檀《したん》や黒檀《こくたん》などで寄せ木細工された昇竜《のぼりりゅう》・降竜《くだりりゅう》がいる。台輪《だいわ》（柱の上をつなぐ厚い板）の上に配置された人物の彫刻は、竹林《ちくりん》の七賢人《しちけんじん》など中国の聖賢。正面は「舜帝朝見《しゅんていちょうけん》の儀《ぎ》」。舜帝とは古代中国の伝説上の皇帝。平成の元号は舜帝が残した「内平外成《ないへいがいせい》」の言葉から選ばれた。西の側面には七福神《しちふくじん》のなかの大黒天《だいこくてん》・寿老人《じゅろうじん》・布袋《ほてい》の彫刻が掛かっている。

門柱と透塀《すきべい》の境にある鶴のデザインは、日本航空のマークでもおなじみのもの。

陽明門をくぐると正面に国宝の唐門がある。小さな門だが建物全体が工芸品のようだ

眠り猫《ねむりねこ》

P47-1B

東回廊の奥社《おくしゃ》参道入り口にある。左甚五郎《ひだりじんごろう》の作と伝えられ、東照宮の数ある彫刻のなかで最も有名な彫刻だ。

眠り猫の真裏に雀《すずめ》の彫刻がある。猫が起きていれば雀は食われてしまうが、東照宮では猫も居眠りして雀と共存共栄。戦乱が治まり、平和な時代がやってきたことを表しているという解釈もある。

名匠、左甚五郎の作と伝えられる国宝の「眠り猫」

坂下門《さかしたもん》

P47-1B

奥社に通じる坂下門は、江戸時代は将軍しか入れなかった「開かずの門」。全体に胡粉《ごふん》を塗った清楚《せいそ》な感じだが、柱や天井を飾る金具は七宝焼《しっぽうやき》だ。欄間《らんま》には鶴、腰羽目《こしはめ》には牡丹《ぼたん》と唐草模様の彫刻がある。

眠り猫の下をくぐると奥社に通じる坂下門がある

透塀《すきべい》

P47-1A・B

唐門から左右に延びて本社を囲んでいる。塀の中が透かし見えるのでこの名前がある。

総延長は160メートル。塀全体に彫刻が施されている。上の欄間に山野の鳥と植物、下の腰羽目に波や水鳥といった具合に対比させている。唐門の左右の千鳥は図柄も左右対称で、１枚の原画を裏と表に使い分けたらしい。

回廊・御供廊下《かいろう・ごくろうか》

P47-1A・B

陽明門から左右に延びる廊下が回廊で、総延長220メートル。コの字に本社を囲んでいる。回廊の外側の彫刻は、欄間に雲、胴羽目に花鳥と動物、腰羽目に水鳥というふうに、天・地・水にちなんだものが彫り分けられている。どれも１枚板の透かし彫り。

東回廊から石の間に通じる20メートルの廊下が御供廊下で、神前に供える神饌《しんせん》を運ぶ。虹梁《こうりょう》に描かれた墨絵《すみえ》の波《なみ》、雲と鳳凰《ほうおう》が見事。

回廊内側の柱や床、壁、屋根裏などは総朱塗り

本社《ほんしゃ》

　東照宮の中心となる建物。拝殿《はいでん》・石《いし》の間《ま》・本殿《ほんでん》の３つを工の字形に配置し１棟を構成する権現造《ごんげんづく》りだ。東照宮の建立以前にも、この様式を持った神社が造られ大明神造《だいみょうじんづく》りと称されたらしいが、東照宮がこの様式で建てられたので、家康公の御神《ごしん》号《ごう》である東照大権現にちなんで権現造りの名で呼ばれる。

18畳の将軍着座の間。ケヤキの1枚板の額羽目には寄せ木細工の鳳凰の彫刻がある

将軍着座の間《しょうぐんちゃくざのま》

P47-1A

　拝殿に上がれたのは大名以上、しかもそれぞれの格式によって拝礼の位置が厳格に決められていた。将軍に用意された場所は東側の特別室。天井中央の三葉葵《みつばあおい》の真下に、拝殿側を向いて座った。壁はケヤキの１枚板の表面に寄せ木細工を施した、額羽目《がくはめ》と呼ばれる仕様。そこに描かれた鳳凰《ほうおう》の目は輸入したギヤマンだ。現在、将軍着座の間は、徳川宗家《そうけ》の参拝のときに使われている。

石の間《いしのま》

P47-1A

　拝殿から３段、本殿からは５段の下りの階

後方から見た本社。回廊のなかに、写真右から本殿、拝殿が見える。左端は陽明門。本殿と拝殿を結ぶのが石の間

石の間の天井

本殿正面の扉と石の間

段に挟まれた石の間は、現在は石敷きの床ではなく板の間。２つの社殿を結ぶ石の廊下から発展した。本社の祭礼は、神の世界（本殿）と人の世界（拝殿）をつなぐ重要な空間である、この石の間を中心に行われている。

拝殿《はいでん》

P47-1A

建物の正面に家康公の干支《えと》である虎《とら》の彫刻。振り返って唐門には２代将軍の干支・兎《うさぎ》、３代将軍の干支・竜《りゅう》は虎の下方と左右にいる。

天井にひしめく100頭の竜は狩野探幽《かのうたんゆう》と一門による競作で、１頭ずつデザインが違う。間仕切り戸も狩野探幽作で右が麒麟《きりん》、左は白《はく》沢《たく》。麒麟は平和な世だけに姿を見せる。白沢は、徳のある王に忠告を与えるため現れる霊《れい》獣《じゅう》。家康公は姿を見せるにふさわしい王であることを示している。

本殿《ほんでん》

P47-1A

東照宮の最も神聖な場所とされる本殿は、幣殿《へいでん》（外陣《げじん》）・内陣《ないじん》・内々陣《ないないじん》の３室で構成され、最奥の内々陣に神霊《しんれい》がまつられている。

祭礼のときだけ開く本殿扉の上に並んでいる彫刻は獏《ばく》。鼻が長いので象にも見えるが、トゲのような眉《まゆ》と丸い目、首の巻き毛が特徴。獏は悪夢を食べてくれるといわれるが、唐の詩人・白楽天《はくらくてん》の『白氏文集《はくしもんじゅう》』によると、獏は鉄や銅を食べる。戦争が始まると武器を作るため鉄や銅がなくなるので、獏は平和な時代にしか生きられないのだという。東照宮の獏の彫刻78頭のうち54頭が最も重要な本殿にいる。獏は軍縮の象徴でもあり、平和への強い願いが込められている。

拝殿の欄間には「三十六歌仙」が並び、天井には狩野一門が競作した「百間百種の竜」がある

東照宮の霊獣たち

東照宮には数多くの動物の彫刻がある。なかでも想像上の動物は霊獣《れいじゅう》と呼ばれ、神秘的な力をもつと考えられていた。

霊獣は、獏《ばく》・麒麟《きりん》・飛竜《ひりゅう》・竜馬《りゅうば》など架空の動物がほとんどだが、獅子《しし》・象《ぞう》・犀《さい》など実在する動物もいる。しかし、まだ見たこともなく想像上の霊獣として描かれた姿は、実際のライオンや象とはかなり異なっている。

東照宮には絵画を合わせると30種類の霊獣がいるので、ぜひ探してみてほしい。

目貫（めぬき）の竜（陽明門）

拝殿向拝の息（P 52参照）

飛竜（鐘楼）

麒麟（鐘楼）

金属製の蜃（しん、奥社鋳抜門）

犀（西回廊）

鳳凰（ほうおう、本地堂）

鸞（らん、東回廊）

唐獅子（からじし、陽明門）

亀（鼓楼）

徳のある王に助言するために現れるという白沢（はくたく、拝殿）

主な霊獣・霊鳥の特徴と見分け方

霊獣	角	牙	足	体型	その他の特徴	組み合わせ
竜	2	×	鷹爪	トカゲ	胴長で顔の周りにヒゲが多い	雲・水
飛竜	1	×	鶴足	魚	顔は竜で翼と魚の尾ビレをもつ	水
息	1	○	鷹爪		竜に似るが上唇に鼻孔がある	
蜃	1	×	?		竜に似るが口から気を吐く	
竜馬	2	×	奇蹄	馬	顔は竜に似るが太いヒゲはない	水
麒麟	1	○	偶蹄	鹿	体表に風車状の模様がある	雲
犀	1	×	偶蹄	馬	亀のような甲羅と顎ヒゲがある	水
獅子	×	×	猛獣	猛獣	鼻の先端が広がっている	牡丹
獏	×	○	猛獣	猛獣	鼻は象のように長く襟足は巻毛	雲
象	×	○	太い		目が細く、体毛はない	

霊鳥	冠羽	首飾	尾羽の形状	組み合わせ
鳳凰	3～4	○	帯状で長く、鋸状のギザギザがある	桐
鸞	0～1	×	帯状で長く、鋸状のギザギザはない	梅・牡丹

注：○× 印は該当する器官の有無を示す

東照宮ネイチャーワールド

東照宮の社殿を飾る彫刻のうち、植物は50種類、約4000体もある。花ではボタンが最も多く、ついでキク、ウメ。果物ではモモ、カキ、クリ、ビワ、ブドウ、ナシ、ヤマモモ、アケビ、穀類や野菜ではイネ、アワ、ナス、ササゲ、ウリなどが見られる。

鳥類は45種類、約1000体もあり、彫刻のなかから鳥を探し出すバードウォッチングも楽しめる。

これらは、東照宮が霊獣に守られた神聖な場所であるとともに、「花咲き鳥歌う豊《ほう》饒《じょう》な世界」であることを示している。

ヤマモモにインコとハト(神輿舎)

アケビと小鳥(透塀)

ブドウとリス(本殿)

ヤマモモとサル(東回廊)

イネとスズメ(拝殿)

アワとスズメ(拝殿)

ナス（東回廊）

モモ（東回廊）

クリ（東回廊）

カキ（東回廊）

ミカン（東回廊）

ナシ（東回廊）

ササゲ（東回廊）

ビワ（透塀）

ウリ（輪蔵）

奥社《おくしゃ》

東照宮の祭神・徳川家康公の墓所。銅鳥《どうとり》居《い》・銅神庫《どうじんこ》・拝殿《はいでん》・鋳抜門《いぬきもん》・宝塔《ほうとう》などがある。坂下門から始まる奥社参道の石段は、踏み石に１枚石が使われている。寒さの厳しい日光では、霜柱で浮き上がってこないように重く大きな石が必要だった。

参道を上りつめ、青銅製の鳥居をくぐった右手に銅神庫がある。宝蔵《ほうぞう》とも呼ばれ、江戸時代には家康公の位記《いき》・宣旨《せんじ》類、甲冑《かっちゅう》、刀剣など貴重な神宝を収蔵していた。

奥社拝殿《おくしゃはいでん》

P47-1A

建物全体を真鍮《しんちゅう》や銅の板で覆い、その上から黒の漆が塗ってある。黒一色の地味な外観に対して、内部は金箔《きんぱく》の柱、極彩色の鳳凰《ほうおう》など豪華な仕様になっている。

奥社拝殿。奥が鋳抜門

鋳抜門《いぬきもん》

P47-1A

扉を除いて、柱や梁《はり》などをひとつの鋳型《いがた》でつくったことから鋳抜門と呼ばれている。門前の石段から、にらみをきかせているのは狛犬《こまいぬ》。そして、門の袖にいるのは蜃《しん》。「ツバメを食べ、気を吐き、楼台城郭を描き出す」という。蜃気楼の蜃である。

高さ3.4メートル、柱間2.5メートルの鋳抜門

奥社宝塔《おくしゃほうとう》

P47-1A

宝塔に納められているのは家康公の神柩《しんきゅう》。建立以来、一度も開けられたことがない。

宝塔は最初は木造、後に石造りになり、さらに天和《てんな》３(1683)年の大地震で破損したものを５代将軍綱吉公が現在の唐銅《からかね》製に造り替えた。唐銅とは金・銀・銅の合金。宝塔の前に置かれた鶴のロウソク立て・香炉・花瓶は、朝鮮通信使が運んできた朝鮮国王からのプレゼント。宝塔の傍らの木は「叶杉《かのうすぎ》」と「楓《ふう》」。

(上)高さ5メートルの宝塔は、8角9段の石の上にのっている
(左)願いをかなえてくれるといわれる叶杉

鐘楼《しょうろう》・鼓楼《ころう》

P47-2A

鐘楼は釣鐘、鼓楼は太鼓を納める建物。陽明門の前に左右対称に配置されている。向かって右が鐘楼で、左が鼓楼。

建物の規模や構造など基本的な形式は同じだが、細部の飾り付けをよく見ると違いがある。たとえば、彫刻の種類と数。陽明門に向かって右側の鐘楼には鶴・竜・飛竜《ひりゅう》・麒麟《きりん》・波など合計78体に対し、左側の鼓楼には亀・竜・雲など38体。装飾は、鐘楼のほうが豪華である。

陽明門の前に並ぶ高さ12.6メートルの鐘楼と鼓楼。左が鐘楼、下が鼓楼

鳴竜《なきりゅう》

P47-1A

鼓楼の後ろにある建物は、本尊が薬師瑠璃《やくしるり》光如来《こうにょらい》（薬師如来）であることから「薬師堂」、また乱世を鎮めた家康公が薬師如来の生まれ変わりと考えられたので、本来の仏（本地《ほんじ》）をまつったことから「本地堂」と呼ばれる。

本地堂（薬師堂）の内陣天井に描かれているのが、有名な鳴竜。竜の頭の下で拍子木を打つと、天井と床が共鳴して鈴のような鳴き声に聞こえる。もとの絵は狩野永真安信《かのうえいしんやすのぶ》の筆によるが、堂とともに昭和36（1961）年に焼失したため堅山南風《かたやまなんぷう》画伯が復元した。

十二神将は薬師如来の眷属（けんぞく、従者）。十二支の守護神にもなっている

34枚のヒノキの天井板に描かれた、縦6メートル、横15メートルの鳴竜

境内の燈籠《けいだいのとうろう》

東照宮の境内には、諸大名などが献納した123基の燈籠がある。銘文から女性の奉納であることがはっきりしているのは、内番所の正面、上神庫《かみじんこ》の角にある２基。銘文は「黒田《くろだ》筑前守長政妻《ちくぜんのかみながまさのつま》」。妻とは、家康公の養女・栄《えい》姫《ひめ》のことである。

仙台藩主伊達政宗《だてまさむね》が、ポルトガルから鉄材を輸入し、領内の租税３年分の費用をかけて作ったと伝えられるのが「南蛮鉄燈籠《なんばんてつどうろう》」。オランダから贈られたのが、鐘楼のそばに立つスタンド型の蓮燈籠《はすどうろう》、鼓楼わきのシャンデリア型釣燈籠、そして８角形の回転燈籠だ。三《みつ》葉葵《ばあおい》の紋が逆さまについている。

朝鮮鐘《ちょうせんがね》

P47-2A

３代将軍家光公の長子（後の４代将軍家綱公）誕生を祝賀して、日本にやってきた朝鮮通信使が献納したもの。鐘の天井に小さな穴が開いていることから「虫食いの鐘」とも呼ばれるが、この穴は鐘の響きをよくするための工夫という。

回廊胴羽目《かいろうどうはめ》

P47-1A・B

回廊胴羽目。回廊は屋根下から欄間、胴羽目、腰羽目に彫刻が施され、その下の横柱にオランダ製の燭台（しょくだい）が取り付けられている

陽明門から左右に延びる回廊のなかでも、南側に面した外壁の胴羽目に大きな彫刻がある。題材はバラ、孔雀《くじゃく》、竹、梅、鸞《らん》、錦鶏《きんけい》などが多い。

飛び越えの獅子《とびこえのしし》

P47-2A

陽明門へ向かう石段を上がった左右の石柵《いしさく》に、逆立ちした唐獅子《からじし》の石彫りがある。石段を勢いよく駆け上がり、石柵を飛び越えて着地した瞬間のポーズに見えることから「飛び越えの獅子」と呼ばれる。単なる装飾ではなく、石柵が倒れるのを防ぐ控柱の役目も兼ねている。

唐獅子と石柵の柱は一体で、ひとつの石を彫り抜いてある。備前《びぜん》（岡山県）産の花崗岩《かこうがん》を、荷車の上で粗削りしながら日光まで運んだという伝承がある。

屋根のある回転燈籠

直径1メートルの朝鮮鐘

その姿から名がついた「飛び越えの獅子」

輪蔵(経蔵)《りんぞう(きょうぞう)》

P47-2A

２層屋根、しかも建物の形が12メートル四方の正方形をしているので、重層《じゅうそう》方形造《ほうぎょうづく》りという。仏教の教典を納める経蔵だが、建物の真ん中に一切経《いっさいきょう》1456部6325巻を納めた８角形の回転式の書架が置かれていることから輪蔵の名がついた。

2層屋根の輪蔵

旧奥社石唐門・石鳥居《きゅうおくしゃいしからもん・いしどりい》

P42-3C

奥社の鋳抜門《いぬきもん》・鳥居は、現在の銅製になる前は石造りの唐門・鳥居だった。慶安《けいあん》年間（1648 ～ 1651）に連続して起きた地震によって被害に遭い、造り替えられたと推測されている。

取り壊された石造りの門と鳥居は、奥社の山中に埋められていたが、昭和42（1967）年にそれらを発掘、現在は東照宮宝物館の脇《わき》に復元されている。

旧奥社石唐門

旧奥社石鳥居

日光東照宮宝物館《にっこうとうしょうぐうほうもつかん》

P43-3D

日光東照宮宝物館の正面

東照宮350年祭の記念事業として、昭和43（1968）年に開館した。収蔵されている東照宮の宝物類を大別すると、美術工芸品類・書画類・文書類の３つに分けることができる。

美術工芸品類は、徳川家康公が日ごろ愛用していた遺品や、朝廷から寄進された品々、歴代将軍や諸大名からの奉納品、南蛮貿易《なんばんぼうえき》による舶来品など。家康公が関ヶ原の合戦に着用したといわれる南蛮胴具足、小浜《おばま》藩主が奉納した渾天儀《こんてんぎ》、南蛮屏風《なんばんびょうぶ》などが有名だ。

書画類では、歴代将軍の書画、諸絵師による家康公の肖像画、家康公自筆の書状。また、本社拝殿の「三十六歌仙勅額《かせんちょくがく》」などのように、東照宮内にはレプリカを展示し、本物はこの宝物館に収蔵している宝物もある。

文書類では、家康公の官歴に関する位記《いき》・宣旨《せんじ》、徳川幕府が編纂《へんさん》した大名・旗本諸家の系譜、東照宮の社務日記など多岐にわたる。

家康公の遺品の脇差。勝光宗光合作 小サ刀拵付

家康公が関ヶ原の合戦に着用したと伝えられている南蛮胴具足

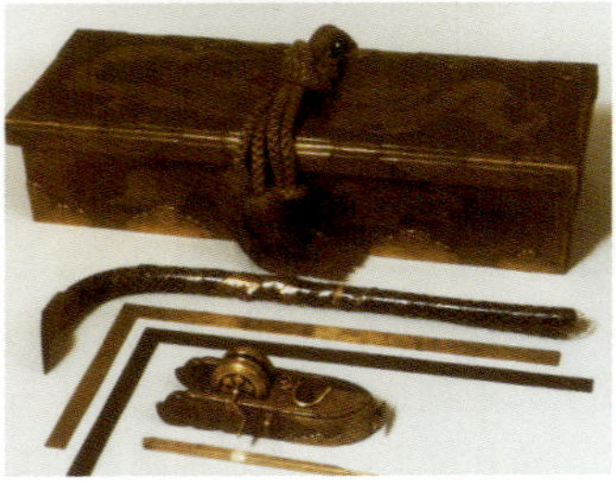

珍しい国宝の大工道具。寛永の大造替に使われたもので、本殿とともに国宝に指定された

客殿・新社務所《きゃくでん・しんしゃむしょ》

P43-2D

東照宮を訪れる賓客をもてなすために、平成７（1995）年に完成した施設で、社務所を併設している。賓客用の客室のほか、300人収容の大広間などもあり、披露宴や各種パーティーなどにも利用できる。

客殿では披露宴も行える

日光東照宮《にっこうとうしょうぐう》美術館《びじゅつかん》

P43-2D

以前から評判だった杉戸絵や襖絵《ふすまえ》、障壁画、額、軸物などのある旧社務所・朝陽閣《ちょうようかく》を、日光東照宮美術館として公開した。

昭和３（1928）年に完成した朝陽閣は、当時の木造建築物としては日本随一という声も上がったが、杉戸や襖などは「白紙」状態だった。そこで、まず日本画壇の重鎮横山大観《よこやまたいかん》が大傑作の襖絵「朝陽之図《ちょうようのず》」を完成。大観の意を受けた中村岳陵《なかむらがくりょう》、荒井寛《あらいかん》方《ぽう》、堅山南風《かたやまなんぷう》の３画伯が２か月の合宿のすえ、建物内に大小151点の日本画を描いた。

日光東照宮美術館正面

荒井寛方「老松」（大玄関・杉戸）

岳陵・寛方・南風合作「檜・杉・桜」（上段間次の間）

堅山南風「花籠」（大広間・杉戸）

横山大観「朝陽之図」（上段間・襖）

日光東照宮の伝統行事

東照宮で行われる年間の行事はおよそ120。3日に1回のスケジュールだ。その主なものを列挙してみよう。

1月1日の元旦《がんたん》に行われるのが「歳旦祭《さいたんさい》」。2・3日が「新年献饌祭《しんねんけんせんさい》」だ。

2月3日に「節分」があり、11日の建国記念の日に「紀元祭」、17日は豊作祈願の「祈年祭」が行われる。

3月には「献穀講大祭」。4月14日の「酒迎式《さかむかえしき》」は、滝尾神社《たきのおじんじゃ》へ渡御《とぎょ》する二荒山神社《ふたらさんじんじゃ》の神輿《みこし》を迎える行事だ。5月の「春季例大祭」の前には、境内に敷かれた栗石をひとつひとつ返しながら清掃する「栗石返《くりいしがえし》」が行われる。

6月30日は「大祓式《おおはらえしき》」。10月は「秋季大祭」。11月26日の「新嘗祭《にいなめさい》」は豊作を感謝する祭である。

12月はいちだんと忙しくなる。20日に大掃除の「御煤払《おすすはらい》」。天皇誕生日には「天長祭《てんちょうさい》」、26日の家康公の誕生日には「献楽祭《けんがくさい》」、そして「大祓式」、「除夜祭」が待ち受けている。

このほか、毎月行われるのが「月次祭《つきなみさい》」。これは1日、家康公の命日である17日、誕生日の26日の月3回行われている。さらに「日供祭《にっくさい》」と呼ばれる祭事が、毎朝8時から行われる。前夜に宿直した神職が担当する。

元旦に行われる歳旦祭

春季例大祭のハイライト、百物揃千人武者行列

春季例大祭・百物揃千人武者行列《しゅんきれいたいさい・ひゃくものぞろいせんにんむしゃぎょうれつ》

東照宮で最も盛大な行事は、毎年5月17日から18日にかけて行われる春季例大祭で、観光客にとっては18日の百物揃千人武者行列（正式には神輿渡御祭《しんよとぎょさい》）が圧巻である。

一連の行事は、久能山《くのうさん》から徳川家康公の神《しん》霊《れい》が日光に移された当時の祭典の再現でもある。それぞれの儀式がどんな宗教的意味を持っているのか、それを知るのも意義がある。

まず、17日午前10時から本社で徳川宗家《そうけ》

御旅所で奉納される「東遊舞」

そして産子《うぶこ》（氏子《うじこ》）会員らが参列して盛大に「例祭」が始まる。そして、一連の儀式を終えた３基の神輿《みこし》に、東照宮本社から神霊が乗り移り、西隣の二荒山神社に向かう。神輿を二荒山神社拝殿に安置して神霊を本殿に移したあと「宵成祭《よいなりさい》」が行われ、神輿は一夜を明かす。東照宮と二荒山神社の神職も宿直する。

二荒山神社で神輿が１泊するのは、家康公がこの世を去ったことを意味していると考えられている。一度、西方浄土に移るわけである。そして、次に向かう御《お》旅所《たびしょ》は久能山に見立てていると考えられる。

翌18日の午前10時、神霊を神輿に移す儀式が行われ、渡御祭を待つ。

渡御祭の開始は午前11時。二荒山神社の境内に集合した1200人の産子会員が、表参道から神橋《しんきょう》の近くの御旅所まで約１キロの道を渡御する。行列は「３頭の神馬《しんめ》」「神剣《しんけん》・御旗《みはた》」「３基の神輿」のグループに分かれ、それぞれを守護するように進んでいく。

流鏑馬の奉納

行列が到着すると、御旅所本殿に神輿を据え、拝殿で神饌《しんせん》を神霊に供える。このときの神饌は、三品立《さんぼんだて》七十五膳《ぜん》と呼ばれる特別メニュー。一説には75という数字は日光山中の峰々に住む神々の数とも伝えられている。神々の霊力を東照宮の御霊に移し、活力を与えようというわけだ。続いて行われるのが奉幣行事。神職が御幣《ごへい》を左右左と３度振ってから神前に供える。

さらに八《や》乙女舞《おとめのまい》、東遊舞《あずまあそびのまい》が奉納され、午後１時ごろ、行列は東照宮に向かう。東照宮に戻っていくことを還御《かんぎょ》といい、東照宮での還御祭で一連の行事が終了する。

17日の午後１時ごろには、石鳥居前の表参道で流鏑馬《やぶさめ》が奉納される。

10月17日の秋季大祭の際にも渡御が行われる。こちらの行列は規模を縮小し、神輿は１基、行列の人数は800人に減る。

神前へ奉納される舞楽「胡蝶楽（こちょうらく）」

東照宮の御守

東照宮の授与品として人気が高いのが叶鈴御守《かのうすずおまもり》と御《お》香守《こうまもり》。とくに叶鈴御守は、これを身につけていると願いがかなうとされ、求める人が多い。

眠り猫をあしらった叶鈴御守

におい袋に鈴がついた御香守

日光山輪王寺《にっこうさんりんのうじ》

輪王寺とは、お寺やお堂、さらに15の支院の総称で、勝道上人《しょうどうしょうにん》が天平神護《てんぴょうじんご》2（766）年、神橋《しんきょう》のそばに四本龍寺《しほんりゅうじ》を建立したのが始まり。山岳信仰の場として栄え、たくさんの行者《ぎょうじゃ》が修行に訪れた。

平安時代の弘仁《こうにん》元（810）年、朝廷から一《いっ》山《さん》の総号として満願寺《まんがんじ》の名をいただき、後に円仁《えんにん》が来山して天台宗となって、現在に至っている。鎌倉時代には、弁覚《べんがく》が光明院《こうみょういん》を創設して一山の本院とし、天皇家から門跡《もんぜき》を招く皇族座主の制度が始まった。しかし、安土桃山時代には小田原の北条氏に加担したため、豊臣秀吉に寺領を没収されて一時衰退した。

日光が盛んになったのは、江戸時代。慶長《けいちょう》18（1613）年、将軍の相談役・天海《てんかい》が貫主《かんす》となってからで、天海が東照宮を創建してから日光は一大聖地へと躍進した。そして、明《めい》暦《れき》元（1655）年に守澄法親王《しゅちょうほうしんのう》が輪王寺宮《りんのうじのみや》を称した。寺名の輪王寺はこれによる。

輪王寺に納められた宝物「釈迦涅槃図(しゃかねはんず)」

明治になると神仏分離令が出され、神と仏の区別がなかった輪王寺は窮地に立たされる。明治2（1869）年には輪王寺の門跡号が廃止されたため、古い呼び名の満願寺に戻っている。また、明治4（1871）年には日光山の神仏分離が行われ、過去には109か寺あった寺が満願寺1か所に併合されてしまった。

これらの悲運を乗り越え、明治15（1882）年に一山15か院が復興、翌年には輪王寺、そして門跡呼称も復活する。1200年以上もの間、さまざまな形で信仰をはぐくんできた輪王寺は、1日では拝観しきれないほどの見どころと歴史がある。

ライトアップされた三仏堂

勝道上人銅像《しょうどうしょうにんどうぞう》

P75-2B

神橋《しんきょう》から表参道（長坂）を上りつめると、輪王寺《りんのうじ》三仏堂《さんぶつどう》を背景にして日光山の開祖、勝道上人の銅像が岩の上に立っている。

勝道上人は下野国《しもつけのくに》（栃木県）の生まれで、27歳のときに唐僧・鑑真《がんじん》和上《わじょう》の高弟・如宝《にょほう》僧都《そうず》から戒を受けて僧となった。

日光の男体山《なんたいさん》を中心とする霊地を観音の浄土である補陀洛山《ふだらくさん》とし、その山頂を極めようと32歳で入山。天平神護《てんぴょうじんご》２（766）年、霊地日光山の発祥となる四本龍寺《しほんりゅうじ》を建立した。

以来15年間、弟子たちと男体山に挑んでは数々の困難に遭遇し、挫折を繰り返したが、天応《てんおう》２（782）年についに頂上を極めることができた。中禅寺湖《ちゅうぜんじこ》は、その登頂に成功したときに発見され、山麓《さんろく》の湖畔に二荒山神宮寺（中禅寺）が創建された。

また、勝道上人が大谷川《だいやがわ》を渡れずに困っているとき、大蛇が現れて神橋をかけてくれたとか、中禅寺湖に大黒天《だいこくてん》が現れて勝道上人が山を開くのを助けたなど、日光の伝説の多くは、勝道上人が主人公になっている。

その日光に対する功績をたたえ、上人の恩を永くとどめるために建てられたのが、勝道上人の銅像。市制発足の記念でもある。昭和30（1955）年に、日展入選の経歴を持った新関国臣《にいぜきくにおみ》氏によってつくられた。

青銅製の像の高さは2.1メートル、台座は3.6メートル。台座の岩は、上人ゆかりの地である憾満ヶ淵《かんまんがふち》から運んだ、黒がらす石と呼ばれるもの。青みがかった黒で、ぬれると、より輝きを増す。推定で31トンの重さがあり、この巨石がいくつかの銘石に囲まれて中央の台座となっている。

台座の表には「日光開山勝道上人之像」、裏には銅像の建設記が書かれた銅板がはめ込まれている。

日光山の開祖、勝道上人の銅像

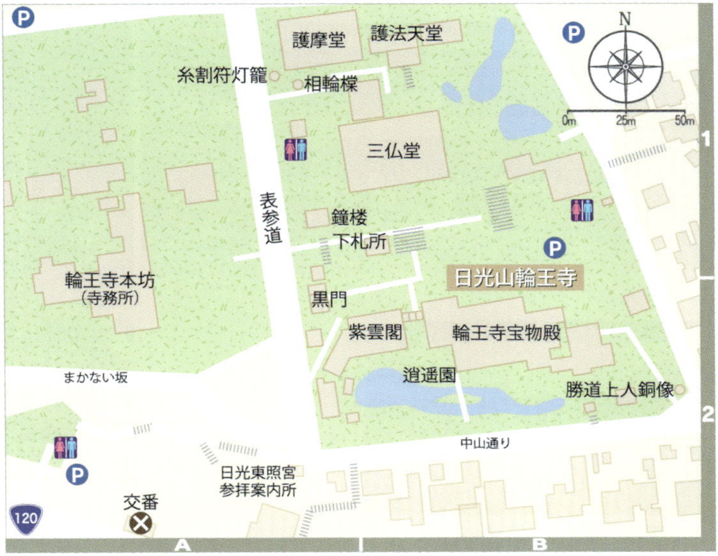

さんぶつどう(だいほんどう)

三仏堂(大本堂) P75-1B

輪王寺には「輪王寺」という建物はない。日光山にある、仏教に関係するお寺やお堂などの建物をまとめて、輪王寺という。その中心が大本堂で、三仏堂と呼ばれている。三仏堂という呼び名の由来は、３体の本地仏《ほんじぶつ》をまつっていることによる。寺伝によれば、慈覚《じかく》大師円仁《だいしえんにん》が入山したときに、比叡山《ひえいざん》の根本中堂《こんぽんちゅうどう》を模して建立したと伝える。山岳信仰にもとづき、日光の三山、つまり男体山《なんたいさん》、女峰山《にょほうさん》、太郎山《たろうさん》を神体とみて、その本地仏である千手《せんじゅ》観音《かんのん》（男体山）、阿弥陀如来《あみだにょらい》（女峰山）、馬頭《ばとう》観音《かんのん》（太郎山）の三仏をまつった。

現在、三仏堂で拝観できる本尊は江戸時代初期のもの。当時の優れた技法がうかがわれ、本邦屈指の木彫大座像仏といわれている。３体とも金色《こんじき》の寄木造《よせぎづく》りで、台座から光背の頂まで約８メートルある。

三仏堂は創建以来、移築が繰り返された。創建当時は稲荷川《いなりがわ》河畔の滝尾神社《たきのおじんじゃ》近くだったが、仁治《にんじ》年間（1240～1242）ころに鎌倉３代将軍実朝《さねとも》によって現在の東照宮の地に移された。その後、元和《げんな》３（1617）年の東照宮創建の折に、今の二荒山神社《ふたらさんじんじゃ》社務所の地にあり、現在のような大きな伽藍《がらん》になったのは、慶安《けいあん》３（1650）年の落成のときである。そして明治４（1871）年の神仏分離の際に、今の場所に移されることになった。しかし、当時の輪王寺は財政が苦しく、解体して運んだだけだった。それを嘆いた明治天皇のおぼしめしによって再建できたという。

建物は、昭和29（1954）～36（1961）年に大改修している。数少ない天台密教形式で、間口33.8メートル、奥行き21.2メートルと日光山でいちばん大きい。屋根は銅瓦ぶき、堂は総朱塗り、柱は漆塗りのケヤキ材。

現在は平成32（2020）年完成を目指して本格的なお堂の解体修理中。工事に際して展望見学通路が設けられ、工事期間中、地上26メートルの本堂上空から全体を一望できる（P85参照）。

堂内には伝教大師《でんぎょうだいし》、慈恵大師《じえだいし》、慈眼大師《じげんだいし》の像もあり、また日光山祈禱《きとう》所では毎朝欠かさず日光伝来の護摩《ごま》が修《しゅ》されている。堂前の「金剛桜《こんごうざくら》」は天然記念物。

三仏堂

三仏堂前の金剛桜

三仏堂の本尊である木彫三仏座像。左から馬頭観音座像、阿弥陀如来座像、千手観音座像

護法天堂《ごほうてんどう》

P75-1B

護法天堂

三仏堂を抜け、拝観順路に従って堂の真裏へ進むと護法天堂がある。日光山の護摩祈願所で、日光山の信仰を理解するうえでも重要な堂である。本尊は毘沙門天《びしゃもんてん》、大黒天《だいこくてん》、弁財《べんざい》天《てん》という開運の三天（現在は護摩堂に安置）。三仏堂の本尊である千手観音《せんじゅかんのん》、阿弥陀如来《あみだにょらい》、馬頭観音《ばとうかんのん》が、人々が御利益《ごりやく》をお願いしやすいよう身近な姿に変わった天部の仏様だという。

三仏堂が、国家安泰の大がかりな祈禱を修するのに対して、護法天堂は個人の願い事をかなえるために護摩を焚《た》いて祈禱する。つまり、庶民のためのお堂といえる。

鬼門除札《きもんよけふだ》

日光は関八州《かんはっしゅう》の鬼門にあたることから生まれたのが、鬼門から入ってくる災難を除くというこの御札。蓮の葉の形をしている。江戸時代までは皇族や将軍家だけに授けていたが、今は一般の人も入手できる。

裏側には、慈恵大師（じえだいし）が祈禱をしたとき鏡のなかに現れたという角大師（つのだいし）の護符が納められている。見返し(表紙をめくったところ)に拡大図あり

鬼門除札の表（左）と裏（右）。中央が角大師の護符

護摩堂《ごまどう》

P75-1A

平成10（1998）年6月に、三仏堂の裏側（護法天堂西隣）に護摩堂が完成。以後、護摩堂が新しい護摩祈願所となる。

護摩堂の2階仏間では、毎月2回、午前9時から写経会が行われている。これには一般の人も参加できるので、静かな雰囲気のなかで般若心経《はんにゃしんぎょう》を写して心を清めたいと思う人は、輪王寺に問い合わせてみよう。初心者がゆっくり心を込めて書いても、1時間くらいで終わる。

護摩堂2階仏間で催される写経会

護摩堂。ここには30近い仏がまつられている

相輪橖《そうりんとう》

P75-1A

三仏堂の斜め裏手にある、青銅製の細長い塔。高さは13.2メートル。

上部には金瓔珞《きんようらく》というものと、金の鈴がそれぞれ24個つづられていて、下部には徳川家の家紋《かもん》である葵《あおい》の紋が3つ見える。それらが、4つの控柱《ひかえばしら》で支えられている姿となっている。

これは、寛永《かんえい》20（1643）年、3代将軍家光公の発願《ほつがん》によって天海大僧正《てんかいだいそうじょう》が建てたもの。天台宗総本山の比叡山延暦寺《ひえいざんえんりゃくじ》にある、天台宗宗祖伝教大師最澄《でんぎょうだいしさいちょう》が初めて建てたのを模して造られた。橖面に、伝教大師と天海大僧正の銘文がある。

当初は東照宮奥社にあったが、慶安《けいあん》3（1650）年に二荒山神社近くに移築。明治8（1875）年に、神仏分離のため今の場所に移された。

すぐ近くには、生糸の糸割符《いとわっぷ》仲間たちが、徳川家康公が貿易の特権を与えたのに恩義を感じて奉納した精緻《せいち》な糸割符灯籠《いとわっぷとうろう》がある。

高さ13.2メートルの相輪橖

表参道側にある、黒一色の黒門

黒門《くろもん》

P75-2A

三仏堂《さんぶつどう》や宝物殿《ほうもつでん》がある輪王寺敷地の西側の門が黒門。柱から瓦まで、すべて黒で塗られていることから、そのように呼ばれている。

門脇《わき》には、豊道春海《ぶんどうしゅんかい》筆の「日光山輪王寺」と刻まれた大きな石柱が立っている。

黒門は、日光参拝の入り口付近という好立地にあり、わかりやすいので、待ち合わせに便利。

鐘楼《しょうろう》

P75-1A

三仏堂の左にある鐘楼の鐘は、山内に時を知らせるためのもの。また、大みそかの除夜の鐘としても利用されている。

この鐘楼は、1つの隅を3本の柱で支える合計12本の柱を持つ建物。東照宮御仮殿《おかりでん》から現在の三仏堂西南の位置に移築された。

12本の柱が特徴的な鐘楼

しょうようえん・しうんかく

逍遥園・紫雲閣

P75-2B

逍遥園は江戸時代に造られた代表的な日本庭園で、池が中心となって、その周囲を歩きながら楽しめる池泉回遊式《ちせんかいゆうしき》と呼ばれるもの。

輪王寺では、かつて朝廷から門跡《もんぜき》を迎えており、宮様が故郷をしのんで寂しがらないようにと、近江《おうみ》八景にならって八勝景のある庭園を造園したものである。

江戸時代初期の造園だが、文化年間（19世紀初め）に大改造して、そのときに儒学者《じゅがくしゃ》の佐藤一斎《さとういっさい》によって「逍遥園」と名づけられた。手入れの行き届いた庭園内を歩いていくと、東方向に皇室および歴代門跡の霊位を安置する御霊殿の建物が見える。

逍遥園の西の一角にあたり、黒門のすぐ右脇《わき》の建物が、信徒のための休憩所である紫雲閣。観光客は立ち入ることができない。

ここは、ホール的な役割も持ち、信徒を対象にした講話会やお茶会が開かれている。つまり、憩いの場・信仰の場両方の側面から信徒のために活用されている。

表参道に面している部分には、御物見《おものみ》がある。ここは、東照宮の祭礼を迎えるため輪王寺門跡が臨席するところ。

輪王寺の寺務所のある本坊《ほんぼう》では、毎月18日に「朝粥会《あさがゆかい》」を催している。表書《おもてしょ》院《いん》で読経《どきょう》したあと、粥をいただくというものである。

逍遥園入り口

逍遥園内にある茶室

池を中心にそのまわりを歩く池泉回遊式庭園の逍遥園

輪王寺宝物殿《りんのうじほうもつでん》 P75-2B

昭和58（1983）年に設立。1200余年の歴史を誇る輪王寺に所蔵されてきた美術工芸品などの宝物を保存・研究し、一般公開するために建てられたものである。古くから栄えていた山岳宗教の霊地であり、朝廷から門跡《もんぜき》を迎え、さらに徳川家康・家光公に愛された日光だからこそ、実現できた宝物殿といえる。

宝物殿は収蔵庫と展示室を備えており、廊下からは逍遥園《しょうようえん》を眺めることができる。三仏《さんぶつ》堂《どう》へ続く石段の正面にあるので、場所もわかりやすい。

宝物は、奈良時代から現代のものまで全体で6000点にも及び、国宝１件、重要文化財48件を含む。貴重な典籍を集めた天海蔵《てんかいぞう》、日記類を多く含む日光文庫も収蔵されている。

展示室では、１回ごとにテーマを定め、それに合った100点近くを常時展示している。掛け軸などの軸物は２か月に１回、展示物を取り替えている。

宝物類は、神仏習合に関するもの、輪王寺《りんのうじの》宮《みや》ならびに徳川将軍家に関するものなどが中心で、各時代ならではの品が鑑賞できる。

仏具や経典も豊富で、歴史的に価値の高い古文書も多い。数多い密教の曼荼羅《まんだら》の中には、西洋占星術で使われる黄道12星座が描かれている「北斗曼荼羅《ほくとまんだら》」という貴重なものもある。

展示室は、左に古いものを配置。神も仏も一体だった神仏習合の日光に関するもの、日光の開祖・勝道上人《しょうどうしょうにん》の持ち物から始まり、次第に現代に近づいていく。入り口から順番に見ていけば、歴史の流れを追えるようになっている。

円空作の木造薬師如来坐像

円空作の木造不動明王坐像

舞楽で使う陵王（りょうおう）の面

舞楽で使う納曽利（なそり）の面

舞楽「大平楽（たいへいらく）」で使う兜（かぶと）

「大平楽」四臈（しろう）の帯喰（おびくい、バックル）

「太平楽」四臈の肩喰（かたくい、留め具）

輪王寺《りんのうじ》の舞楽装束《ぶがくしょうぞく》

輪王寺が所蔵する舞楽衣装のほとんどは、寛永《かんえい》13年（1636）年に催された家康公の21回忌祭礼のために新調されたもので、面や道具類も含めて大きな長持ちで10個分が今に伝えられている。これらは、当時の最高の技術をもってつくられており、江戸前期の工芸の粋を見ることができる。また、これほどまとまった装束が現存するのは輪王寺だけである。

そもそも舞楽は、奈良時代から平安初期にかけて大陸から伝わった音楽舞踊が日本化されたもの。平安時代の公家《くげ》社会の儀式宴遊で楽しまれ、やがて社寺の儀式などでも催されるようになった。

迦陵頻（かりょうびん）の袍（ほう）

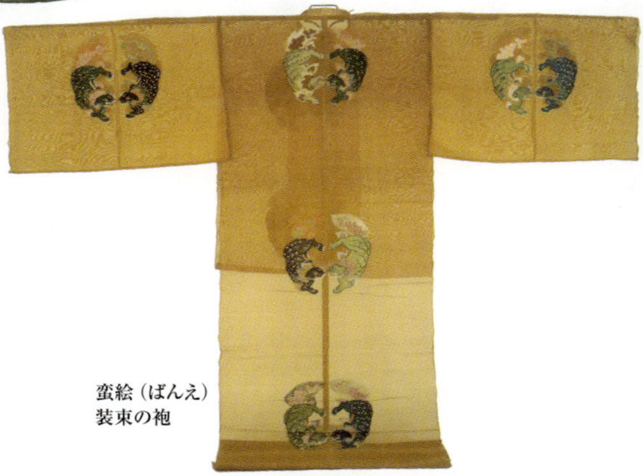

蛮絵（ばんえ）装束の袍

舞楽図屏風（六曲一双）の左隻

青海波（せいがいは）装束の袍

青海波の下襲（したがさね）

迦陵頻の羽

胡蝶（こちょう）の羽

舞楽図屏風（六曲一双）の右隻

ふたつどう（じょうぎょうどう、ほっけどう）

二つ堂（常行堂、法華堂）

P42-2B

大猷院《たいゆういん》の前にある、渡《わた》り廊下《ろうか》でつながれた常行堂と法華堂を二つ堂という。

２つのお堂がつながっている形式は二つ堂または担い堂とも呼ばれ、全国でも珍しく、比叡山《ひえいざん》と輪王寺でしか見ることができない。

常行堂は、純和風の建築様式で、本尊の阿《あ》弥陀如来《みだにょらい》を堂の中心に安置し、そのまわりは板敷きとなっている。ここは、常行三昧《じょうぎょうざんまい》の遶《にょう》堂《どう》をするためのお堂で、本尊のまわりを阿弥陀経を唱えながら歩くという修行が昔から行われてきた。現在は、正月に「修正会《しゅしょうえ》」として、この儀式を行い、国家安泰や人々の幸福のために祈禱《きとう》している。

常行堂の本尊である阿弥陀如来は平安時代の作で、宝冠《ほうかん》をかぶり、孔雀座《くじゃくざ》の上に座っている。この姿の阿弥陀如来像としてはたいへん貴重なものである。また、堂内には摩多羅《またら》神《しん》がまつられている。

法華堂は、常行堂よりもやや小ぶりだが、よく似た建物に見える。しかし、実は総朱塗りの純唐風《じゅんからふう》建築で、その趣は大きく異なっている。本尊は普賢菩薩《ふげんぼさつ》、左右に鬼子母神《きしもじん》、十《じゅう》羅刹女《らせつにょ》がまつられている。

常行堂が常行三昧を行うのに対して、法華堂は法華三昧《ほっけざんまい》を行う道場であり、人々の信仰を集めている。

二つ堂。手前が常行堂、奥が法華堂

常行堂の本尊である阿弥陀如来は宝冠をかぶり、孔雀座に座る

慈眼堂《じげんどう》

P42-2B

常行堂と法華堂の間を山に向かって進んでいくと、ゆっくり歩くと長生きするという延《えん》命坂《めいざか》があり、やがて慈眼堂にたどり着く。

慈眼堂は、天海大僧正《てんかいだいそうじょう》が眠るところである。拝殿・墓所・天海蔵《てんかいぞう》（文庫）・阿弥陀堂《あみだどう》・鐘《しょう》楼《ろう》の総称として、そう呼ばれている。「慈眼」とは、天海大僧正の大師号である慈眼大師からとられたものである。

天海大僧正は、家康・秀忠・家光公の３代の将軍に仕えた。日光山第53世貫主《かんす》を務め、日光に東照大権現をおまつりして一時衰えた日光山を立て直した大きな功績の持ち主。東照宮の傍らにまつられている。

108歳で亡くなった天海大僧正の命日にあたる10月２日には、毎年、拝殿で大がかりな法要（長講会《じょうごえ》）が営まれる。そのときの御《お》斎食《さいじき》には、天海大僧正の好物だった納豆汁が供せられる。

拝殿は一重入《いちじゅういり》母《も》屋《や》造《づく》りといわれる建物で、前後に扉がついているのが特徴。墓所を守るように建てられている。

慈眼堂拝殿

天海大僧正の像

日光山展望見学《にっこうさんてんぼうけんがく》

天空回廊《てんくうかいろう》

平成の大修理で半解体修理を進める三仏堂の工事用に堂全体を覆う高さ26メートルの素屋根が設けられた。修復完成予定の平成32（2020）年までの間、７階の展望通路が一般に開放される。修理の様子と天空回廊の呼称にふさわしく、境内や鳴虫山《なきむしやま》、門前町などを一望できる。この期間を外すと見ることができない絶景だ。上から見下ろす形の日本庭園「逍遥園」は特に印象深い。

修理のためにお堂を覆う形で造られた素屋根。上部が天空回廊

開山堂、仏岩《かいさんどう、ほとけいわ》 P42-1C

日光山《にっこうさん》の開祖、勝道上人《しょうどうしょうにん》が弘仁《こうにん》8（817）年3月1日（旧暦）に遷化《せんげ》（死去）したとき、荼毘《だび》（火葬）に付したのが、開山堂がある仏岩谷である。

その後、勝道上人の霊をまつるところとし、朱塗りで重層宝形造《じゅうそうほうぎょうづく》りという建築方法のお堂を建てた。これが、開山堂というわけである。堂内には、室町時代の作といわれる木造の本尊地蔵菩薩《ほんぞんじぞうぼさつ》および勝道上人の座像が安置され、勝道上人の弟子10人の木像も本尊の左右に納められている。毎年4月1日には、開山会《かいさんえ》法要が堂内で行われている。

開山堂の裏には、勝道上人の墓所に五輪塔が立ち、わきには弟子の墓が3基ある。

開山堂の裏側の切り立った断崖《だんがい》を仏岩と呼んでいる。仏に似た岩が並んでいたので、この名がついたのだが、地震で崩れてしまった。現在は、開山堂の裏のくぼみに六部天《ろくぶてん》（1体は不動明王《ふどうみょうおう》）の石仏を安置している。

開山堂の裏側の断崖、仏岩には六部天（1体は不動明王）の石仏を安置している

勝道上人の墓

外山毘沙門堂《とやまびしゃもんどう》 P14-3C

開山堂近くまで行くと、頂上に建物がある小高い山が見えてくる。それが外山で、建物が毘沙門堂。輪王寺三仏堂や東照宮のある社寺の鬼門《きもん》、東北の方向にあたる。毘沙門天は北を守護し、鬼門除《よ》けの役を果たしている。

徒歩でしかたどり着けないところにあるが、この毘沙門天は商売の元銭《もとぜに》である福銭《ふくせん》を貸してくれる福の神として、古くから信仰を集めてきた。特に、正月3日に行われる外山毘沙門天縁日には、山頂のお堂がたくさんの人であふれる。眺望もすばらしい。

外山毘沙門堂の外観

小玉堂《こだまどう》（児玉堂）

P43-3E

桜の馬場公園への沿道にある小さなお堂。昼なお暗い、うっそうとした木々のなかに建ち、朱塗りの堂の前には石の鳥居が建っている。ここにも、日光が神と仏を一緒にまつっていた神仏習合《しんぶつしゅうごう》の歴史を感じ取ることができる。

伝えるところでは、弘仁《こうにん》11（820）年、弘法大師《こうぼうだいし》空海《くうかい》が滝尾《たきのお》で密教の修法《しゅほう》を修《しゅ》したとき、白糸滝《しらいとのたき》のあたりにあったといわれる八葉《はちよう》蓮華池《れんげいけ》のなかから大小2つの玉が飛び出してきた。空海は小さいほうの玉、つまり天輔星《てんぼせい》（虚空蔵菩薩《こくうぞうぼさつ》）を、小玉堂を建ててまつったという。これが、このお堂の縁起である。

なお、大きいほうの玉、つまり妙見尊星《みょうけんそんしょう》（妙見菩薩）は、中禅寺に妙見堂を建立して納めたという伝説が残っている。

弘法大師ゆかりの小玉堂

釈迦堂《しゃかどう》

P14-3C

本尊は釈迦如来《しゃかにょらい》、そのわきに文殊《もんじゅ》・普賢《ふげん》の両菩薩を安置したお堂。大きな木の山門の奥、豊かな緑に彩られた境内に、朱塗りの姿で建っている。

釈迦堂は、初め東照宮御仮殿《おかりでん》の地にあったが、元和《げんな》7（1621）年に開山堂がある仏岩に移され、そのときに一山の菩提寺《ぼだいじ》として妙《みょう》道院《どういん》が建立された。別名、仏竜寺《ぶつりゅうじ》といって修行道場になっていたが、寛永《かんえい》18（1641）年に、釈迦堂と妙道院は現在の田母沢《たもざわ》の地に再び移築された。明治初年に火災で妙道院は焼失。釈迦堂だけが、昔のおもかげを伝えている。

毎年7月15日に施餓鬼会の法要が行われる釈迦堂

毎年7月15日、輪王寺一山僧侶《そうりょ》による施《せ》餓鬼会《がきえ》の法要がこの釈迦堂でねんごろに営まれている。

殉死の墓《じゅんしのはか》

P14-3C

釈迦堂境内の西に、殉死の墓がある。

これは、慶安《けいあん》4（1651）年4月20日の徳川3代将軍家光公の死に殉じた5名の忠臣と、徳川譜代家臣19名の墓で、墓石は高さ3メートルを超える堂々としたもの。

家光公の乳母《うば》だった春日局《かすがのつぼね》の元の夫である、稲葉正成《いなばまさなり》の名前も見える。

殉死の墓

輪王寺《りんのうじ》の曼荼羅《まんだら》

曼荼羅とは密教における修法《しゅほう》（加持祈《き》禱《とう》）の本尊として飾られた仏画のひとつである。特定の主尊《しゅそん》（たとえば、金輪仏頂《きんりんぶっちょう》など）を中心に諸尊の像を配置したものや、多くの諸尊を体系的に配置したものなどがある。いずれも、仏の世界を象徴的に表している。

輪王寺の曼荼羅のなかでも、興味深いのが北斗曼荼羅《ほくとまんだら》。主尊の一字金輪仏頂の周囲を北斗七星、九曜、十二宮が取り囲むが、北斗七星の輔星《ほせい》のなかに人物像が見られる。

なお、胎蔵界敷曼荼羅《たいぞうかいしきまんだら》と金剛界敷曼荼羅《こんごうかいしきまんだら》はあわせて両界曼荼羅《りょうかいまんだら》と呼ばれ、大日如来《だいにちにょらい》を主尊として密教の説く宇宙観を表している。

左上　浄土曼荼羅
左下　法華曼荼羅
右上　法華曼荼羅
右下　北斗曼荼羅

胎蔵界敷曼荼羅

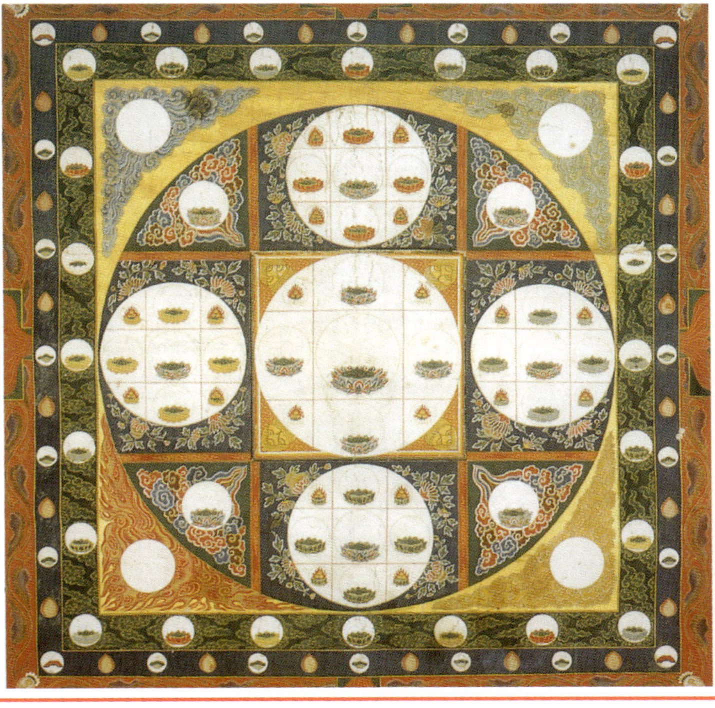

金剛界敷曼荼羅

輪王寺の伝統行事

1200余年の歴史をもつ輪王寺の行事は数多くあるが、そのなかで一般の人たちも参加できる伝統行事をいくつか紹介しよう。

歳旦会《さいたんえ》

除夜の鐘が響き始めてから1月1日の朝まで、三仏堂で歳旦会が行われる。この国家安泰と人々の息災を願う正月の儀式は、7日まで続けられる。

元日の朝になると、場所は本堂から家光公が眠る大猷院《たいゆういん》へと移され、そこで年始会《ねんしえ》が修《しゅ》される。そして、次は常行堂《じょうぎょうどう》の修正会《しゅしょうえ》と続く。このあと、本坊では、門跡《もんぜき》が一山の僧侶《そうりょ》たちに昆布《こんぶ》を手渡す年賀式がある。これは、通称「お手昆布式」と呼ばれている。

外山毘沙門天縁日《とやまびしゃもんてんえんにち》

全国でも珍しい「福銭貸《ふくせんが》し」が行われるのが、1月3日の外山毘沙門天縁日。福銭貸しとは、このお堂が福銭を信者に貸し出し、信者はそれを事業の種銭《たねせん》にして、翌年に借りた額を倍にして返すというもの。

福銭は、円を両と言い換えられ、単位も1万倍にされる。つまり、100円を100万両、1000円を1000万両とするわけである。この日は、「100万両、1000万両」と景気のいい声が飛び交う。

外山毘沙門天縁日(外山山頂)

参詣者は前の晩から暗い山道を登り、夜明けを待って「雲海《うんかい》の間《ま》」から日の出を拝む。そして、福銭貸しの儀式に移る。この儀式は外山毘沙門堂と信者との間のお金の貸し借りになるが、篤《あつ》い信仰に支えられているため証文はない。

節分会《せつぶんえ》

正式には節分会追儺式《せつぶんえついなしき》といい、2月3日の節分の日に催される。輪王寺門跡を大導師として一山の僧侶が三仏堂にそろう。この席には100人を超す年男年女が裃《かみしも》姿で参列する。

まず、大護摩供《だいごまく》の秘法が施され、次に大般若経転読《だいはんにゃきょうてんどく》、豆まきと続く。そのあとに、回廊で縁起がらまきが行われる。がらまきの品を拾うと幸運が授かるとされている。

開山会《かいさんえ》

4月1日の勝道上人《しょうどうしょうにん》の命日に行われる法要で、上人の座像が安置されている開山堂で開山勝道上人の遺徳をしのんで行われるので、開山会という。

この日は、輪王寺一山の僧侶や信者が集まり、法華三昧《ほっけざんまい》の法要がとり行われる。

延年舞《えんねんのまい》

毎年5月17日に天下泰平、延年長寿を祈願して舞われる儀式で、三仏堂内に設けられた舞台で行われる。

延年舞は、嘉祥《かしょう》元(848)年に慈覚大師円仁《じかくだいしえんにん》が唐から伝えたという秘舞《ひぶ》で、新しく住職になった2人が上座と下座に分かれて踊る独

延年舞

特の舞である。

この舞が行われている間は、一山の僧侶たちによって「延年の頌《じゅ》」という声明《しょうみょう》が唱えられている。

薪能《たきぎのう》

近年になって復興した行事で、三仏堂を背に舞台を組んで、能が舞われる。

演目や日程（８月中旬）などは年によって異なるので、問い合わせが必要。

越年護摩《えつねんごま》

12月31日の夜、三仏堂の前に祭壇が設けられ、修験者たちによって野天採灯大護摩《のてんさいとうおおごま》が勇壮かつ厳かに修される。

中央の護摩壇の火は、一切の罪障を焼き払い、修験者たちの唱える読経《どきょう》と真言《しんごん》が夜空に響き、災厄《さいやく》を払うのである。

野天採灯大護摩

２つの強飯式《ごうはんしき》

強飯式は、日光山輪王寺に伝わる古い儀式で、現在では毎年４月２日に三仏堂で催されている。

式は、修験者の姿をした強飯僧が、３升の飯が入った山盛りのお椀《わん》を、信者から募った強飯頂戴人に差し出し、「75杯１粒残さず食べろ」と責め立てるもの。強飯頂戴人になって儀式を受けると、無病息災、家運長久などの運を授かるといわれている。

一方、生岡《いくおか》神社では毎年11月25日に「子供強飯式」が行われ、こちらは強飯僧や強飯頂戴人を氏子の子供が演じている。太郎坊、次郎坊（頂戴人）が竹かごを頭にのせていたり、「強飯式に案内申す」を「おはんじきに案内芋」となまって山盛りの里芋を頂戴人の口に押し込んで食べさせるなど、子供の儀式ならではのユーモアに富んでいる。

輪王寺の強飯式

生岡神社の子供強飯式

日光《にっこう》二荒山《ふたらさん》神社《じんじゃ》

紅葉に映える神橋(しんきょう)

大昔、私たち日本人の先祖は、天高くそびえ、雲、雨、雪、かみなりなどさまざまな自然現象を展開し、命のもとである大切な水を恵んでくれる高い山々に、おそれと尊敬の心を抱いた。そこには神がいると信じた。自然に生まれた山岳信仰である。

関東平野の北方にそびえる霊峰二荒山《れいほうふたらさん》（男《なん》体山《たいさん》）も古くから、神のおられる山として、うやまわれてきた。

今からざっと1200年以上も前の奈良時代の末、二荒山に神霊を感じた勝道上人《しょうどうしょうにん》が、大《だい》谷川《やがわ》の北岸に四本龍寺《しほんりゅうじ》を建て、延暦《えんりゃく》９（790）年に本宮神社《ほんぐうじんじゃ》を建てた。二荒山神社のはじまりである。また、勝道上人はさまざまな難行苦行を積み、二荒山初登頂の大願を果たし、山頂に小さな祠《ほこら》をまつった。天応《てんおう》２（782）年のことであった。これが奥宮《おくみや》である。

延暦３（784）年、二荒山中腹の中禅寺湖《ちゅうぜんじこ》北岸に日光山権現（中宮祠《ちゅうぐうし》）をまつり、ほぼ現在の形となったのである。

二荒山神社は早くから下野国《しもつけのくに》一の宮としてうやまわれ、鎌倉時代以後は、関東の守り神として幕府、豪族の信仰を集めた。

江戸時代の元和《げんな》３（1617）年、東照宮がまつられたとき、幕府は神領を寄進し、社殿を造営するなどして、あがめた。

明治維新のあと、神仏分離があったが、明治６（1873）年、国幣中社《こくへいちゅうしゃ》に格づけされ、戦後も一般の人たちの参詣《さんけい》が絶えない。

本社《ほんしゃ》

はじめ勝道上人《しょうどうしょうにん》は、四本龍寺《しほんりゅうじ》に二荒山の神霊をまつる社殿を建てたが、たび重なる大谷《だいや》川《がわ》のはんらんで社地が危険な状態になったため、山裾の東照宮陽明門付近に社殿を移した。もとの本宮《ほんぐう》に対して新宮《しんぐう》という。

祭神《さいじん》は大己貴命《おおなむちのみこと》（男体山《なんたいさん》）、田心姫命《たごりひめのみこと》（女《にょ》峰山《ほうさん》）、味耜高彦根命《あじすきたかひこねのみこと》（太郎山《たろうさん》）の三神で平安末期には日光三社権現《にっこうさんじゃごんげん》ともいわれていた。

本殿《ほんでん》・拝殿《はいでん》などは恒例山《こうれいざん》の南面に建ち、西側に朋友神社《みともじんじゃ》・大国殿《だいこくでん》・神輿舎《しんよしゃ》・日枝神社《ひえじんじゃ》が並ぶ。本殿など主要建造物は、重要文化財に指定されている。神門《しんもん》・神楽殿《かぐらでん》・化灯籠《ばけどうろう》など歴史を物語るものばかりである。

楼門《ろうもん》

P92-2B

境内東側の参道入り口に立つ、入母屋造《いりもやづく》りの華麗な門。くぐり門の上２階部分は欄干《らんかん》で囲まれ、朱色に塗り上げられた柱とともに、参拝者の目を奪う。

昭和57（1982）年、男体山山頂に奥宮がまつられてから1200年を記念して造られたもので、歴史的価値は別にして、昔のはなやかな姿をしのぶにはぴったり。

入母屋造りの楼門

本社以下別宮・摂末社一覧

構成	社号	社名	境内末社
本社	本社	二荒山神社	朋友神社 大 国 殿 日枝神社
	別宮	滝尾神社 本宮神社	稲荷神社
	摂社	若子神社	
中宮	中宮祠	二荒山神社	稲荷神社
奥宮	奥社	二荒山神社 滝尾神社 太郎山神社	

＊このほかに、奥宮の末社が７社ある

楼門から東照宮に通じる参道を、上新道《かみしんみち》と呼んでいる。塀沿いには杉の巨木や石灯籠が並び、味わい深い小道である。

石灯籠が並ぶ上新道

神門《しんもん》

P92-2A

本殿正面参道の大鳥居を入ると、目の前に朱塗りの神門がある。楼門と同じとき、記念事業の一環として建てられたものである。同じ朱塗りの拝殿、本殿、透塀《すきべい》にマッチして参拝者の感動を呼ぶ。

社務所

社務所《しゃむしょ》

P92-1B

社務所とは、いわば神社の事務所のことで、神事をつかさどる神職が控え、また神社の事務全般を扱っているところである。

場所は拝殿の東隣で、楼門《ろうもん》から境内に向かって鳥居をくぐると、すぐ右手にある。建物は木造平屋建の書院造りで、屋根は銅板ぶき。建坪は187坪（約620平方メートル）あり、昭和９（1934）年に建てられた。

蔵元からの献酒樽

献酒樽《けんしゅだる》

P92-2B

二荒山神社の別宮《べつぐう》・滝尾神社《たきのおじんじゃ》の境内に湧き出る水は、銘酒を生む「酒の泉」として地元の醸造元の崇敬を受けている。二荒山神社にはそうした県内外の醸造元40数社が集まってつくった「酒泉講」という崇敬組織があり、境内に代表銘柄の化粧樽が奉納されている。

手水舎《てみずしゃ》

P92-1A

参拝する前に、手を清めるところが手水舎である。神門《しんもん》から境内に入ってすぐ左手、親子杉の前にある。

建物は単層切妻造《たんそうきりづまづく》りで、屋根は銅板ぶき。建坪は1.7坪（5.6平方メートル）。

水盤は縦136センチ、横90センチ、高さ90センチの花崗岩《かこうがん》を彫り抜いたもの。

手水舎

神楽殿《かぐらでん》

P92-1A

神に神楽を奉納する場所が神楽殿。二荒山神社本社の場合、弥生祭《やよいさい》の御前神楽にあたる八乙女舞《やおとめのまい》は拝殿で行われ、ここでは毎年４月２日に国家繁栄の神楽が奉納される。

建物は明治17（1884）年に建てられた素《しら》木《き》の単層入母屋造《たんそういりもやづく》りで、屋根は銅板ぶき。建坪は7.9坪（26平方メートル）。

神楽殿

境内《けいだい》の御神木《ごしんぼく》

二荒山神社の本社は、恒例山《こうれいざん》という小さな山の南麓《なんろく》にある。境内には神域にふさわしい多数の老木・巨木が立ち並び、親子杉、三本杉、夫婦杉《めおとすぎ》など、御神木として人々の信仰を集めているものが多い。

親子杉

三本杉

御神木と縁結びの笹（中央）

夫婦杉

拝殿《はいでん》

P92-1A

神門をくぐると正面に拝殿がある。間口16メートル、奥行き12メートルで単層入母屋《たんそういりもや》、反り屋根造り、黒漆塗りの銅瓦ぶき。総弁柄《べんがら》漆塗りで回り縁がある。

正面中央に石段があり、その上3間（5.5メートル）は両開きの唐戸《からど》だが、そのほかは全部蔀戸《しとみど》（格子組みの裏に板を張り、日光をさえぎり、風雨を防ぐ戸）になっている。拝殿の奥は石段で下り、渡り廊下で唐門《からもん》を通ると本殿に続く。

拝殿

拝殿は弥生祭《やよいさい》をはじめ日々の祭典、御祈禱《ごきとう》などが行われ、参拝の人たちともっとも近く接するところなのに、日光の殿堂のなかでは珍しいほど彫刻、文様などが一切ない、単純にして力強い建造物である。

造営の年代は明らかではないが、正保《しょうほう》年間（1644～48）ごろと考えられている。

渡殿《わたりでん》

P92-1A

本殿と拝殿をつなぐ場所で、東照宮では石《いし》の間《ま》、大猷院《たいゆういん》では相《あい》の間《ま》にあたり、社殿内では儀式を行ういちばん神に近い場所である。一般参拝者には特別祈禱（結婚式、初宮参り、七五三）の式場となる。弥生祭には、各町の家体《やたい》がお囃子《はやし》を神前で披露するため、渡殿が取り除かれて家体が繰り込まれる。

家体が渡殿に繰り込む

本殿《ほんでん》

P92-1A

徳川２代将軍秀忠公が寄進した安土桃山様式の優美な八棟造《やつむねづく》りの本殿は、元和《げんな》５（1619）年に造営した当時のままの、ただ１つの建造物として、重要文化財になっている。

間口11メートル、奥行き12メートルで、７メートルの向拝（社殿の正面階段の上に張り出したひさしの部分）がつく。単層入母屋《たんそういりもや》の反り屋根造りで、黒漆塗りの銅瓦ぶき（創建当時は杮《こけら》ぶきか檜皮《ひはだ》ぶき）。正面は千鳥破風《ちどりはふ》（屋根の斜面に取り付けた装飾用の三角形の破風）、向拝軒唐破風《こうはいのきからはふ》つきである。

本殿の四方は縁側で、内部は弁柄漆極彩色内部は内陣・外陣と分かれて、内陣に神霊がまつられている。外部全面に飾り金具を施しているが、東照宮と比べると落ち着いた装飾である。

１間（約1.8メートル）１戸の平唐門、棟門

本殿

の掖門《わきもん》、格子組みの透塀《すきべい》が本殿を囲んでいる。

ところで、本殿造営が２代将軍秀忠公の寄進で行われたことは、明治35（1902）年の修理の際に発見された旧棟木片で確認された。そこには「御本殿棟札」「御建立　征夷大将《せいいたいしょう》軍《ぐん》源秀忠公」と大書されており、「元和五年己未《つちのとひつじ》九月」の日付のほか、奉行、大工など工事責任者の名前まで書かれていたのである。

この旧棟木片は本殿とともに、明治41（1908）年に、また唐門・掖門・透塀・鳥居は昭和19（1944）年に、それぞれ国の重要文化財に指定されている。

神輿舎《しんよしゃ》

P92-1A

神輿舎は拝殿《はいでん》の西側にあって、拝殿に向かって建っている。日光の社殿のなかでも数少ない素木《しらき》のままの、簡素で気品のある建造物である。内部には、弥生祭《やよいさい》で渡御《とぎょ》する神輿《みこし》３基が納められている。

元和《げんな》３（1617）年に東照宮の仮殿の拝殿として建てられたものを、寛永《かんえい》年間（1624～44）に現在の位置に移し替えている。日光では、現存するなかでもっとも古い建物で、重要文化財に指定されている。

徳川幕府の大工頭であった中井大和守正清《なかいやまとのかみまさきよ》が建てたと伝えられており、間口5.5メートル、奥行き3.6メートル、入母屋造《いりもやづく》り、銅瓦ぶき（創建当初は栃ぶき）で、背面に下屋《しもや》を設けている。

高野槇《こうやまき》

P92-1A

神苑《しんえん》に入るとすぐに、間口5.7メートル、奥行き4.5メートルの石玉垣に囲まれて、樹齢1200年を超える槇の老木がある。

弘仁《こうにん》11（820）年、弘法大師《こうぼうだいし》が日光を参《さん》詣《けい》したときに、この槇をお手植えしたと伝えられている。

神輿舎の神輿3基のご神体は左から太郎山、男体山、女峰山

高野槇

銅灯籠(化灯籠)《どうとうろう（ばけどうろう）》

P92-1A

銅灯籠（化灯籠）

本社本殿透塀《すきべい》に沿って、寄進された多くの石灯籠とともに、唐銅《からかね》製春日造《かすがづく》りの灯籠がある。重要文化財に指定されている。

夜ふけに火をともすと、ゆらゆらと怪しげな姿に変わるというので、警固の武士に切りつけられた無数の刀きずがあり、化灯籠の名でも有名である。

夜ともなると、まったくの闇《やみ》の世界となる神社の境内で、ゆらゆらと風にゆらめく灯籠の火は、それだけで不気味である。お化けが出たと思われても不思議ではない。

では、本当のところ、お化けの正体は何なのだろう。じつは、灯籠に使っていたナタネ油をなめにきたモモンガか、ムササビではなかったろうかということらしい。これは伝えによるところで、真相は定かではない。

二荒霊泉そばにある清水比庵歌碑

二荒霊泉《ふたられいせん》

P92-1A

神苑《しんえん》の朋友神社《みともじんじゃ》の先に鳥居がある。その奥に、清らかな清水をたたえているのが、二荒霊泉である。本殿後ろの恒例山《こうれいざん》の洞窟《どうくつ》から湧き出て、眼病に効く霊験《れいげん》があるとされる名水「薬師霊泉《やくしれいせん》」と、滝尾神社《たきのおじんじゃ》の境内、天狗沢《てんぐさわ》のほとりに湧き出る名水「酒の泉」を集めて、大谷川《だいやがわ》の巨石と名石で組んだ池に引いている。

泉の完成を祝う式典は、昭和46（1971）年10月13日に行われている。栃木県衛生研究所での水質検査では、無色透明、水温12度、菌類0、硬度26.68で飲料に適するという成績であった。

「酒の泉」で酒を造ると銘酒ができると、地元の醸造元の信仰も厚い。

二荒霊泉のわきには休憩所あずまやがあり、二荒霊泉で入れた抹茶などを楽しめる。

二荒霊泉

境内末社《けいだいまっしゃ》

日枝神社《ひえじんじゃ》

P92-1A

拝殿の西側、神輿舎《しんよしゃ》の左隣にある朱塗りの小さな日枝神社の本殿は、間口、奥行きともに1.8メートル。正面は入母屋《いりもや》、後面が切妻《きりづま》の反り屋根造りの銅瓦ぶき。重要文化財。

嘉祥《かしょう》元（848）年に慈覚大師《じかくだいし》によってまつられたとされ、比叡山《ひえいざん》に鎮座する神を分けてまつったもの。俗に山王社といって、日光にも滝尾神社《たきのおじんじゃ》白糸ノ滝の近くや、東照宮の御《お》旅所《たびしょ》の山王社などがあったが、いずれも明治維新のころに廃絶し、いまはこの１社だけが残っている。また現在の本殿は、明治42（1909）年、本社本殿の後方にあった後殿を移したもので、正保《しょうほう》年間（1644～48）ころの造営と思われる。祭神《さいじん》は大山咋命《おおやまくいのみこと》、山の神様・健康の守護神である。

日枝神社

大国殿の内部

大国殿《だいこくでん》

P92-1A

祭神は大己貴命《おおなむちのみこと》だが、別名は大国主命《おおくにぬしのみこと》。これが仏教の大黒天《だいこくてん》と同一視されて、幸福を招く福の神としてまつられている。毎月第２土曜日に縁日が開かれ、６月には「だいこくまつり」が開催される。３間（5.4メートル）四方の建物は柿《こけら》ぶきの宝形造《ほうぎょうづく》り。重要文化財。

朋友神社《みともじんじゃ》

P92-1A

二荒霊泉《ふたられいせん》手前奥、杉の巨木に囲まれている。祭神は少彦名命《すくなびこなのみこと》で、本社の祭神・大己貴命《おおなむちのみこと》のお供として、命を助けるとともに、知恵の神としてもあがめられる神様である。

建てられた年代ははっきりしないが、社前の手水鉢石《ちょうずばちいし》の刻名に「宝暦《ほうれき》三癸酉《みずのととり》年五月」（1753年）とあり、建物の形式からいっても江戸中期のものと思われる。重要文化財に指定されている。

神殿は間口2.3メートル、奥行き3.5メートルの流れ破風《はふ》の反り屋根造り。昭和48～49（1973～74）年にかけて大規模な解体修理が行われ、それまでワラぶきであった屋根が板ぶきになった。

祭礼日は５月15日である。

朋友神社

別宮《べつぐう》

滝尾神社

本宮神社《ほんぐうじんじゃ》

P43-4E

大谷川《だいやがわ》と稲荷川《いなりがわ》の合流点近く、日光橋正面山中に鎮座し、祭神《さいじん》は大国主命《おおくにぬしのみこと》の御子神の味耜高彦根命《あじすきたかひこねのみこと》である。

勝道上人《しょうどうしょうにん》が日光に神霊を求めて、延暦《えんりゃく》9（790）年に初めて小さな祠《ほこら》を建てた、二荒山神社発祥の地といえる。本社（新宮《しんぐう》）、滝尾神《たきのおじん》社《じゃ》とともに、古くから日光三社権現《にっこうさんじゃごんげん》として敬われたが、洪水などの災害の難をさけるために現在の場所に移った。

本殿は三間社流造《さんげんしゃりゅうづく》りで銅瓦ぶき。塗装は向拝回りのみ極彩色で、ほかはほぼ弁柄《べんがら》漆塗り。拝殿は間口・奥行きとも３間（5.5メートル）、入《いり》母《も》屋《や》造《づく》りで銅瓦ぶき。全体的に簡素なたたずまいで、本宮の名にふさわしい雰囲気が境内にただよっている。

本殿の背面に扉が設けられているが、この扉を開いて男体山《なんたいさん》を拝んだもので、霊峰崇拝の名残をとどめている。

本宮神社

滝尾神社《たきのおじんじゃ》

P14-3C

二荒山神社本社の西、約１キロの山中に鎮座する。祭神は大己貴命《おおなむちのみこと》の妃神《きしん》・田《た》心姫命《ごりひめのみこと》である。弘仁《こうにん》11（820）年、弘法大《こうぼうだい》師《し》が滝尾の霊区をひらき、女峰山《にょほうさん》を拝して田心姫命をまつった社で、女体中宮《にょたいちゅうぐう》とたたえられている。

この社に参るには、白糸ノ滝からうっそうとした樹林の間の坂道を登り、「運試しの鳥居」をくぐると、やがて滝尾神社の美しい楼門に出る。門額に「女体中宮」とある。

楼門をくぐると拝殿・唐門・本殿がある。いずれも重要文化財に指定されている。

現在の社は天保《てんぽう》２（1645）年、白糸ノ滝の右上にあったのを移したものだという。

本殿裏には「三本杉」の巨木が立ち、石鳥居や石灯籠《いしどうろう》を建てて石柵《いしさく》を巡らした一画がある。ここが滝尾の大神（田心姫命）の降臨したところと伝えられている。御神徳の高い妃神の信仰は篤《あつ》く、境内には滝尾稲荷をはじめ、子宝が授かるという「子種石」や「縁結びの笹」などがある。

子種石

八乙女舞《やおとめのまい》

八乙女神楽《やおとめかぐら》ともいわれ、古くから伝わる優雅な神楽の舞である。現在は二荒山神社の本社の弥生祭《やよいさい》などで「御前神楽《ごぜんかぐら》」として奉納されている。

八乙女舞が基本的に神殿のほうを向いて舞われ、参拝者に背を向ける形になるのは、参拝者が神への供え物として舞わせたことが起源だからである。

八乙女舞（二荒舞）

振《ふ》り袖《そで》、白のちはや（袖を縫わずに、こよりでくくった、打ち掛け風の白布の衣服）に緋色《ひいろ》のはかまの、２人または４人の巫女《みこ》さんが鈴や扇、剣を手に、笛と大拍子、銅拍子、篠《しの》ばちでたたかれる太鼓のリズムにのりながら、優雅な舞を神に捧《ささ》げる。日光独自の振り付けに特色がある。

式神楽、速神楽、剣の舞の３様式があり、曲目には御前（御膳）神楽・二荒舞などがある。演舞時間は、それぞれ５分ぐらいである。

この八乙女神楽は、弥生祭のときだけでなく、拝殿で氏子《うじこ》、参拝者の祈禱祭《きとうさい》にも毎日のように奉納されているから、お参りのときにはぜひ一度、拝観をお願いしてみるといい。

ところで、八乙女神楽といっても、その名が示すように８人の乙女が舞うわけではない。

もともと舞う女性は、氏神《うじがみ》に仕える８軒の家の娘さんに限られていた。しかし長い年月がたつうちに、その選ばれた家の子孫も絶えたり、どこかに移っていったりして、いつとはなしに、その風習もなくなって現在のようになったという。

なんとなく日光ならではの、長い歴史と神と人との親密なつきあいが感じられる話ではないだろうか。

八乙女舞（剣舞）

二荒山神社の伝統行事

弥生祭《やよいさい》

「日光の春は弥生祭から」の言葉どおり、毎年４月13日から17日までの５日間にわたって繰り広げられる二荒山神社の例祭・弥生祭は、山の都・日光に、けんらんたる春を告げる祭りである。

神護景雲《じんごけいうん》年間（767〜770）に始まったといわれる伝統ある例大祭で、その昔は陰暦３月に行われたので弥生祭と呼ばれている。明治６（1873）年に太陽暦に改まったとき、祭日を現在のように変えたといわれている。

祭典の初日の13日は、本社・滝尾《たきのお》・本宮《ほんぐう》の３社の神輿《みこし》を本社に安置して、神輿飾りの式を行う。拝殿では八乙女舞《やおとめのまい》も演じられる。

14日は滝尾神社の神輿だけ、東照宮の前を通って滝尾に渡御《とぎょ》。滝尾神社の拝殿に安置して、15日も神事を行う。

春を呼ぶ唄　「夢の日光」

横島武郎・作詞、常磐津光壽太夫《ときわづこうじゅだゆう》・作曲

1. 弥生祭《やよいまつり》の家体《やたい》が通る　町は男女《なんにょ》の人の波　ともす万灯《まんとう》　笛や太鼓で夜も更ける
2. 並木ひとすじ想《おも》いをかけて　流れ大谷《だいや》の御神橋《ごしんきょう》　朱《あけ》の色かよ　あれは乙女の恋ごころ
3. 恋しいとしと日暮御門《ひぐらしごもん》　今日は霜降　滝の尾へ　願ひかければ　二人しずかの花が咲く
4. 空が曇ろと憾満《かんまん》ヶ淵《ふち》に　何で泣きましょ　月見草　心静かに　晴れるその夜を待つばかり
5. お山男体《なんたい》　女峰《にょほう》のみねに　日暮れ華厳《けごん》ノ滝しぶき　濡《ぬ》れてうれしや　ともに添い寝の眠り猫
6. 幸《さち》の湖《みずうみ》　帆舟《ほぶね》を浮けて　歌の浜べに水鏡　二人にっこり　深山《みやま》うぐいす　ほととぎす
7. 湯元湯どころ　そよ吹く風に　あがる湯けむりほのぼのと　なびく湯の湖は　あやめ花咲く夢ごころ

16日には、滝尾神社から行者堂前の坂道を通って本社に帰り、本社の神苑《しんえん》にある高天《たかまが》原《はら》に着く。本社と本宮の神輿も同所に渡御して、酒迎えの神事のあと拝殿にもどる。

祭りのピークは17日である。東西12町内から、それぞれに美しく飾った花家体《はなやたい》が、弥生ばやしを奏でながら神社に集結する。昼ごろには３社の神輿が行列をつくって、本宮神社に渡御して、神事のあと本社にもどる。神社の祭典は、昔ながらにおごそかにとり行われるが、この祭りが、日光３大祭のひとつとしてにぎわうのは、氏神《うじがみ》の祭典として氏子が心から祭り気分にひたるためである。

氏子たちは、しきたりどおりにすべてを進める。ひとつでも間違うと町内単位の争いになるためゴタ祭とも呼ばれ、若者から中老まで祭りに全神経を働かせる。境内へ繰り込んだ家体は、午後に拝殿を１回りして順次町内に帰る。

本宮神社での八乙女舞の奉納

渡御行列

節分祭《せつぶんさい》

二荒山神社の節分祭は、講社より献穀があり２月１日から３日間厄除《やくよ》け・招福祈願が行われる。がらまきは３日午後４時30分から。

節分祭

酒泉講《しゅせんこう》

二荒山神社楼門《ろうもん》わきに日光の酒造業者だけでなく、県内外の業者から奉納された酒樽《さかだる》がうずたかく積まれている。二荒霊泉《ふたられいせん》から湧き出る清水を使って銘酒を醸造した業者の感謝の表れで、酒泉講をつくって10月に祈醸祭《きじょうさい》、５月に報醸祭《ほうじょうさい》を催している。

良い縁まつり《よいえんまつり》

境内にはあらゆる縁を結ぶという「縁結びの笹《ささ》」がある。祭りは毎年、夏から秋にかけて実施される。茅《ち》の輪《わ》のような「良い縁笹」を３回くぐり、良い縁を得、さらに悪縁を切るために嫌なことを書いて流す。

良い縁笹の輪くぐり

だいこくまつり

二荒山神社の主祭神《しゅさいじん》・大己貴命《おおなむちのみこと》の別名は大《おお》国主命《くにぬしのみこと》で、むかしから「だいこく様」と呼ばれて招福、繁盛、縁結びの神様として親しまれている。

二荒山神社でも、12月を除く毎月第２土曜日を「だいこくまいりの日」として、境内の大国殿《だいこくでん》にお参りする縁日を開いている。

この行事のなかでも最大のお祭りが、６月第１土・日曜日に開催される「だいこくまつり」である。２日間にわたって催される「だいこくまつり」では、屋台やフリーマーケットなどが軒を連ねる。

ちなみに、七福神の一神として信仰を集める大黒天《だいこくてん》は、もともとインドの神様が中国を経て日本に伝わったもので、神仏習合の結果、大国主命と同一視されるようになった。

御守《おまもり》・御札《おふだ》

福を呼ぶ願掛けの「日光大国御守」が人気が高い。張り子でできていて、俵の部分に当たり的がついた諸願成就の御守。また、滝尾神社の子種石の霊験を御守にした「安産子種石守」や、日光二荒山神社の大国様のご利益があるという「良い縁結ぶ守」もある。

日光大国御守

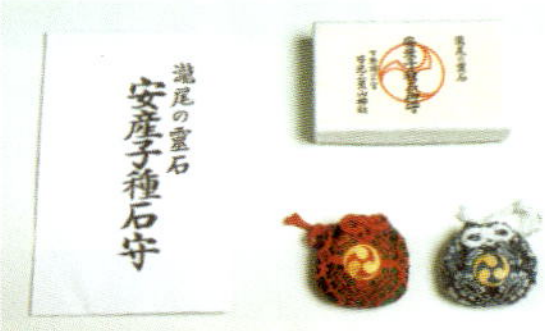

安産子種石守

良い縁結ぶ守

二荒山神社《ふたらさんじんじゃ》の刀剣《とうけん》

二荒山神社には国宝や重要文化財をふくむ130口余りの刀剣が保存され、古くは鎌倉時代の来国俊《らいくにとし》や遠近《とおちか》の作品、南北朝時代の備州長船倫光《びしゅうおさふねともみつ》の大太刀なども見られる。

御神刀《ごしんとう》の３口（祢々切丸《ねねきりまる》、瀬登太刀《せのぼりのたち》、柏《かしわ》太刀《だち》）は、弥生祭《やよいさい》で神前に献備する習わしがいまもある。そのなかの祢々切丸（刃長217センチ）には、祢々という妖怪《ようかい》を退治した太刀なので、その名がついたという伝説が残っている。

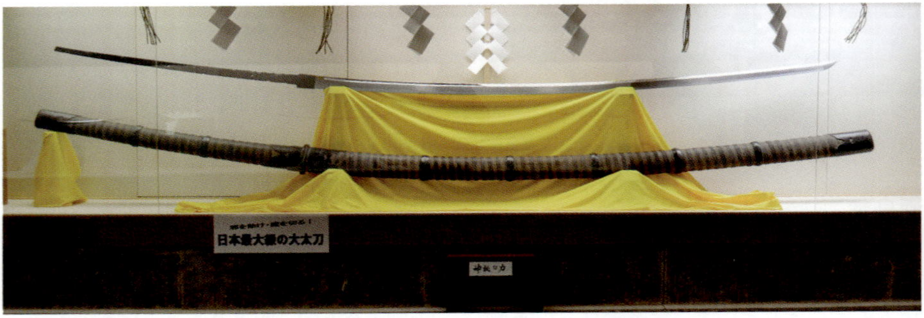

御神刀・祢々切丸（重要文化財）

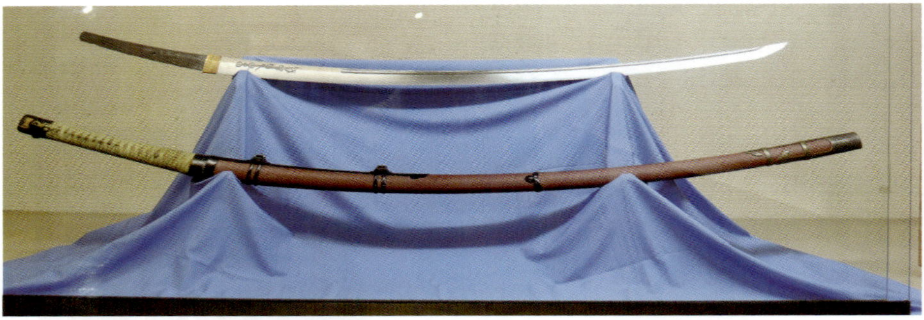

銘・備州長船倫光（国宝）

御神刀・瀬登太刀（重要文化財）

銘・遠近（とおちか）（重要文化財）

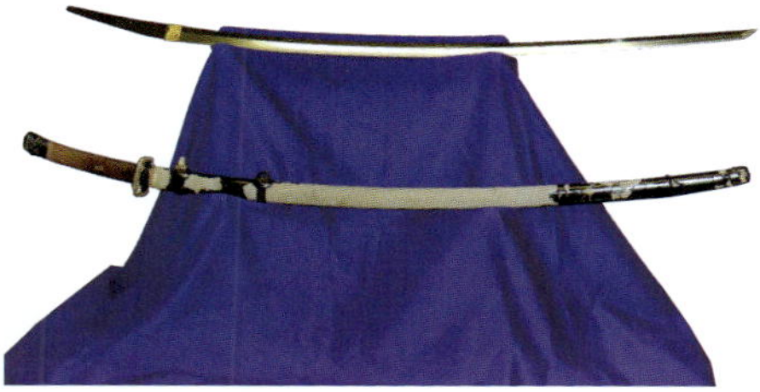

銘・行平（ゆきひら）（重要文化財）

銅製三鈷柄剣（さんこづかけん）（重要文化財）

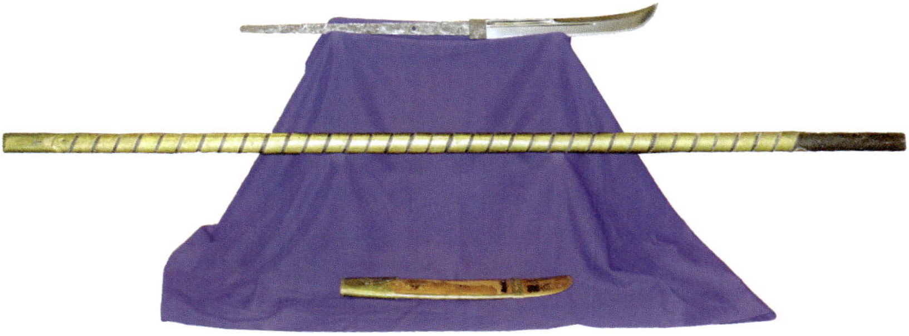

薙刀（なぎなた）（重要文化財）

薙刀

奉納の武者絵

家光廟大猷院《いえみつびょうたいゆういん》

家光廟の「廟」とは、祖先の霊をまつったお堂。そして、「大猷院」とは、徳川３代将軍家光公が死後、後光明《ごこうみょう》天皇からたまわった法号。つまり、ここは徳川家光公の墓所なのである。

家光公は、祖父である家康公を心から深く尊敬し、慶安《けいあん》４（1651）年４月20日、江戸城で亡くなる間際、「死んだ後も東照大権現《とうしょうだいごんげん》（家康公のこと）にお仕えする」という遺言を残した。

その遺志を受けた４代将軍家綱公の命によって、家光公の死の翌年にあたる承応《じょうおう》元（1652）年２月16日に起工。わずか１年２か月後の承応２（1653）年４月４日に家光廟大猷院が完成した。

家光廟大猷院の装飾の一部　　日光フォトコンテスト入賞作品

大棟梁《だいとうりょう》、平内大隅守応勝《へいのうちおおすみのかみまさかつ》が腕を振るった江戸時代初期の代表的建築である。建物は本殿《ほんでん》、相《あい》の間《ま》、拝殿《はいでん》が国宝となっているほか、唐門《からもん》、夜叉門《やしゃもん》など重要文化財も多い。

家光公が東照宮を模倣することをはばかったので、東照宮とはまったく違う趣となっており、目立たない部分に技巧が凝らされているのが特徴。地形を利用した配置も、大猷院ならではである。

東照宮の建築が白と金を基調にして、黒の

金と黒を基調とした家光廟大猷院

縁取りをしているのに対して、大猷院は金と黒が基本で、縁取りは赤。金箔《きんぱく》も東照宮より赤みがかったものを使用している。

大猷院の建物は東照宮に向いている。これは、家康公に対する家光公の強い思慕の念を示している。

阿吽2体の仁王像が守る仁王門

仁王門《におうもん》

P106-1B

家光廟大猷院を目指すにあたって、まず出合うのが仁王門。８つの脚があるのが特徴。高さ3.2メートルの密迹金剛《みつしゃくこんごう》と那羅延金剛《ならえんこんごう》の２体の仁王像が門を守っている。両妻流《りょうづまながれ》破風《はふ》造《づく》りといわれる建築法で、欄間《らんま》には透かし彫りが施されている。

仁王像の口が「阿《あ》」「吽《うん》」になっているのは、物事すべてには始めと終わりがあるということを表現している。また、手の構えは、悪い心をいましめ、よい心を激励しているのだという。

仁王門を抜けると、石畳に出る。ここの石は、日本の名石として名高い神奈川県根布川《ねぶかわ》のもので、雨にぬれると赤や青に変わる。また、樹齢約360年の徳川家綱公お手植えの槇《まき》も見ておこう。

御水舎《おみずや》

P106-1B

四隅に各３本、計12本の御影石《みかげいし》の柱で支えられた銅瓦葺切妻造《どうかわらぶききりづまづく》り軒唐破風《のきからはふ》の建物。金具は透かし彫り。天井には、狩野永真安信《かのうえいしんやすのぶ》の雲をまとった竜の墨絵が描かれている。これが、長さ2.5メートル、幅1.2メートルの御影石の水盤に映ることから「水鏡《みずかがみ》の竜《りゅう》」と呼ばれている。

12本の御影石の柱に支えられた御水舎

御水舎の天井の竜の墨絵が水盤に映る

二天門《にてんもん》

P106-1B

御水舎《おみずや》の向かいにある門が、日光山内でいちばん大きいとされている二天門。門の上部には、後水尾《ごみずのお》天皇の筆による「大猷院《たいゆういん》」の額が掲げられている。

表側に、四天王のうちの「持国天《じこくてん》」と、あまのじゃくを踏みつけた「広目天《こうもくてん》」の二天をまつっていることから、この名がある。また、裏側に雷神《らいじん》が安置されているので、雷門《かみなりもん》とも呼ばれる。

裏側には、赤い雷神のほかに、青い風神《ふうじん》も見られる。雷神の手の指が３本なのは、過去・現在・未来を表し、風神が４本なのは東西南北を表現している。また、風神・雷神ともに足の指が２本なのは天と地を示しているからだという。

二天門は色彩がはっきりと分かれていて、下段は朱色、中程は黒、軒下は群青・朱・緑・青。目につく上部に、装飾が集中している。

「大猷院」の額を掲げて、持国天と広目天の二天を表側に、風神と雷神の像を裏側にまつる二天門

二天門正面の左にまつってある持国天像

正面右の広目天像は、あまのじゃくを踏みつけている

二天門裏側の風神像。風袋をかつぐ

二天門裏側の雷神像。太鼓を背負い手にばちを持つ

夜叉門《やしゃもん》

P106-1A

二天門を抜けると、左右に鐘楼《しょうろう》と鼓楼《ころう》があり、周辺に33対《つい》66基の灯籠《とうろう》がある。灯籠は唐銅《からかね》製で、10万石以上の諸大名から奉納されたもの。その先が夜叉門で、4体の夜叉をまつる。夜叉の体の色は、それぞれ東西南北を表している。

夜叉門は、牡丹唐草《ぼたんからくさ》の彫刻で飾られていることから、牡丹門ともいわれる。

鐘楼

4体の夜叉をまつる夜叉門

毘陀羅(びだら)

烏摩勒伽(うまろきゃ)

阿跋摩羅(あばつまら)

犍陀羅(けんだら)

唐門《からもん》

P106-1A

唐門は中国風の門という意味。規模は高さ3メートル、間口1.8メートルで、大猷院内でいちばん小さいが、その分、細かく精巧な細工が施されていて、優美で繊細な印象を受ける。

2本の柱は、ケヤキの一木で造られ、外側から見ることはできない。装飾に、メッキに黒を差した金具や、透かし彫りの金具などが使われているのが唐門の特徴。

唐門正面の目貫(めぬき)の白竜

小さいが細かく精巧な細工が施された唐門

細工が見事な唐門の彫刻

大猷院唐門回廊

拝殿《はいでん》

P106-1A

64畳の拝殿天井に描かれた140の竜。狩野一門の合作と伝えらえている

大猷院の建物は、拝殿・相《あい》の間《ま》・本殿が連なった、独特の建築物である。

唐門を背にして内に入ると、まず広々とした拝殿に上がることができる。拝殿の奥を見ると、左右は壁になっていて、中央は幅の狭い部屋へと続いている。これが相の間である。そして、相の間を抜けると、また部屋の幅が広くなり、本尊がまつられている豪華な本殿となるわけだ。

それぞれの部屋の間には襖《ふすま》や障子などのしきりがないので、拝殿から本殿が見通せるようになっている。

家光公の命日である４月20日の大法要では、日光山輪王寺の門跡《もんぜき》が本殿へと進み、一般の人たちは拝殿で、亡き家光公をしのぶことができる。

拝殿は64畳の広さがあり、天井には狩野一門の合作と伝えられる、140の竜が描かれている。

小さな円のなかの竜には、違った姿の竜もあるので、１つずつ見てみるのも楽しい。また、入り口の正面には、幕府の御用絵師だった狩野探幽《かのうたんゆう》と弟の永真《えいしん》の唐獅子《からじし》（壁絵）も見ることができる。

拝殿天井の竜

狩野探幽と弟・永真の合作による唐獅子の壁絵

相の間《あいのま》

P106-1A

拝殿と本殿を結ぶ中殿である相の間は、将軍着座のために、特別に用意された部屋である。家光公の命日に大猷院を訪れた代々の徳川将軍たちは、ここで法要の様子を眺めていたに違いない。

足を踏み入れると、すぐ奥の本殿に目がいき、そちらのきらびやかさに心を奪われがちだが、見どころは多々ある。ぜひ立ち止まって、じっくり眺めてほしい。

格天井《ごうてんじょう》には古来から縁起がいいとされている架空の霊鳥、鳳凰《ほうおう》が描かれている。また、本殿との境目では、左側に降竜《くだりりゅう》、右側に昇竜《のぼりりゅう》という、まったく逆に体を向けた竜の絵を見ることができる。

そして、特筆すべきは、相の間に置かれている香炉などの三具足といわれる品である。これらは、加賀百万石2代藩主の前田利常《まえだとしつね》の献上品。由緒正しい美術品である。

天井に鳳凰が描かれている相の間から見た本殿

本殿《ほんでん》

P106-2A

細長い相の間の先が本殿（非公開）である。ここは、大猷院の本尊が安置される重要な場所だけに、手をかけた造りである。

大きさは、10メートル四方の正方形。拝殿よりは小さいが、今まで通ってきた部屋とは比べものにならないほど密度が濃い。

殿内は多くの彫刻が施され、金色をふんだんに取り入れていることから、金閣殿とも称されている。

正面には御宮殿があり、なかには秘仏が安置されている。向かって右奥には、歴代将軍の位牌《いはい》が並ぶ。

架空の霊獣の麒麟《きりん》、牡丹唐草《ぼたんからくさ》、金色に輝く向かい竜、首が2つある犀《さい》など彫刻の種類が豊富で、豪華そのもの。やはり、本殿ならではである。

拝殿、相の間とつながる権現造りの奥が国宝の本殿。金閣殿とも呼ばれる

皇嘉門《こうかもん》

P106-1A

大猷院で拝観できる部分と、非公開の奥院《おくのいん》（家光の墓所）を隔てるのが皇嘉門。

この名は、当時の宮中に12あった門、大《だい》内裏外郭《だいりがいかく》十二門の名前の１つをいただいたもの。高さ2.2メートル、幅1.8メートルと院内では小さい部類に入る。

皇嘉門は中国・明朝の建築様式で、竜宮造りといわれている。そのため、「竜宮門」とも呼ばれている。大猷院内にあるほかの門とは、まったく異なる印象を抱かせる。

外側は極彩色に彩られ、まばゆい白い壁と、大猷院の基調である黒と金が際立っている。内側は鑞《ろう》色をしているらしい。

門の扉が固く閉ざされているので見えないが、天井には皇嘉門や竜宮門という名にふさわしい、あでやかな天女の絵が描かれているという。

やや低くなっている門の端の屋根から、踏み入ることのできない奥院をかいま見ることができる。

竜宮城の入り口を思わせる皇嘉門

家光公《いえみつこう》の側室《そくしつ》　お楽《らく》の方《かた》

墓所を日光市に定めた家光公は、ほかにも栃木県と深いゆかりがある。家光公の後の、４代将軍家綱公の生母「お楽の方」の生まれが、現在の栃木市大平町《おおひらまち》なのだ。父親は青木三太郎利長といい、禁止されていた鶴を密猟、死罪となってしまう。紆余曲折の末に再婚した母が義父と江戸神田鎌倉河岸で古着屋を開業。店先にいた13歳のお楽の方、幼名「おらん」を、家光公の乳母の春日局《かすがのつぼね》が、目をとめる。

町人の娘でなく古河《こが》城主（茨城県）永井家の娘として、大奥に上がった「おらん」は、家光公に見初められる。寛永《かんえい》18(1641)年、「お楽の方」と名前を変え、周囲の期待に応えて４代将軍家綱公となる男児を出産。病気がちになったお楽の方は、栃木市の太平山《おおひらさん》ふもとの太山寺《たいさんじ》で静養したと伝えられている。その際に、境内に自ら植えたとされる桜が栃木県の名木百選にも選ばれている樹齢370年余のイワシダレザクラだ。お楽の方は32歳で亡くなり、上野寛永寺に宝樹院《ほうじゅいん》として葬られた。イワシダレザクラは春先になるとソメイヨシノより一段とピンクの濃い花をつける。桜見物に訪れる人は、あでやかに垂れ下がる桜の花にお楽の方の波乱の生涯に思いを寄せる。

お楽の方お手植えといわれるイワシダレザクラ

世界遺産《せかいいさん》「日光《にっこう》の社寺《しゃじ》」

指定の瞬間《していのしゅんかん》

平成11（1999）年12月２日午前１時５分、日光市民が待ちに待った瞬間がやってきた。モロッコのマラケシュで開かれていた第23回世界遺産委員会が、二社一寺（日光東照宮《にっこうとうしょうぐう》、日光山輪王寺《にっこうさんりんのうじ》、日光二荒山《にっこうふたらさん》神社《じんじゃ》）の建造物と境内地からなる「日光の社寺」を、日本で10番目の世界遺産に指定したのだ（登録は12月４日）。

深夜にもかかわらず、世界遺産指定の瞬間を待ち望む市民が日光市郷土センター広場に待機。拍手と歓声のなか鏡が開かれ、日光を愛する人々により「私の世界遺産」をテーマに描かれた手づくり行灯《あんどん》413個に明かりがともされた。また、日光観光協会が準備していた日光山内参道の提灯《ちょうちん》にも点灯され、日光市は祝賀ムード一色に染まった。

「日光の社寺」は、平成10（1998）年６月に日本政府が国連教育科学文化機関（ユネスコ）に世界遺産への推薦書を提出し、同年12月に国際記念物遺跡会議（ＩＣＯＭＯＳ《イコモス》）の評価調査を受けた。評価調査には、イコモス・パリ本部事務総長のジャンルイ・ルクセンさん（ベルギー）と中国イコモス委員長のグオ・ツァンさんが来晃《らいこう》（日光を訪問）。1200年の歴史が息づく「日光の社寺」に高い評価を下した。

THE WORLD HERITAGE
SHRINES and TEMPLES of
NIKKO
世界遺産 日光の社寺

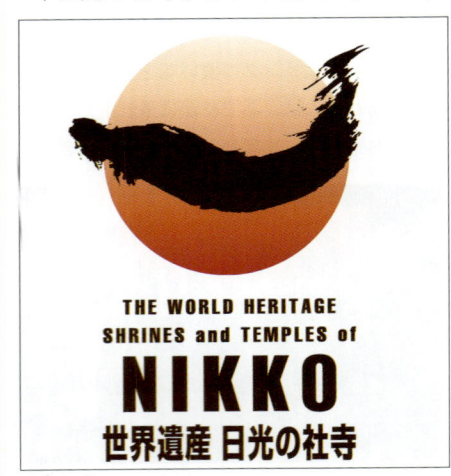

ロゴマーク

世界文化遺産登録の記念碑

「日光の社寺」とは《「にっこうのしゃじ」とは》

世界遺産に登録された「日光の社寺」の登録資産は、日光山内にある建造物群103棟（国宝９棟、重要文化財94棟）とそれら建造物群及び周辺の自然環境が一体となって形成する文化的景観。社寺の境内や、社寺と調和した周辺の山林を含む資産面積は50.8ヘクタールになる。また、資産保護のために、登録資産の周囲に373.2ヘクタールの緩衝地帯が設けられた。

日光二荒山神社の登録建造物は、大谷川《だいやがわ》に架かる神橋《しんきょう》をはじめ23棟ある。すべてが重要文化財で、本社の境内末社《けいだいまっしゃ》にあたる

輪王寺三仏堂

大国殿《だいこくでん》、朋友神社《みともじんじゃ》、日枝神社《ひえじんじゃ》や別宮《べつぐう》の本宮《ほんぐう》神社《じんじゃ》と滝尾神社《たきのおじんじゃ》の主要な建物も世界遺産に登録された。本宮神社と滝尾神社は、それぞれ登録地の東端と北端に位置している。

日光東照宮の建造物は国宝８棟と重要文化財34棟の計42棟が世界遺産に登録された。主要な建物群は、表参道から石鳥居をくぐって参拝する陽明門《ようめいもん》、本殿《ほんでん》、奥社《おくしゃ》までに集中している。そのほかに、神橋そばの御旅所《おたびしょ》、東照宮宝物館わきに復元された石造りの旧奥社唐門《からもん》・鳥居、石鳥居の東側にある仮殿《かりでん》建築群も貴重な重要文化財として登録された。

日光山輪王寺の登録建造物38棟の中心は、本堂（三仏堂《さんぶつどう》）周辺４棟と、徳川３代将軍家光公の霊廟《れいびょう》・家光廟大猷院《いえみつびょうたいゆういん》である。大猷院では、国宝の本殿・相の間・拝殿を含め計22棟が登録されている。それらに加えて、日光発祥の地である四本龍寺《しほんりゅうじ》の観音堂と三重塔、弘法大師空海《こうぼうだいしくうかい》の建立とされる児玉堂《こだまどう》、家康・秀忠・家光公の３代将軍に仕えた天海大僧正《てんかいだいそうじょう》（慈眼大師《じげんだいし》）をまつる慈眼堂、二つ堂と呼ばれる常行堂《じょうぎょうどう》と法華堂《ほっけどう》、そして日光山の開祖、勝道上人《しょうどうしょうにん》の霊をまつる開山堂《かいさんどう》が、輪王寺の建造物として登録されている。

なお、日光社寺文化財保存会が管理する重要文化財の本地堂《ほんじどう》（薬師堂）と経蔵《きょうぞう》も、世界遺産に登録されている。詳しい「日光の社寺」登録建造物は、117ページの一覧表と118～119ページの地図を参照してほしい。

にっぽんのせかいいさん

日本の世界遺産

日本で登録されている世界遺産は、平成28（2016）年７月現在で20か所ある。平成５（1993）年に、日本で初めて登録されたのは４か所。自然遺産として東洋最大とされるブナの原生林が残る白神山地《しらかみさんち》（青森県、秋田県）と樹齢数千年の杉の天然林が残る屋久島《やくしま》（鹿児島県）、文化遺産として世界最古の木造建造物といわれる法隆寺地域の仏教建造物（奈良県）と「白鷺《しらさぎ》城《じょう》」と呼ばれ優美な城郭を誇る姫路城（兵庫県）が登録された。

「日光の社寺」は、平成11（1999）年に日本で10番目の文化遺産として登録されたが、平成８（1996）年に７番目に登録された原爆ドーム（広島県）のように人類の「負の遺産」としての文化遺産もある。海外の「負の遺産」としては、ナチスドイツの強制収容所があったアウシュビッツ（現地名オシフィエンチム、ポーランド）が広く知られている。

陽明門

また、平成23（2011）年６月には、岩手県の平泉の中尊寺などが「仏国土を表す建築・庭

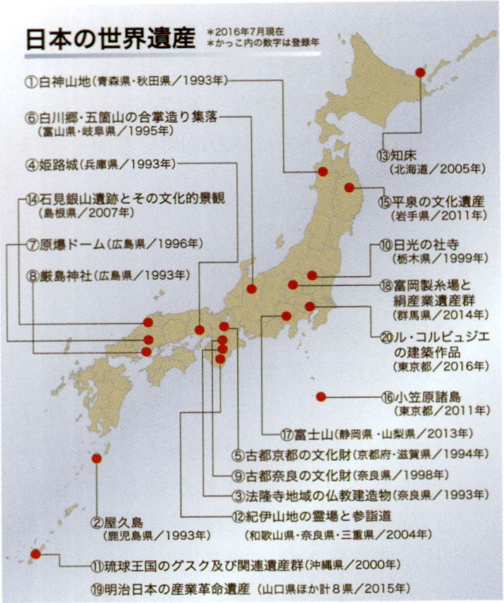

園及び考古学的遺跡群」として文化遺産に、東京の小笠原諸島が自然遺産に登録されるなど、登録数が増え続けている。

せかいいさんとは

世界遺産とは

世界遺産を一言で表すと、「かけがえのない人類の遺産」といえる。過去の文明の手がかりとなる遺跡や、文化的に価値の高い建造物、そして保存が必要な貴重な自然を人類が次世代に継承していくために、世界遺産として登録していくことにした。その意味で世界遺産に登録されたギリシャのパルテノン神殿も、日本の白神山地も、ギリシャ人や日本人だけのものではなく、過去から未来へ受け継いでいく人類共通の財産なのである。

世界遺産は、次の３つに分類されている。

①文化遺産……「日光の社寺」のように人類の歴史のうえで価値の高い建造物群、記念工作物や遺跡。

②自然遺産……「屋久島」のように、観賞上でも学術上でも、保存が必要な価値をもつ自然。

③複合遺産……トルコの「ギョレメ国立公園とカッパドキアの岩窟群」のように、文化遺産と自然遺産両方の要素を兼ね備えたもの。

ただし文化遺産のなかには「紀伊山地の霊場と参詣道」のように文化的景観、もしくは「富岡製糸場と絹産業遺跡群」のように産業遺産、近代化遺産と呼ばれるものもある。

世界遺産は、昭和47（1972）年の第17回ユネスコ総会で採択された国際条約「世界の文化遺産及び自然遺産の保護に関する条約」（通称、世界遺産条約）に基づいて登録されている。ユネスコでは、世界各国に世界遺産条約の批准《ひじゅん》を求め、日本は平成４（1992）年に125番目の締約国となった。

締約国では、国内の世界遺産候補地を世界遺産委員会に推薦。世界遺産委員会の依頼により、文化遺産は国際記念物遺跡会議（ＩＣＯＭＯＳ）、自然遺産は国際自然保護連合（ＩＵＣＮ）が候補地の評価調査を行い、最終的に毎年１回開かれる世界遺産委員会で登録を決定する。

平成４（1992）年には、ユネスコのパリ本部内に世界遺産センターが設立され、世界遺産委員会や世界遺産基金の運営、そして世界遺産への支援などを行っている。

世界遺産のシステムは人類、そして地球の宝を守る国際協力であり、崩壊の危機にある遺跡や自然が世界各国の協力によって次世代に受け継がれていくことを目指している。

世界遺産「日光の社寺」登録建造物一覧表

日光二荒山神社

1	●本殿	1 棟
2	●唐門	1 棟
3	●掖門及び透塀	2 棟
4	●拝殿	1 棟
5	●鳥居	1 棟
6	●神橋	1 棟
7	●別宮滝尾神社本殿	1 棟
8	●別宮滝尾神社唐門	1 棟
9	●別宮滝尾神社拝殿	1 棟
10	●別宮滝尾神社楼門	1 棟
11	●別宮滝尾神社鳥居	3 棟
12	●別宮本宮神社本殿	1 棟
13	●別宮本宮神社唐門及び透塀	2 棟
14	●別宮本宮神社拝殿	1 棟
15	●別宮本宮神社鳥居	1 棟
16	●神輿舎	1 棟
17	●大国殿	1 棟
18	●末社朋友神社本殿	1 棟
19	●末社日枝神社本殿	1 棟

日光東照宮

20	■本殿・石の間及び拝殿	1 棟
21	■正面及び背面唐門	2 棟
22	■東西透塀	2 棟
23	■陽明門	1 棟
24	■東西廻廊(1)(附) 潜門	2 棟
25	●上社務所	1 棟
26	●神楽殿	1 棟
27	●神輿舎	1 棟
28	●鐘楼	1 棟
29	●鼓楼	1 棟
30	●上神庫	1 棟
31	●中神庫	1 棟
32	●下神庫	1 棟
33	●水屋	1 棟
34	●神厩	1 棟
35	●表門(1)(附) 簓子塀	1 棟
36	●五重塔	1 棟
37	●石鳥居	1 棟
	(1)(附) 鐘舎	
	(2)(附) 燈台穂屋	
	(3)(附) 燈台穂屋	
	(4)(附) 銅神庫	
	(5)(附) 渡廊	
	(6)(附) 銅庫門及び板塀	
	(7)(附) 非常門及び銅板塀	
	(8)(附) 内番所	
	(9)(附) 西浄	
	(10)(附) 東通用御門(社家門)	
38	●坂下門	1 棟
39	●奥社宝塔	1 棟
40	●奥社唐門	1 棟
41	●奥社石玉垣	1 棟
42	●奥社拝殿	1 棟
43	●奥社銅神庫	1 棟
44	●奥社鳥居	1 棟
45	●奥社石柵	1 棟
46	●仮殿本殿・相の間・拝殿	1 棟
47	●仮殿唐門	1 棟
48	●仮殿掖門及び透塀	2 棟
49	●仮殿鳥居	1 棟
50	●仮殿鐘楼	1 棟
51	●御旅所本殿	1 棟
52	●御旅所拝殿	1 棟
53	●御旅所神饌所(1)(附) 渡廊	1 棟
54	●旧奥社唐門	1 棟
55	●旧奥社鳥居	1 棟

日光山輪王寺

56	●本堂(三仏堂)	1 棟
57	●相輪橖	1 棟
58	●本坊表門	1 棟
59	●開山堂	1 棟
60	●常行堂	1 棟
61	●法華堂	1 棟
62	●常行堂法華堂渡廊	1 棟
63	●慈眼堂廟塔	1 棟
64	●慈眼堂拝殿	1 棟
65	●慈眼堂経蔵	1 棟
66	●慈眼堂鐘楼	1 棟
67	●慈眼堂阿弥陀堂	1 棟
68	●児玉堂	1 棟
69	●護法天堂	1 棟
70	●観音堂	1 棟
71	●三重塔	1 棟
72	■大猷院霊廟本殿・相の間・拝殿(1)(附) 厨子	1 棟
73	●大猷院霊廟唐門	1 棟
74	●大猷院霊廟瑞垣	1 棟
75	●大猷院霊廟掖門	1 棟
76	●大猷院霊廟御供所	1 棟
77	●大猷院霊廟御供所渡廊	1 棟
78	●大猷院霊廟夜叉門	1 棟
79	●大猷院霊廟夜叉門左右廻廊(1)(附) 潜門	2 棟
80	●大猷院霊廟鐘楼	1 棟
81	●大猷院霊廟鼓楼	1 棟
82	●大猷院霊廟二天門(1)(附) 左右袖塀	1 棟
83	●大猷院霊廟西浄	1 棟
84	●大猷院霊廟水屋	1 棟
85	●大猷院霊廟宝庫	1 棟
86	●大猷院霊廟仁王門(1)(附) 左右袖塀	1 棟
87	●大猷院霊廟皇嘉門(1)(附) 左右袖塀	1 棟
88	●大猷院霊廟銅包宝蔵	1 棟
89	●大猷院霊廟奥院宝塔	1 棟
90	●大猷院霊廟奥院鋳抜門	1 棟
91	●大猷院霊廟奥院拝殿	1 棟
92	●大猷院霊廟別当所竜光院(1)(附) 玄関	1 棟

(財)日光社寺文化財保存会管理

93	●本地堂	1 棟
94	●経蔵	1 棟

*■=国宝(9棟) ●=重要文化財(94棟) (附)=附指定物件(木造建築物のみ、棟数には含めない)

*○付き番号は、118ページの地図と対応している

日光の社寺
＊地図の○付き数字は、117ページの一覧表と対応している
A
B
C
1
2
3
4
北野神社
至滝尾神社
開山堂 59
仏岩
勝道上人の墓
大猷院霊廟別当所竜光院 92
大猷院霊廟奥院鋳抜門
大猷院霊廟奥院拝殿
92 ―(1)(附)玄関
大猷院霊廟水屋 84
―(1)(附)左右袖塀 82
大猷院霊廟西浄 83
大猷院霊廟夜叉門左右廻廊 79
大猷院霊廟鐘楼 80
大猷院霊廟奥院宝塔 89
90 91
82 大猷院霊廟二天門
大猷院霊廟宝庫 85
81 大猷院霊廟鼓楼
大猷院霊廟夜叉門 78
79 ―(1)(附)潜門
大猷院霊廟皇嘉門 87
73 大猷院霊廟唐門
88 大猷院霊廟銅包宝蔵
72 大猷院霊廟本殿・相の間・拝殿
72 ―(1)(附)厨子
―(1)(附)左右袖塀 87
大猷院霊廟掖門 75
大猷院霊廟瑞垣 74
大猷院霊廟御供所 76
77 大猷院霊廟供所渡廊
86 大猷院霊廟仁王門
―(1)(附)左右袖塀
63 慈眼堂廟塔
64 慈眼堂拝殿
慈眼堂阿弥陀堂 67
65 慈眼堂経蔵
66 慈眼堂鐘楼
家光廟大猷院
末社朋友神社本殿
朋友神社 18
17 大国殿
神輿舎 16
日枝神社 19
末社日枝神社本殿
日光二荒山神社
1 本殿
3 掖門及び透塀
2 唐門
4 拝殿
5 鳥居
61 法華堂
62 常行堂法華堂渡廊
60 常行堂
―(2)(附)橙台穂屋 37
―(3)(附)橙台穂屋 37
奥社
奥社石玉垣 41
39 奥社宝塔
40 奥社唐門
奥社拝殿 42
43 奥社銅神庫
奥社鳥居 44
45 奥社石柵
日光東照宮
正面及び背面唐門 21
本殿・石の間及び拝殿 20
坂
25 上社務所
―(1)(附)潜門 24
正面及び背面唐門 21
22 東西透塀
26 神楽殿
神輿舎 27
23 陽明門
24 東西廻廊
38
本地堂 93
鼓楼 29
28 鐘楼
―(1)(附)鐘舎 37
経蔵 94
上神庫 30
中神庫
下神庫
水屋 33
―(8)(附)内番所 37
34 神厩
表門
旧奥社鳥居 55
54 旧奥社唐門
五重塔 36
石鳥居
日光東照宮宝物館
松尾芭蕉句碑
小説「徳川家康」記念碑
保晃会の碑
日光山輪王
輪王寺本
青龍神社
120
至中禅寺湖
N
0m
50m
100m
日光総合会館
至憾満ヶ淵

D
E
F
1
2
3
4
滝尾稲荷神社
稲荷川
滝尾神社
⑦別宮滝尾神社本殿
⑧
⑨別宮滝尾神社拝殿
⑩別宮滝尾神社楼門
⑪別宮滝尾神社鳥居
⑪
⑪
別宮滝尾神社鳥居
別宮滝尾神社唐門
瀧尾高徳水神社
白糸ノ滝
稲荷川
興雲律院
日光東照宮社務所
日光東照宮美術館
(5)(附)渡廊
(4)(附)銅神庫
(7)(附)非常門及び銅板塀
(6)(附)銅庫門及び板塀
(9)(附)西浄
(10)(附)東通用御門(社家門)
(1)(附)彫子塀
㊻仮殿本殿・相の間・拝殿
㊽仮殿掖門及び透塀
㊼仮殿唐門
㊾仮殿鳥居
仮殿鐘楼
P
P
P
68
児玉堂
至霧降高原
247
至JR・東武日光駅
輪王寺大護摩堂
69
護法天堂
57相輪橖
三仏堂
56
本堂(三仏堂)
P
58本坊表門
輪王寺宝物殿
247
四本龍寺
観音堂70
71三重塔
P
小杉放菴記念日光美術館
⑫別宮本宮神社本殿
⑬別宮本宮神社唐門及び透塀
⑭別宮本宮神社拝殿
本宮神社
⑮別宮本宮神社鳥居
勝道上人像
御旅所本殿
御旅所拝殿
日光杉並木街道寄進碑
世界遺産の碑
(1)(附)渡廊 53 52 51
太郎杉
119
天海大僧正銅像
P
深沙王堂
53
御旅所神饌所
⑥神橋
二荒山神社神橋
120
大谷川
板垣退助銅像
至JR・東武日光駅

神橋《しんきょう》～滝尾神社《たきのおじんじゃ》コース

❶神橋《しんきょう》（P44参照）

❷板垣退助銅像《いたがきたいすけどうぞう》

板垣退助は戊辰戦争《ぼしんせんそう》で官軍参謀を務めたとき、日光を戦火から守った。

❸星《ほし》の宮《みや》（磐裂神《いわさくのかみ》）

勝道上人《しょうどうしょうにん》が7歳のとき、夢のなかに明星《みょうじょう》天子《てんし》が現れ、「汝《なんじ》は仏道《ぶつどう》を学び、日光山を開け」と告げられたという。開山後、ここに明星天子をまつったとされる。

❹天海大僧正《てんかいだいそうじょう》（慈眼大師《じげんだいし》）銅像《どうぞう》

天海大僧正は日光山貫主《にっこうさんかんす》となり、疲弊していた日光山を再興した。

❺深沙王堂《じんじゃおうどう》（P45参照）

❻太郎杉《たろうすぎ》

深沙王堂前の老杉《ろうさん》。樹高43メートル、目通直径5.75メートル。樹齢は約550年。

❼杉並木寄進碑《すぎなみききしんひ》

松平正綱《まつだいらまさつな》が植えた日光街道の杉並木を、東照宮に寄進した記念碑。

❽本宮滝《ほんぐうだき》

杉並木寄進碑の隣にある小さな滝。

❾本宮神社《ほんぐうじんじゃ》（P100参照）

❿四本龍寺紫雲石《しほんりゅうじしうんせき》

勝道上人が礼拝していると、紫雲石の周辺から紫雲が立ちのぼり、ここに立つと青《せい》竜《りゅう》（東）、朱雀《すざく》（南）、白虎《びゃっこ》（西）、玄武《げんぶ》（北）の四雲がわいたという。

❷板垣退助銅像

❼杉並木寄進碑

❽本宮滝

❾本宮神社

⓱開山堂　日光フォトコンテスト入賞作品

⑪四本龍寺《しほんりゅうじ》三重塔《さんじゅうのとう》

境内にある総朱塗りの塔（重要文化財）。

⑫四本龍寺《しほんりゅうじ》観音堂《かんのんどう》

大同《だいどう》２（807）年に下野国司《しもつけのこくし》の橘利遠《たちばなとしはや》が千手観音をまつった（重要文化財）。隣接して、石造りの護摩壇《ごまだん》がある。

⑬小玉堂《こだまどう》（Ｐ87参照）

⑭甲良豊後守宗広銅像《こうらぶんごのかみむねひろどうぞう》

馬場公園内にある銅像。甲良宗広は「寛《かん》永《えい》の大造替《だいぞうたい》」（Ｐ46参照）で、東照宮の設計・施工の指揮にあたった作事方大棟梁《さくじかただいとうりょう》。

⑮教旻僧都《きょうびんそうず》の墓

勝道上人の第一の高弟で、弘仁《こうにん》８（817）年に上人の跡を継ぎ、日光山第二祖となった。

⑯養源院跡《ようげんいんあと》

水戸頼房《みとよりふさ》の養母、英勝院《えいしょういん》が建てた寺跡。

⑰開山堂《かいさんどう》（Ｐ86参照）

⑱勝道上人《しょうどうしょうにん》の墓（Ｐ86参照）

⑲観音堂《かんのんどう》（産《さん》の宮《みや》）

楊柳観音《ようりゅうかんのん》をまつる安産信仰の社。「香車《きょうしゃ》堂《どう》」とも呼ばれ、直進しかできない香車の駒に、安産の願いを託している。

⑳陰陽石《おんようせき》

観音堂の左手にある２個の自然石。

㉑仏岩《ほとけいわ》（Ｐ86参照）

㉒北野神社《きたのじんじゃ》

梅鉢紋《うめばちもん》のある石標を背にした小さな祠《ほこら》で、学問の神様、菅原道真《すがわらみちざね》をまつる。

㉓手掛石《てがけいし》

北野神社参拝後、手掛石を欠いて神棚に供えると学問が向上し字が上達するという。

㉒北野神社

㉗白糸ノ滝

簡単に欠けないので「手を掛けて」祈ろう。

㉔神馬《しんめ》の碑《ひ》

参道右側の木立に囲まれた石碑。慶長《けいちょう》5（1600）年の関ヶ原の決戦に家康公が乗って指揮したという名馬が、ここに眠る。

㉕飯盛杉《いいもりすぎ》

500年以上の老杉《ろうさん》のうち、飯を盛ったような形をした杉を指したが、現在は不明。

㉖大小べんきんぜいの碑

行者堂《ぎょうじゃどう》への分岐点に立つ石の標柱。神域での不浄を禁じた碑。

㉗白糸《しらいと》ノ《の》滝《たき》（P100参照）

㉘別所跡《べっしょあと》

滝尾神社の石段を上りきった右手の平地。滝尾神社の別当の別所があった。強飯式《ごうはんしき》は、ここで起こったといわれる。

㉙影向石《ようごうせき》

参道右手奥に地蔵尊をまつる大石があり、弘法大師《こうぼうだいし》がこの石上から女体神影を拝したといわれる。

㉚運試《うんだめ》しの鳥居《とりい》（P100参照）

㉛滝尾神社《たきのおじんじゃ》（P100参照）

㉜縁結《えんむす》びの笹《ささ》（P100参照）

㉝御神木《ごしんぼく》・三本杉《さんぼんすぎ》（P100参照）

㉞滝尾稲荷神社《たきのおいなりじんじゃ》

滝尾上人が朝のお供えを忘れると、稲荷の神が化けて催促に出たという伝説がある。

㉟酒《さけ》の泉《いずみ》（P98参照）

㊱子種石《こだねいし》（P100参照）

㊲行者堂《ぎょうじゃどう》

「大小べんきんぜいの碑」から道を分け、石段を上りつめた場所にある堂。

㊳空烟地蔵《くうえんじぞう》

家光《いえみつ》公の忠臣、阿部豊後守忠秋《あべぶんごのかみただあき》の墓近くにつくられた地蔵。空烟は忠秋の法名。

㊲行者堂

第3章

中禅寺湖・男体山

A
B
C
1
2
3
4
小田代原
戦場ヶ原
至湯ノ湖
赤沼
一般車両進入禁止
赤沼
高山
竜頭ノ滝
地獄川
さかなと森の観察園
(水産総合研究センター
増養殖研究所日光庁舎)
赤岩
菖蒲ヶ浜
菖蒲ヶ浜
キャンプ場
遊覧船乗場
冠石
千手ヶ浜
千手堂
西ノ湖
中山
俵石
梵字岩
白岩
松ヶ崎
大日崎
中禅寺湖
日光市
上野
黒檜岳
シゲト山
社山
大平山
足尾町

中禅寺湖・男体山

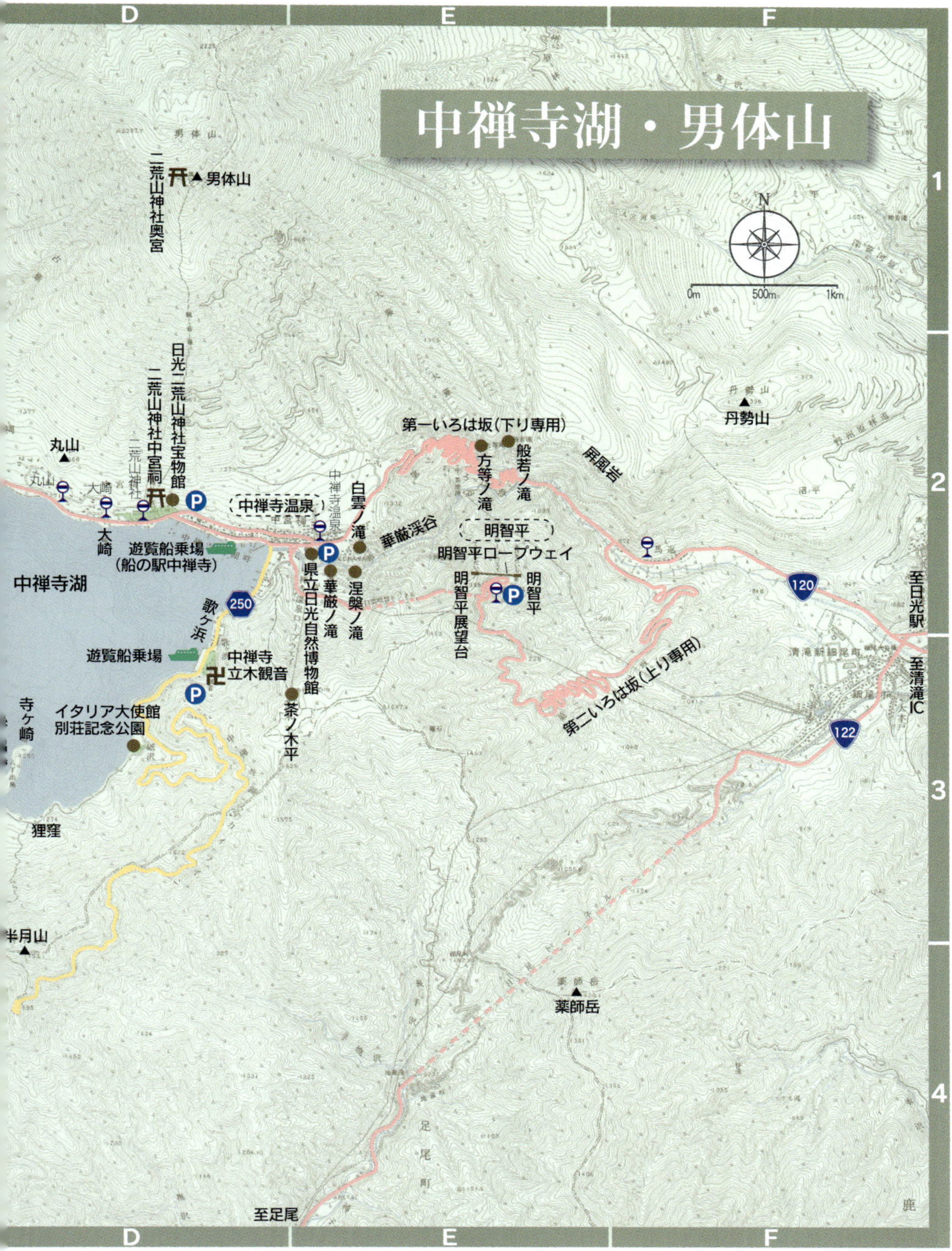
D
E
F
1
2
3
4
0m
500m
1km
N
男体山
二荒山神社奥宮
日光二荒山神社宝物館
二荒山神社中宮祠
丸山
大崎
中禅寺湖
遊覧船乗場
(船の駅中禅寺)
中禅寺温泉
県立日光自然博物館
華厳ノ滝
涅槃ノ滝
白雲ノ滝
華厳渓谷
第一いろは坂(下り専用)
方等ノ滝
般若ノ滝
屏風岩
明智平
明智平ロープウェイ
明智平展望台
明智平
丹勢山
120
至日光駅
至清滝IC
第二いろは坂(上り専用)
122
250
歌ケ浜
遊覧船乗場
中禅寺立木観音
茶ノ木平
寺ケ崎
イタリア大使館別荘記念公園
狸窪
半月山
薬師岳
至足尾
P

奥日光の玄関口
中禅寺湖・男体山

中禅寺湖と男体山

一般に日光というと、日光市街地と日光山《さん》内《ない》方面のことを呼ぶ場合が多い。これに対して、中禅寺湖《ちゅうぜんじこ》や男体山《なんたいさん》周辺、さらに湯元《ゆもと》方面まで含むエリアを奥日光という。どこからが奥かというと、いろは坂からよく見える「屏《びょう》風岩《ぶいわ》」が境といわれる（湯元エリア付近のみを奥日光と呼ぶ場合もある）。

男体山は二荒山《ふたらさん》とも呼ばれ、その「ふたら」とは観音浄土の補陀洛《ふだらく》（梵語《ぼんご》）に由来する。「屏風岩の穴から現れる風神《ふうじん》と雷神《らいじん》が年に２回あらしをもたらすから」という説もある。また日光という地名は、「二荒」を音読みにしたものともいわれる。もともとは、市街地方面を日光と呼んでいたわけではないのである。

奥日光は男体山の噴火活動などにより、劇的に地形を変えてきたエリアである。湖や滝、草原や湿原などさまざまな顔が、箱庭のようにそろっている。昭和９（1934）年に、いち早く国立公園に指定されたこともあり、手つかずの自然が多く残っていて、動植物の宝庫でもある。

奥日光の歴史は、奈良朝末期から平安朝初期にかけて活躍した僧侶《そうりょ》、勝道上人《しょうどうしょうにん》が二荒山（男体山）登頂に成功したことに始まる。以来、江戸時代までは修験の地として、明治以降はリゾート地として発展する。

気候的には冬は寒く夏は過ごしやすい。避暑には最適な土地柄だ。植物も四季折々の姿を見せる。マイカーで訪れる場合は、12～３月の冬季間にはチェーンを必ず携帯すること。雪の量は少ないが、アイスバーンになることは十分に考えられる。

中禅寺湖と男体山。ふもとに中禅寺温泉街が見える

いろは坂《いろはざか》

P125-2·3E

いろは坂

般若（はんにゃ）ノ滝

女人堂

中ノ茶屋跡

日光市街～中禅寺湖・奥日光間のアクセスは、上りが第二いろは坂、下りが第一いろは坂を利用する。カーブごとに「いろは……」の文字が順に表示されている急坂である。

古くは男体山や中禅寺への登拝者が通っていた道であった。明治初期まで奥日光は女人牛馬禁制《にょにんぎゅうばきんせい》で、女性や牛馬は坂を上れなかった。そのため上り口は「馬返《うまがえし》」と呼ばれ、女性が男体山を拝んで引き返した場所には「女人堂《にょにんどう》」が残っている。また、ほぼ中間点には休憩所「中ノ茶屋《なかのちゃや》」の跡があり、磁力があるといわれる巨石「磁石石《じしゃくいし》」も残っている。

いろは坂と呼ばれるようになったのは、昭和初期である。カーブが48か所あることから、ロープウェイのガイドアナウンスでこう呼ばれ始めた。そして、昭和29（1954）年に道路が改修され、ほぼ現在の形の第一いろは坂が完成してカーブは30か所に。さらに昭和40（1965）年には、交通量の増加に伴い上り専用の第二いろは坂も完成。カーブは50か所に増えるが、現在では第一のカーブを2か所減らし、きれいに「いろは……」が当てはまる状態に戻っている。

いろは坂と方等（ほうとう）ノ滝

明智平《あけちだいら》

P125-2E

第二いろは坂をほぼ上りきった、眺望に優れたポイントが明智平だ。名づけたのは天海《てんかい》大僧正《だいそうじょう》といわれている。天海大僧正とは、織田信長に謀反を起こし山崎の合戦で敗れた、あの明智光秀《あけちみつひで》という説がある。合戦後なんとか比叡山《ひえいざん》に逃れ、その後も生きのびて家康公の黒幕になったとされるのだ。日光に赴いたあと、自分の元の名を残したいと、日光でいちばん眺めのよいこの地を「明智平」と命名したと伝えられている。

現在では、絶景ポイントとして、さらに駐車場が大きな休憩スポットとして、行楽客でにぎわっている。明智平〜中禅寺湖間は対面交通であり、一度湖畔まで上ってからも再び明智平まで戻ることができる。

明智平

明智平展望台《あけちだいらてんぼうだい》

P125-2E

明智平からロープウェイで展望台まで上がると、男体山を拝み中禅寺湖を望めるのをはじめ、華厳ノ滝《けごんのたき》、白雲ノ滝《しらくものたき》、屏風岩《びょうぶいわ》などが一望できる。日光の代表的な展望ポイントといって間違いない。晴れて空気が澄んでいる日は、遠く筑波山《つくばさん》や太平洋までも見渡せる。NHKの定点カメラが設置されているので、テレビにもたびたび登場するポイントである。周辺は各種のツツジの名所でもあり、5〜6月にはピンク、紫、白の花が少しずつ時期をずらしながら咲き乱れる。秋には紅葉が美しく、時季ごとに色の違う景観を楽しめる。

明智平展望台からは華厳ノ滝がよく見える

あけちだいらろーぷうぇい

明智平ロープウェイ

P125-2E

明智平ロープウェイの営業開始は、昭和８（1933）年。同18（1943）年に中止されるが、同25（1950）年に復活した。所要時間は明智平から展望台まで約３分。標高1473メートル地点まで上れる。展望台から先は茶の木平方面に遊歩道が設けられていて、中禅寺湖まで抜けることもできる。所要時間は、茶の木平まで約１時間30分（逆は約55分）。展望台から約20分の地点に鉄塔があり、ちょっとした展望ポイントになっている。アカヤシオのピンク色は、この辺りが最も映えると評判。

明智平ロープウェイ

けごんのたき

華厳ノ滝

P125-2E

日光には四十八滝といわれるくらい滝が多いが、最も有名なのが華厳ノ滝である。高さ97メートルをほぼ一気に落下する豪快さと、自然が作り出す華麗な造形美の両方をあわせ持つ。和歌山県の那智ノ滝《なちのたき》、茨城県の袋田ノ《ふくろだの》滝《たき》とともに「日本の三大名瀑《めいばく》」とも呼ばれる。名称は涅槃ノ滝《ねはんのたき》、般若ノ滝《はんにゃのたき》などと一緒に仏典の「釈迦《しゃか》の五時教《ごじきょう》」から名づけられたらしい。

滝を間近で観覧できるようになったのは、明治33（1900）年。７年もの歳月をかけて星野五郎平《ほしのごろべい》が滝壺《たきつぼ》近くに茶屋を開いた。そして明治36（1903）年５月、18歳の旧制一高

華厳ノ滝。高さ97メートルから落下する滝は豪快そのもの

生であった藤村操《ふじむらみさお》がミズナラの木に「巌頭之《がんとうの》感《かん》」を書き残して投身自殺をして以来、自殺の名所にもなってしまった。堅い岩盤をくり抜いたエレベーターが営業を開始したのは昭和５（1930）年になってからである。

６月にはたくさんのイワツバメが滝周辺を飛び回る。１月から２月にかけては十二滝と呼ばれる細い小滝が凍るため、華厳ノ滝はブルーアイスに彩られる。

なお、問い合わせが多いので、明治36年５月26日（または22日）に記した藤村操の「巌頭之感」全文を掲載しておこう。

《悠々《ゆうゆう》たる哉天壌《かなてんじょう》、遼々《りょうりょう》たる哉古今《かなここん》、五尺《ごしゃく》の小軀《しょうく》を以《もっ》て此大《これだい》をはからむとす。ホレーショの哲学《てつがく》、竟《つい》に何等《なんら》のオーソリチィーに價《あたい》するものぞ。萬有《ばんゆう》の真相《しんそう》は唯一言《これひとこと(いちごん)》にして悉《つく(ことごとく)》す。曰《いわ》く「不可解《ふかかい》」。我《われ》この恨《うらみ》を懐《いだ》いて煩悶終《はんもんつい》に死《し》を決《けっ》するに至《いた》る。既《すで》に巌頭《がんとう》に立《た》つに及《およ》んで胸中《きょうちゅう》何等《なんら》の不安《ふあん》あるなし。始《はじ》めて知《し》る大《だい》なる悲観《ひかん》は大《だい》なる楽観《らっかん》に一致《いっち》するを。》

白雲ノ滝《しらくものたき》

P125-2E

華厳ノ滝の下流、華厳渓谷の岩壁から落下している。明智平展望台から見ると、主役・華厳ノ滝に寄り添うように、その美しい姿を眺められる。華厳ノ滝中段から流れ出る十二滝と同じ層から湧き出す滝であり、中禅寺湖の水が地下の溶岩のすきまから流れ出している。年間を通して豊富な水量が落下しており、「白雲」とまで呼ばれる流れを安定して観覧することができる。

白雲ノ滝（右下）

涅槃ノ滝《ねはんのたき》

P125-2E

「涅槃」とは、お釈迦様の教えの理想の境地であり、万物がこの世で煩悩を滅却し、絶対自由になった状態を指すそうである。涅槃ノ滝は、華厳ノ滝の滝壺下流に位置し、華厳ノ滝エレベーター観瀑台《かんばくだい》の２層目南側階段途中で、眼下に滝の落ち口付近を見下ろすことができる。

昔、垂直に落ちる滝を「瀑」と呼び、華厳瀑は天と地を支える柱と考えられたそうで、いうならば、この地はまさに浄土と俗界の境界なのかもしれない。

涅槃ノ滝

茶ノ木平《ちゃのきだいら》

P125-3E

昭和35（1960）年から茶ノ木平へのアクセスとして利用された中禅寺温泉ロープウェイが平成15（2003）年４月１日に廃止となった。それに伴って茶ノ木平高山植物園もやむなく廃園となり、人の手を加えることによって自然界を容易に探索できた植物園も自然に戻すこととなった。しかし、茶の木平は奥日光の山々や戦場《せんじょう》ヶ《が》原《はら》、中禅寺湖を見渡す絶好のポイントである。茶ノ木平へのルートとして、これからは明智平ロープウェイを利用して、半月山《はんげつさん》方面に足を延ばせば、約１時間30分で茶ノ木平に到着する。

茶ノ木平

栃木県立日光自然博物館《とちぎけんりつにっこうしぜんはくぶつかん》 P125-2E

自然、文化、歴史など日光のさまざまな事柄を、楽しみながら知ることができる。中禅寺温泉の入り口という便利な場所にあるので、奥日光をまわる前に立ち寄りたい。

エントランスホールに入ると、45インチの大型モニターに明智平《あけちだいら》展望台からの映像がリアルタイムで映されていて、道路渋滞の状況もわかる。400項目が入ったコンピューター検索ガイドも設置され、花暦、ハイキングコース、行事などの情報を引き出せる。

最大の見どころは、四季彩《しきさい》ホールだろう。高さ４メートル、幅20メートルの３面マルチスクリーンに日光の四季の変化が、ダイナミックに映し出される。サラウンド・システムによる音響も迫力がある。

展示室は自然系と人文系がある。自然系展示室では、山、湖、滝、魚、植物、野鳥などがビデオモニター、模型、写真などで観覧できる。滝の振動を体感できるボディーソニックがおもしろい。人文系展示室では、伝説、歴史、工芸品などが展示してあり、日光の歴史的成り立ちが理解できる。さらに、隣の自然ものしりコーナーでは、モニターを使ってテレビ図鑑やクイズが楽しめる。もし、日光の自然や文化を、より深く体験したかったら、日光自然博物館友の会に入会してみよう。多くの特典が用意されている。また、日光について知りたいことがあれば、電話での問い合わせにも応じてくれる。天候や自然のリアルタイムの状況も事前に知ることができる。

日光自然博物館

エントランスホール

日光の歴史コーナー

日光の森のジオラマ

ラムサールコーナー

中禅寺湖

中禅寺湖の歴史《ちゅうぜんじこのれきし》

周囲約25キロ、最大水深163メートルの中禅寺湖は、日光を代表する湖である。水面の海抜高度1269メートルは、日本一の高さを誇る（ただし、人工湖を除く面積４平方キロ以上の湖の中で)。約２万年もの昔、男体山《なんたいさん》の噴火による溶岩で渓谷がせき止められ、原形ができたといわれる。

発見されたのは天応《てんおう》２（782）年。日光開山の祖、勝道上人《しょうどうしょうにん》が男体山の登頂に成功したとき、山の上から中禅寺湖を見つけた。２年後には勝道上人一行が、湖畔に堂を造り神宮《じんぐう》寺《じ》が建立《こんりゅう》された。以来、山岳信仰の修験者たちが訪れ、船禅頂《ふなぜんじょう》（湖に船を浮かべて読誦《どしょう》し湖畔《こはん》の社堂を巡る）も行われるようになった。そして中世から近世にかけては修験道が隆盛し、男体禅頂《なんたいぜんじょう》も盛んに繰り返された。

しかし豊臣秀吉の日光山領没収によって、日光は一時衰微する。再び活性化されるのは、天海大僧正《てんかいだいそうじょう》の来晃《らいこう》（晃＝日光の略）と東照宮

氷のシャンデリアと呼ばれる冬の造形

造替の後だ。寛保《かんぽう》元（1741）年に行人《ぎょうにん》（禅頂をする人）利用のための茶屋の営業が許可され、文化元（1804）年には湖畔に６軒茶屋ができた。ただし、このころ人が住んでいたのは春から秋までで冬には下山していた。

大きな変革が訪れるのは、明治５（1872）年に女人牛馬《にょにんぎゅうば》禁制《きんせい》が解かれてからである。さっそく女性が、中禅寺湖畔や男体山へと登った。明治に入るまで女性がいなかったため、中禅寺で出産が初めて記録されているのは、じつに明治17（1884）年だった。この間、明治９（1876）年に明治天皇が来晃され、中禅寺湖を“幸《さち》の湖《うみ》”と名づけている。

男体山の噴火による溶岩で渓谷がせき止められてできた中禅寺湖

来訪者も飛躍的に増えてきたが、中禅寺湖周辺をリゾート地として育てていったのは外国人である。欧米各国の外交官たちが避暑に訪れるようになり、湖畔に別荘を建てていった。現在でもフランスやベルギーなど４か国の大使館別荘が、湖畔

千手ヶ浜から日の出を望む

一般公開されている元イタリア大使館別荘

にたたずんでいる。日光での釣りやゴルフを目的にした「東京アングリング・アンド・カントリークラブ」には、国内外のそうそうたるメンバーが名を連ねていた。中禅寺湖周辺はハイクラスな人が集まる華やかなリゾート地として、その地位を確立していった。

しかし、それも第２次世界大戦の影響で、失速してしまう。戦後の観光地としての復活は、昭和29（1954）年のいろは坂有料道路開通（現在は無料）など道路網の整備によるところが大きい。風光明媚《ふうこうめいび》かつ手軽にアプローチできる観光地として、現在の姿に至っている。

伝説にまつわる名所旧跡《でんせつにまつわるめいしょきゅうせき》

中禅寺湖周辺には、伝説にまつわる名所旧跡が多い。代表的なのが、湯川《ゆかわ》河口付近の菖《しょう》蒲ヶ浜《ぶがはま》と立木観音《たちきかんのん》（中禅寺）前の歌ヶ浜《うたがはま》だ。男体山と赤城山が、中禅寺湖の所有をめぐって戦場ヶ原《せんじょうがはら》で戦ったという有名な伝説があり、そのときに戦いの血で赤く染まったのが赤沼といわれる。そして、勝負がついた場所が菖蒲（勝負）ヶ浜というわけだ。さらに、祝勝の宴を開き、歌い踊った場所が歌ノ浜、今の歌ヶ浜である。

女人牛馬禁制の地であったゆえの悲劇的伝説もある。巫女《みこ》が「神に仕える身であれば山に登っても許される」と思い、中禅寺に登った。しかし湖畔に出ると、身がすくみそのまま石になってしまったという話である。その石が「巫女石」と呼ばれ、湖畔の中宮祠《ちゅうぐうし》の鳥居横に残っている。

開山の祖、勝道上人にまつわる史跡も多い。中禅寺湖南岸付近の小さな島「上野島《こうずけしま》」には、上人の墓（ほかに２か所ある）があり、首の骨が納められていると伝えられる。

中央のごつごつした岩が巫女石

勝道上人の墓のひとつがあると伝えられる上野島

中禅寺湖遊覧船

ボート

中禅寺湖のレジャーと自然《ちゅうぜんじこのれじゃーとしぜん》

中禅寺湖周辺の自然を満喫するには、歩いてまわるのがいちばん。ハイキングコースが設置してあり、美しい風景を満喫できる。周囲の森はミズナラ、ブナ、カエデ類が多く見られる落葉広葉樹林で、四季の変化が豊かなこと、動物が多いことが特徴だ。

サクラの開花期は5月中旬だ。春にきれいなのは、ヤシオツツジやトウゴクミツバツツジ。夏には小田代原《おだしろがはら》などが、ノハラアザミで彩られている。秋の紅葉では、ナラやブナやカツラが黄色に、ツツジやナナカマドやカエデが赤に染まっている。冬はモノトーンの世界に入るが、毎年1月下旬から2月にかけて行われる氷と雪にちなむまつりも美しい。

ボートや遊覧船で湖上を巡るのも、楽しい方法だ。水が澄んでいるので、魚の泳いでいる姿も見られるかもしれない。ただしモーター付きのボート類の持ち込みは禁じられている。船の駅中禅寺、立木観音《たちきかんのん》、菖蒲ヶ浜《しょうぶがはま》の発着で湖を遊覧する中禅寺湖遊覧船は、4月から11月まで運航されている。季節により、千手ヶ《せんじゅが》浜《はま》行きもある。

中禅寺温泉《ちゅうぜんじおんせん》

P125-2D・E

二荒山神社中宮祠《ふたらさんじんじゃちゅうぐうし》付近が、いわゆる中禅寺温泉である。時間や状況によって、宿泊客以外が湯につかれる温泉宿もある。源泉は湯元《ゆもと》温泉《おんせん》だ。昭和26（1951）年に引き湯を始めた。熱湯に近い状態で湧き出すお湯が、約12キロの道のりを移動する間に適温になる。泉質は、硫化水素泉。

中禅寺温泉街

東京アングリング・アンド・カントリークラブ

大正から昭和初期にかけて奥日光は「夏場の外務省」と呼ばれていた時期があった。

明治時代、外国人の国内旅行が徐々に自由になり、欧米諸国の外交官たちの避暑地として注目されたのが奥日光であった。次々と大使館などの別荘が建てられ、日本の皇族や華族なども訪れるようになった。やがて、外交の中枢《ちゅうすう》を担う人たちの多くが、蒸し暑い時期には奥日光で静養するようになって、こう呼ばれていたのである。ヨットレースが開かれたり、移動のため飛行機が飛来したり、当時の日本では考えられないほど西洋的雰囲気があったらしい。

人々を引きつけた、奥日光での遊びの代表は釣りだった。英国式マス釣り、つまりフライフィッシングが初めて持ち込まれたのも奥日光である。やがて、イギリス人貿易商と日本人を両親に持つハンス・ハンターが中心となって「東京アングリング・アンド・カントリークラブ」が発足した。千手ヶ浜《せんじゅがはま》一帯の広大なエリアを借り受け、マス釣りやゴルフを楽しもうというクラブだ。

会員には政財界の重鎮、在日外交官、さらに皇族までおり、クラブハウスであった中禅寺湖畔《ちゅうぜんじこはん》西六番別荘にはそうそうたるメンバーが訪れた。単なる釣りクラブではなく、国際的社交場であったのだ。会則の目的には「本倶楽部《くらぶ》ハ野外運動ヲ奨励スル為《ため》ノ鱒釣《ますつり》ゴルフ場ヲ設置シ就中《なかんずく》鱒釣ヲ紳士的ニ為《な》スヲ主タルモノトス」とある。当時の中禅寺湖は豪華メンバーによる、華やかな釣りシーンが展開されていたのだった。

しかし、その華やいだムードも、また理想のリゾート計画も、第２次世界大戦によって終わりをみる。昭和15（1940）年、西六番別荘は火災に遭い、現在は暖炉部分の煙突のみが湖畔にたたずんでいる。寂しげではあるが、そこにはロマンがあった。

元イタリア大使館別荘応接室

西六番別荘跡。湖畔の社交場にはそうそうたるメンバーが訪れた

奥日光のアウトドアライフ

アウトドアの基本マナー

奥日光は、豊かな自然に比較的手軽に触れられる、貴重なアウトドアフィールドである。たくさんの植物、動物が生息し、実際に自分の目で見ることができる。しかし、人間が起こす行為次第では、動植物の衰退、絶滅につながることも事実。そこで、自然とつきあうためのマナーを紹介しておこう。

いくら美しくかわいくても、絶対に動植物をとらないこと。１本ならいいだろうと思っても、みんながやれば滅んでしまう。また、湿原や草原には足を踏み入れないこと。遊歩道以外を歩くと貴重な植物を傷つけてしまう。魚が遡上《そじょう》するような川に踏み込むことも避けよう。弱い卵や稚魚がつぶされてしまう。

たき火など、火をたくことも禁じられている。山火事が怖いばかりでなく、たき火をした場所が荒れてしまう。そして、ゴミの投げ捨ても絶対厳禁。自然の中では、自分が出したゴミは自分で持ち帰るのが基本。騒音を出すのも避けるべき。動物たちの生きる場所であることを忘れてはいけない。

いろは坂に出没するサルに、エサを与える人がいるが、人間にとってもサルにとってもよくない。人間に慣れてしまったサルは、自然のエサを取れなくなり病気にもなりやすくなる。さらに人間を襲うことも増え、人里の農産物にも被害を与える。いろは坂の渋滞の原因にもなる。

野生のサル

標識に注意

国立公園である奥日光は、自然公園法により、ほとんどが道路以外車乗り入れ規制区域になっている。湖をモーターボート、湿原をスノーモービルで乗り回す、河原や湖畔に車で乗り入れるなど、一部の例外を除いて禁止されている。キャンプ場以外でのキャンプもできない。これらの規制は、一般の交通標識とは違う標識で示されている。自然を満喫しながらも標識にはよく気をつけよう。

ハイキング・登山

中禅寺湖《ちゅうぜんじこ》周辺、戦場ヶ原《せんじょうがはら》・小田代原《おだしろがはら》周辺、湯元《ゆもと》〜切込湖《きりこみこ》周辺などに、変化あるハイキングコースが用意されている。１日かければ、のんびりと散策できるだろう。

山々への登山も可能だ。男体山の場合、二荒山神社中宮祠《ふたらさんじんじゃちゅうぐうし》から登る表登山道は、山頂までの標準タイムが３時間30分。ほぼまっすぐに登る急な道程なので、それなりの体力、装備は必要。登山期間は５月５日〜10月25日である。また、白根山《しらねさん》も名峰として知られる。標高は2578メートルで、白根山より北にこの標高を超える山はない（以北最高峰という）。

キャンプ

キャンプ場は５か所ある。そこを起点としてハイキングも楽しめる。テントサイドに車を止められるオートキャンプ場は少ないが、その分、自然をより実感できる。指定地以外でテントを張ったり、火をたいたりできないので、ルールを守って豊かな自然に触れよう。

釣り

奥日光は日本における、フライ・ルアーフィッシングの聖地である。中禅寺湖、湯川、湯ノ湖で、ヒメマス、ホンマス、ブラウンマス、ニジマス、レイクトラウト、カワマスなどの釣りが楽しめる。解禁期間は４月から９月（正確な期日は毎年要確認）。ただし、中禅寺湖の西側など、禁漁区もある。また、温度変化に敏感な魚が多く、人間の手で触れられることは火傷《やけど》と同じ。リリースする場合は、なるべく弱らせないようにしたい。

フライ・ルアーフィッシングの聖地（湯ノ湖）

中禅寺湖ヒメマス物語

中禅寺湖の紅葉は、湖の中から染まってくるといわれる。水中の植物が赤くなるのではない。毎年紅葉の始まる直前、産卵のため遡上《そじょう》するヒメマスが、真っ赤な「婚姻《こんいん》色《しょく》」になって湖面に映えるのだ。

中禅寺湖のヒメマスの一生は、サケのように川に始まる。川を下って湖に出るのだ。ここで、おもしろい変化が起こる。まず体の色が変わり（銀毛化《ぎんげか》）、さらに海水にも耐えられる体になる。環境が変わっても、祖先であるサケの性質を忘れていないのである。

大海（湖）を回遊するのは３～４年といわれている。そして「婚姻色」になって、川へと戻り始める。メスは産卵のための穴を掘り、オスはそのかたわらで、ときおり体をふるわせながら放精のタイミングを待つ。そして、無事に産卵を終えると死んでいく。赤くなるのは結婚のためであると同時に「死に装束」でもあるのだ。産卵の様子は、菖蒲ヶ浜《しょうぶがはま》近くの清水川《しみずがわ》で見ることができる。

サケやマスの本能には計り知れないものがある。20年ほど前には華厳ノ滝《けごんのたき》で、ヒメマスの集団飛び降り自殺が発見された。本能が働いて海まで下ろうとしたのだと考えられている。平成６（1994）年には、中禅寺湖の固有種であるホンマスが、体長50センチの巨大な姿に変わって下流の鬼怒《きぬ》川《がわ》で発見された。華厳ノ滝を飛び降りても生き延び、海で回遊したあと、遡上してきたものと思われる。

毎年紅葉の始まる直前、産卵のため遡上するヒメマスの様子

日光山中禅寺《にっこうさんちゅうぜんじ》

P125-3D

日光山の開祖、勝道上人《しょうどうしょうにん》は、男体山《なんたいさん》山頂をきわめた後、延暦《えんりゃく》3（784）年に中禅寺を建立、修行の場とした。当時は男体山の登拝口の方にあったが、明治35年（1902）年の大山津波をきっかけに、中禅寺湖歌ヶ浜《うたがはま》に移転した。坂東《ばんどう》観音霊場33か所の18番目にあたり、立木観音や波之利大黒天《はしりだいこくてん》など、特徴的な仏像がまつられている。

中禅寺。左奥が五大堂

立木観音《たちきかんのん》

門を入って正面左手にある本堂には、重要文化財に指定されている十一面千手観音菩薩《じゅういちめんせんじゅかんのんぼさつ》がまつられている。

これは日光山開祖、勝道上人の作とされ、上人が西ノ湖《さいのこ》に船出したとき水の中から金色《こんじき》の千手観音が出現、その姿を彫ったと伝えられている。千手観音は男体山の本地仏《ほんじぶつ》（本来の姿）にあたる。

観音像は、胴体部分が根がついたままの立木の状態で彫られたことから、立木観音と呼ばれている。

左右の手は寄木造《よせぎづく》りで、素材はカツラ。大幅な修理はなく、造られた当時そのままの姿を現在に伝える。全高6メートルに及ぶが、下の部分が隠れているため、お姿を間近に感じられる。延暦初期の作品とされるが、平安時代の仏像とは違う面立ちに注目したい。

明治35年の大山津波で、中禅寺湖に沈んだが、奇跡的に浮き上がり引き上げられた。立木観音は、それまでの地を離れ、中禅寺の移転とともに移された。

十一面千手観音立像（立木観音）

脇侍（わきじ）の四天王像は源頼朝が戦勝祈願に寄進したものといわれている

波之利大黒天堂《はしりだいこくてんどう》

勝道上人《しょうどうしょうにん》が開山のとき、中禅寺湖に姿を現した大黒天をまつるお堂。波の上に現れたので「なみのり」と書き、「はしり」と読む。ここのお札は開運や安産、足止め（家出人の帰還や浮気防止）の御利益がある。

愛染堂《あいぜんどう》

中禅寺湖を背景に建てられた小さめのお堂は、人間に近い仏様とされる愛染明王《あいぜんみょうおう》がまつられているところ。ご本尊は、男女の愛情をつかさどるとされ、縁結びに大きな御利益があるといわれている。お堂の周囲には願いをかなえようと祈願のために奉納された赤い旗が数多く残されており、いかに人々の信仰を集めているかがうかがえる。また映画『愛染かつら』のロケ地としても知られる。

波之利大黒天堂。本尊は秘仏

愛染堂にまつられる愛染明王像

五大堂《ごだいどう》

五大堂の内部。中央には不動明王が安置されている

中禅寺の本堂裏のがけを背に建っているのが五大堂。

勝道上人《しょうどうしょうにん》開山1200年記念事業として建てられたもので、昭和44（1969）年に完成した。京都の清《きよ》水寺《みずでら》を思わせるお堂である。

五大堂はその名のとおり、降三世明王《ごうざんぜみょうおう》、軍荼利《ぐんだり》明王《みょうおう》、大威徳明王《だいいとくみょうおう》、金剛《こんごう》夜叉明王《やしゃみょうおう》、不動明王《ふどうみょうおう》の五大明王が安置されているお堂。五大明王像は江戸時代の作で、もとは東照宮境内護摩堂に安置されていた尊像である。

五大堂の天井には、文化勲章受章者の日本画家で芸術院会員の堅山南風《かたやまなんぷう》画伯が描いた大雲竜《だいうんりゅう》（14メートル×６メートル）がある。

また前後の格天井《ごうてんじょう》には、堅山南風画伯の弟子34名の画家によって日光の四季の植物148点が描かれている。

五大堂は、高い場所に建てられているので、中禅寺湖、白根山、男体山を一望でき、その眺めは圧巻である。

天井に描かれた五大堂天井の大雲竜

五大堂格天井に描かれた四季の花々

雪の五大堂をライトアップ

日光《にっこう》二荒山《ふたらさん》神社《じんじゃ》中宮祠《ちゅうぐうし》

P125-2D

　中禅寺湖《ちゅうぜんじこ》の北岸、男体山山麓《なんたいさんさんろく》の景勝の地に鎮座する神社である。 男体山の山頂にある二荒山神社奥宮《おくみや》と、日光山内にある二荒山本《ほん》社《しゃ》の中間にあるので、中宮祠と呼ばれている。沙門勝道《しゃもんしょうどう》が山頂をきわめたあと、延暦《えんりゃく》３（784）年、ここに二荒権現《ふたらごんげん》をまつる社殿を建てたのがはじまりである。祭神《さいじん》は、大己貴《おおなむちの》命《みこと》・田心姫命《たごりひめのみこと》・味耜高彦根命《あじすきたかひこねのみこと》の３神である。

　本殿《ほんでん》・透塀《すきべい》・唐門《からもん》・拝殿《はいでん》・浜鳥居《はまとりい》など重要文化財指定の主要建造物のほか、数多くの建造物があり、本殿右側に山頂奥宮への登拝門《とうはいもん》がある。

　中禅寺温泉からは東表参道にある二の鳥居、中禅寺湖の湖畔からは浜鳥居が境内への入り口となる。浜鳥居から階段を上ると、８本の柱で支えられた八脚門《はっきゃくもん》がある。境内に入ると拝殿に続く唐門までに社務所、日光灯籠《にっこうどうろう》、手《て》水舎《みずしゃ》、稲荷神社《いなりじんじゃ》などがある。

東表参道にある二の鳥居

（左上）中禅寺湖の湖畔からは浜鳥居が境内への入り口となる
（左下）社務所全景
（右上）８本の柱で支えられた八脚門
（右下）日光灯籠（日光独特の常夜灯）

ご神体である男体山を後ろにした唐門

唐門《からもん》

この門の内側に拝殿や本殿、そして男体山《なんたいさん》登山口である登拝門《とうはいもん》がある。

拝殿《はいでん》

渡り廊下で本殿とつながっている拝殿は、間口15メートル、奥行き12メートルの単層《たんそう》入母屋《いりもや》、反《そ》り屋根造《やねづく》りの建物である。

本殿と同じく総弁柄塗《そうべんがらぬ》り、重厚で華麗な建造物といえる。

この拝殿で結婚式を挙げるカップルもあるので、吉日《きちじつ》には遭遇するかもしれない。

拝殿。手前にあるのは男体山登拝番付表

本殿《ほんでん》

本殿は、８月の登拝祭には内陣への参拝が許される。1200年以上も前に建てられて以来、いくたびかの造営が行われてきたが、昭和に入ってからは昭和34～37（1959～62）年の大工事で、現在の華麗な社殿となった。

三間社流造《さんげんしゃながれづく》り、切妻反《きりづまそ》り屋根。シンプルだが、正面には彩色がほどこされて、周囲は弁柄塗りの社殿の美しさを、いちだんと際立たせている。

いちいの御守《おまもり》と鉄鐸《てったく》

いちいの御守

いちいの御守
中宮祠のイチイは樹齢1100年の天然記念物のご神木である。イチイの持つ樹気は周囲を浄化し、心を豊かにするといわれる。一位とも書かれ勝利に導く御守とされる。

鉄鐸
鉄鐸は男体山頂の遺跡から出土したもの。鈴のように鳴らして祭祀具《さいしぐ》として使われていた。現在は記念品として男体山の登山者に人気がある。

鉄鐸の記念品

いずれも社務所で入手できる

男体山の登山道入り口となる登拝門

男体山の登山道にあたる登拝道(参道)

登拝門・登拝道《とうはいもん・とうはいどう》

本殿の右に、「男体山奥宮登拝口《なんたいさんおくみやとうはいぐち》」と書かれた四角い柱が建てられた山門がある。これが登拝門。

ここが開けられるのは、毎年5月5日の開《かい》山祭《ざんさい》から10月25日の閉山祭《へいざんさい》までの、半年間だけである。この期間中は、社務所に申し出て、この門から男体山に登ることになる。

ただし、奥宮に参る伝統行事である登拝祭の行われる7月31日からの1週間、特に31日の真夜中、8月1日午前0時前はたいへんに混雑する。全国に50ほどある二荒山登拝講の人たちをはじめ、多くの参拝者が詰めかけて、境内は数千の人であふれ返る。そこで、危険防止のため、 100人ずつ区切って登山させるようにしている。

登拝門から奥宮までは約6キロで、標高差では1200メートルくらいある。普通の人で約3時間半ほどかかる。途中8合目に滝尾神《たきのおじん》社《じゃ》がある。

男体山は黒髪山《くろかみやま》とも呼ばれていたように、うっそうとした樹林が生い茂っており、登山道はすがすがしい冷気にあふれている。頂上に達し、奥宮に参拝したあとで迎えるご来光はひとしおである。

ところで二荒山神社は、江戸時代まで御神領70余郷といわれ、現在でも男体山をはじめ女峰山《にょほうさん》、赤薙山《あかなぎさん》、太郎山《たろうさん》、大真名子山《おおまなごさん》、小《こ》真名子山《まなごさん》、前白根山《まえしらねさん》、奥白根山《おくしらねさん》の山々すべてが境内である。その広さは3400ヘクタールにおよび、伊勢神宮に次いで広い。

幸運の杜《もり》

神社境内の一角にある。杉や檜《ひのき》、松などの木立の中を周遊して自分を見つめなおし、元気を回復するというパワースポット。「心の御柱神社」や「まっすぐ杉」、「厄《やく》除《よ》けのカワラケ割り」など啓示にあふれた場は心のいやしともなる。

幸運の杜。カワラケ割り

良縁松の木

本殿前のウツギと共生している松。松は神を「待つ」という神聖な木であり、葉が対になっていて「良縁、夫婦円満」の象徴。さらに「幸福、金運」を呼ぶとされる黄色の布に願い事を託すことによって最高の良縁をもたらす木として信仰を集める。

日光山二荒山中宮祠。良縁の松の木

日光《にっこう》二荒山《ふたらさん》神社《じんじゃ》宝物館《ほうもつかん》

中宮祠《ちゅうぐうし》社務所の東側に宝物館がある。１階には国宝・重要文化財を含む120余口の刀剣類、さらに南北町時代の金銅装《こんどうそう》神輿《みこし》３基、また貴重な古文書類が展示されている。

２階では、男体山頂から発掘された奈良時代から近世に至る祭祀遺跡《さいしいせき》の銅鏡《どうきょう》・銅《どう》印《いん》・古銭《こせん》など、日本宗教史における貴重な学術資料を見ることができる。

宝物館入り口

三仏のある御正体（重要文化財）

梵字（ぼんじ）のある御正体（重要文化財）

男体山頂祭祀遺跡から発掘された「大和古銅印」（重要文化財）

鎌倉時代を代表する来国俊(らいくにとし)作の小太刀(国宝)

御正体

錫杖(しゃくじょう)頭
(重要文化財)

康応元(1389)年の銘がある金銅装神輿3基(重要文化財)

二荒山神社中宮祠の伝統行事

1200年以上の歴史のある二荒山神社中宮祠には、１年を通して数々の伝統行事がある。

１月４日の武射祭《むしゃさい》、５月５日の開山祭《かいざんさい》、７月31日から８月７日までの登拝祭《とうはいさい》、９月21日の仲秋登拝祭、10月25日の閉山祭《へいざんさい》など、山の神様ならではの行事ばかりである。

武射祭《むしゃさい》

新年早々の１月４日に、中宮祠上神橋《かみしんきょう》で行われる武射祭は、二荒山神《ふたらやまがみ》と上野《こうずけ》（群馬県）赤城山神《あかぎやまがみ》が争ったという神戦譚《しんせんたん》に由来する祭りで、神官とかみしも姿の氏子代表が赤城山に向かって矢を放つ。このとき、射手も参列者もいっせいに「ヤアー」という鬨《とき》の声《こえ》を張り上げる。厳寒のなかで行われる勇壮な神事である。

その昔、毛《け》の国《くに》（いまの群馬県と栃木県）の赤城と二荒の神は、お互いの間に横たわる湖沼や高原、温泉などのある土地をめぐって争った。赤城山神はムカデ、二荒山神はヘビに身を変えて戦い、戦場ヶ原《せんじょうがはら》における大決戦のすえ、戦は二荒山神の勝利で終わった。その故事にならって、二荒山側は赤城山に向かって矢を射るのである。

1月4日の武射祭

開山祭《かいざんさい》

毎年５月５日、男体山の山開きの祭りが行われる。きびしい冬が過ぎ、山にも緑がよみがえったのを喜ぶような、明るく楽しい祭りである。

この日、初めて本殿わきの登拝門が開けられ、社務所の許可を受けて頂上をめざすことになる。

登拝祭《とうはいさい》

大己貴命《おおなむちのみこと》・田心姫命《たごりひめのみこと》・味耜高彦根命《あじすきたかひこねのみこと》の３神のご神像が、男体山の山頂の奥宮《おくみや》に、３人の

登拝祭行人行列　　日光フォトコンテスト入賞作品

登拝祭の花火

奉仕者の背に負われて、お帰りになるのが登拝祭の幕開けである。期間中、氏子・信者が大勢奥宮へ登拝するが、この祭りの起源は、修験者の修行の行事といえよう。

行事は、７月31日の午後から始まる。白装束の行人《ぎょうにん》行列は温泉街を通り、一行は夕方、１合目まで登山する。夜、中宮祠の社頭で、氏子の奉納するお囃子《はやし》で「深山踊《みやまおど》り」の輪が広がる。中禅寺湖上では灯籠流《とうろうなが》しがあり、花火も打ち上げられる。

真夜中の午前０時とともに、本殿のご神像に参拝した人たちが、いっせいに登拝門から山頂の奥宮に向かって登るのである。

途中８合目の滝尾神社《たきのおじんじゃ》にお参りし、奥宮に着くころには、そろそろ東の空も明るみはじめ、ご来光を待つだけである。そのあとは、太郎山神社《たろうさんじんじゃ》付近の信仰遺跡発掘跡を見学したり、雄大な自然をながめたりするのもいい。

登拝は、祭りの終わる８月７日まで続くが、４日には湖畔で「扇《おうぎ》の的《まと》弓道大会」が行われる。屋島の合戦で活躍した那須与一《なすのよいち》にちなんで、湖上に扇をかざした船を浮かべ、それをめがけて射る弓の大会である。那須与一は下《しも》野国《つけのくに》（栃木県）那須の人で、源平合戦で源義経の軍に参じるとき、二荒山神社に戦勝を祈願したと伝えられている。

登拝祭にてご来光を拝む

閉山祭《へいざんさい》

男体山の閉山祭は、10月25日に行われる。神社ではおごそかに神に祈りを捧《ささ》げ、感謝とこれからの無事を祈願するのである。

民謡「日光山唄《にっこうやまうた》」　金子嗣憧《しどう》・作詞作曲

1．ハア　男体《なんたい》お山をよ　紅葉《もみじ》が飾りゃ
馬子《まご》も小いきなよ　ハア紅緒笠《べにおがさ》よ
2．ハア　黄金造りのよ　あの東照宮は
国の宝のよ　ハア守り神よ
3．ハア　華厳《けごん》大滝よ　花と散るしぶき
谷にゃとび交うよ　ハア岩つばめよ

登拝祭に参加する白装束の講員たち

扇の的弓道大会　日光フォトコンテスト入賞作品

日光二荒山神社奥宮《にっこうふたらさんじんじゃおくみや》

P125-1D

勝道上人《しょうどうしょうにん》が難行苦行のすえ、二荒山（男体山）登頂を果たし、いまの二荒山神社奥宮にあたる小さな祠《ほこら》を山頂に創建したのが、天応《てんおう》2（782）年のことだった。そして、この偉業の足跡を慕い、ここに修行する仏徒や修験者などが多くなった。この山を中心に発展する信仰が、日光を山岳宗教の聖地といわせるようになったのである。

男体山頂上の銅鳥居を入ると、南に向いて奥宮が鎮座している。社殿と並んで、社務所と登拝者のための休憩舎（旧社務所）が建っている。

さらに頂上の三角地点は、勝道上人一行が二荒山大神を拝したとされる聖域で、大岩の上には対面石と鳥居、そして長さ10尺（3.3メートル）余りの神剣が立っている。

真夏でも涼しく、また厳冬には吹雪で荒れる山頂のことなので、奥宮はまさに風雪に耐えてきたと、だれしも感ぜずにはいられないだろう。

山頂から約200メートル西の、旧噴火口縁のきわだった巨岩上に、太郎山神社《たろうさんじんじゃ》がある。御祭神は味耜高彦根命《あじすきたかひこねのみこと》である。

眼下に中禅寺湖《ちゅうぜんじこ》と戦場ヶ原《せんじょうがはら》、遠く浅間山《あさまやま》の煙や富士山も一望できる。勝道上人が初登頂のとき、ただ恍惚《こうこつ》として眺めたという表現もうなずける雄大な眺望である。

またこの絶壁を利用して、昔の修験者たちは、逆さづりの修行もしたといわれている。周辺が古代祭祀遺跡《こだいさいしいせき》となっているのをみても、いかに大昔から登拝者が多かったかわかるだろう。遺跡から出土した貴重な祭祀具類は宝物館に収蔵、展示されている。

なお、8合目には滝尾神社《たきのおじんじゃ》が鎮座し、近くに崖崩《がけくず》れでつくられた胎内巡《たいないめぐ》りの名所もあるので、お参りがてら見学してみるのも一興である。

男体山頂にまつられた神剣とご来光

男体山山頂の太郎山神社

二荒山神社奥宮

補陀洛山《ふだらくさん》と男体山《なんたいさん》

勝道上人が神霊の導きで山頂をめざす姿を描く壁画「山霊感応」(前田青邨画)

二荒山神社《ふたらさんじんじゃ》にお参りしても、現在、男体山のことを二荒山という人はいないが、もともと二荒山は、別名を補陀洛山といわれていたのである。勝道上人《しょうどうしょうにん》が日光を開山し、男体山の登頂に成功したのち、西ノ湖《さいのこ》で千手観音《せんじゅかんのん》の尊像を拝したと伝えられている。つまり、男体山を中心とする山と湖の霊域を、観音の浄土と感得していたのである。観音浄土は、南の海上にあるポタラカ（梵語）という山とされている。ポタラカを漢字にあてると「補陀洛」と書く。弘法大師撰《こうぼうだいしせん》による勝道上人男体山登頂の記録が「補陀洛山に上るの碑文」ともいわれているのは、このような理由からである。

この補陀洛から、日光という地名が生まれたとの説が有力だ。補陀洛から「ふたら」となり、「ふたら」が「ふたあら（二荒）」にあてられ、二荒山の語が生まれた。この「二荒」を音読みして「ニッコウ」となり、「日光」の好字が与えられたともいう。

男体山からご来光を仰ぐ

男体山頂から見た晩秋の中禅寺湖

正面門から見た施設

円形水槽

さかなと森の観察園《さかなともりのかんさつえん》

P124-2C

水産研究・教育機構中央水産研究所日光庁舎

この施設は標高1280メートルの高地に位置し、約12万平方メートルの広大な敷地には樹齢300年を超えるミズナラやウラジロモミの天然林が茂り、同所の所有する地獄沢水源からは水温９℃、pH《ペーハー》（水素イオン指数）6.8と周年安定した豊富な湧水が引かれている。周囲には中禅寺湖をはじめとする湖や河川が数多く存在しており、冷水性魚類の研究を推進するには大変恵まれた環境にある。

この研究環境を生かして、早くからサケ科魚類の増・養殖に関する試験研究が行われ、現在わが国のサケ科魚類の中心的な研究機関として、魚の品質改良や天然水域における自然増殖力の向上など、生態系の保全にも配慮した増・養殖手法の開発を目的に、遺伝子解析など最先端の実験技術を駆使した研究が進められている。

明治の初め、地元の有志がイワナやコイを放流するまで、華厳ノ滝《けごんのたき》より上流の水域に魚はすんでいなかったといわれている。その後、国がいろは坂の下の深沢というところにふ化場を建て、マス類のふ化増殖が始まり、明治23（1890）年、このふ化場が現在地（菖《しょう》蒲ヶ浜《ぶがはま》）に移設されたことが同施設の起源となっている。

「さかなと森の観察園」はこの120年を超える歴史の中、国立の中央水産研究所日光庁舎の一部を公開し、広く冷水性魚類や自然にふれることができる広報施設と位置づけられた。園内の森のなかにある大小の飼育池では、ヒメマス、カワマスなどが群泳し給餌体験もできる。

昭和11（1936）年に建造された旧宮内省の庁舎および休養施設（現在の資料館）では、研究内容を示すパネルや写真を展示し、平成18（2006）年には「おさかな情報館」が新設され、水産に関するさまざまな情報をクイズや模型などで楽しく展示している。

観察用の魚道

おさかな情報館

210メートルにわたって流れ落ちる竜頭ノ滝

竜頭ノ滝《りゅうずのたき》

P124-1C

湯ノ湖《ゆのこ》から流れ出た湯川《ゆかわ》が、中禅寺湖《ちゅうぜんじこ》に注ぐ手前にある。奥日光三名瀑《めいばく》のひとつで、男《なん》体山《たいさん》噴火による溶岩の上を210メートルにわたって流れ落ちている。滝壺《たきつぼ》近くが大きな岩によって二分され、その様子が竜の頭に似ていることからこの名がついたといわれる。春と秋には、周辺のツツジや紅葉も美しい。

千手ヶ浜《せんじゅがはま》

P124-2B

中禅寺湖の西の端にある、南北２キロにわたる浜。かつて勝道上人《しょうどうしょうにん》が建てたという千手《せんじゅ》観音堂《かんのんどう》があった。樹齢200年以上のミズナラやハルニレなどが林をつくる自然豊かな環境である。一般車の乗り入れはできず、徒歩のほか、季節によりバスや船で訪れることができる。初夏にはクリンソウの群生が人気。

千手ヶ浜

クリンソウ

西ノ湖《さいのこ》

P124-2A

中禅寺湖の西岸、千手ヶ浜の奥に位置する小さな湖。かつては、中禅寺湖の一部であった。奥日光の穴場スポットであり、自然の音しか聞こえない、静かな環境であることが最大の魅力といえる。

風の音、鳥のさえずり、耳を澄ませばシカの鳴き声も聞こえるだろう。近くのハイキングコースを歩いていて、実際にシカに出合うこともまれではない。

周辺の林は、土に湿気が多いことから、ヤチダモ、ハルニレが多いのが特徴。水位によって湖の広さに大きな変化があり、ときには林の一部まで水につかることもある。

マイカーでのアプローチは禁止だが、ハイブリッドバスの路線から歩いて15分くらいの場所にある。

自然の音しか聞こえない西ノ湖

中禅寺湖《ちゅうぜんじこ》のミニ散策路《さんさくろ》

中禅寺温泉にある日光自然博物館を起点としたミニ散策コース２つと、戦場ヶ原《せんじょうがはら》まで足を延ばす季節限定１日コースを紹介。観光スポットが多いので、その時間を含めて余裕のあるスケジュールを組もう。

❶表参道《おもてさんどう》コース

散策コース情報

二荒山神社中宮祠《ふたらさんじんじゃちゅうぐうし》まで、その表参道を歩くコース。行きは中禅寺湖展望台のある男《なん》体《たい》通りを通る。

散策コースタイム

日光自然博物館（トイレあり）→３分→赤い大鳥居・巫女石《みこいし》→13分（バス停・湖畔亭前を過ぎて、次の道を右に曲がる）→中禅寺湖展望台→12分→二荒山神社中宮祠→30分（定期バスで５分）→日光自然博物館

参道の入り口にある一の鳥居

❷立木観音コース

散策コース情報

まず雄大な華厳ノ滝《けごんのたき》を観賞してから、中禅寺立木観音のある歌ヶ浜まで湖畔の南岸をのどかに歩くコース。帰りは遊覧船を利用して、湖から湖岸を眺めるのも一興。

散策コースタイム

日光自然博物館（トイレあり）→３分→華厳ノ滝（トイレあり）→４分→日光自然博物館→３分→中禅寺湖橋→13分→勝道上《しょうどうしょう》人堂《にんどう》→12分→中禅寺立木観音→３分→立木観音前遊覧船乗場→30分（中禅寺湖遊覧船で10分）→日光自然博物館

中禅寺湖遊覧船

❸夏季限定コース（１日コース）

散策コース情報

中禅寺湖遊覧船が千手ヶ浜《せんじゅがはま》まで運航する初夏（６～７月初め）の花の時季に限った欲張りな散策コース。

散策コースタイム

日光自然博物館（トイレあり）→３分→中禅寺湖遊覧船・船の駅中禅寺（トイレあり）→遊覧船で30分→千手ヶ浜《せんじゅがはま》（トイレあり）→45分→西ノ湖《さいのこ》→30分→西ノ湖入口バス乗り場→ハイブリッドバスで13分→小田《おだ》代原《しろがはら》（トイレあり。次のハイブリッドバスが来るまで約１時間散策。次の赤沼行きバスの時刻を確認しておく）→ハイブリッドバスで15分→赤沼（トイレあり）→定期バスで20分（中禅寺温泉または日光駅行きに乗車）→日光自然博物館

西ノ湖

みやげ・グルメ

一刀彫《いっとうぼり》

日光の代表的なみやげのひとつが日光彫である。人気が高いのは表札だ。目の前で彫ってくれるお店が何軒もある。名前を告げてから出来上がるまで、ほんの４～５分。値段も2000～3000円と手ごろである。ほかにも小さな引き出し、お盆、壁掛け、手鏡などさまざまな品物がある。

日光彫の特徴は、刃が折れ曲がった「ヒッカキ」という道具を使うこと。熟練した職人であれば、まるで筆を扱うように文字や柄を描いていく。１本の彫刻刀で彫りあげたものを「一刀彫」という。この「一刀彫」による表札は、１文字１文字に立体感があり深みがある。最近は職人が減っていて、貴重なみやげになりつつある。

目の前で彫る表札も人気

店内にはお盆や手鏡などが多数展示されている

ヒメマス料理

ニジマス料理

ヒメマス料理《ひめますりょうり》

中禅寺湖特産の食べ物といったら、なんといってもヒメマス料理。川魚というと海の魚ほど人気はないが、ヒメマスだけは別格。もともとがベニザケと同じ種類なので身は赤く、味もサケとほとんど変わらない。塩焼きをはじめ、バター焼きにしてもおいしい。骨が軟らかいので、しっかり焼けば頭からかぶりつける。刺身も絶品である。時期的には７～８月がおいしい季節だ。最近は漁獲量が減っていて、貴重な料理になりつつある。ほかにニジマスやワカサギも食べてみたい。

第4章 戦場ケ原

戦場ヶ原
日光湯元温泉
日光湯元スキー場
日光湯元ビジターセンター
湯元キャンプ場
湯ノ湖
湯滝
湯滝入口
小滝
日光市
光徳キャンプ場
光徳温泉
光徳牧場
光徳沼
逆川
光徳入口
野鳥観察掲示板
植物観察掲示板
小田代橋
泉門池
120
戦場ヶ原
青木橋
戦場ヶ原自然研究路
平畑静塔句碑
三本松
戦場ヶ原展望台
戦場ヶ原開拓之碑
湯川
赤沼
弓張峠
小田代原
小田代原展望台
ハイブリッドバス発着所
しゃくなげ橋
一般車両進入禁止
高山
竜頭の橋
竜頭ノ滝
菖蒲ヶ浜キャンプ場
中禅寺湖
遊覧船乗場
N
0m
250m
500m
1
2
3
4
A
B
C

二荒山と赤城山の神による争いの伝説に彩られた地

「戦場ヶ原神戦譚」で猿丸が大ムカデの左目を射抜いた場面（三本松茶屋蔵）

戦場ヶ原《せんじょうがはら》の名前は、ここが神話の世界に登場する「戦場」だったことに由来する。「戦場ヶ原神戦《しんせん》譚《たん》」と呼ばれる物語を、まず紹介しよう。

《事の起こりは中禅寺湖だった。これがどこの領土に属するか、下《しも》野《つけ》（栃木県）の二荒山《ふたらさん》（いまの男体山《なんたいさん》）の神と、上野《こうずけ》（群馬県）の赤城山《あかぎさん》の神の間で争いが起こった。そこで、両神による神戦で雌雄を決することになったが、どうも二荒山の旗色がよくない。二荒山が鹿島大明神《かしまだいみょうじん》に相談すると、奥州にいる小野の猿丸という弓矢の名人を教えてくれた。猿丸は、二荒山の神の孫にあたった。

二荒山の神は見事な白鹿に化身《けしん》して奥州の阿津加志山《あつかしさん》に現れ、この鹿を追う猿丸を二荒山まで誘い出した。事情を知って助勢を承知した猿丸は、戦地となっている戦場ヶ原に赴いた。なるほど、赤城山の化身ムカデの大群と、二荒山の化身ヘビの大群が刺したりかんだり、絡み合って戦っていた。

ムカデ軍に目をこらすと、２本の角を持つ大ムカデが戦の指揮をとっていた。これぞ敵の大将とばかり、猿丸はその左の目を狙って矢を放つと、見事に的中。敵は見る間に撤退を始め、二荒山の勝利に終わった。》

戦場ヶ原ハイキング

戦場ヶ原に咲くワタスゲ

戦場ヶ原の霧氷

このように魅力的な伝説に彩られた戦場ヶ原は、標高1400メートルの高地に広がる400ヘクタールの湿原である。周囲は東の男体山をはじめ、太郎山《たろうさん》、山王帽子山《さんのうぼうしやま》、三岳《みつだけ》などに囲まれ、中禅寺湖の方から湯元へ抜ける国道120号が貫通している。

2万年前の戦場ヶ原は、日光火山群の噴火でせき止められた湖だったといわれる。しかし、乾燥化や土砂の流入、さらには男体山の噴火による軽石流が流れ込んで、いまの湿原の姿に変わっていったという。

戦場ヶ原の湿原は、オオアゼスゲ、ヌマガヤ、ワタスゲなどが生育する中間湿原がほとんどで、中央部の糠塚《ぬかづか》あたりにヒメミズゴケが多い高層湿原がわずかに分布している。平成17（2005）年には湯ノ湖《ゆのこ》・湯川《ゆかわ》・小田代原《おだしろがはら》とともに奥日光の湿原としてラムサール条約登録湿地となった。そして湿原を囲むように、湯川と国道120号沿いには、カラマツ、ミズナラ、ハルニレ、ズミ、シラカンバなどの樹木が茂っている。

春の遅い戦場ヶ原で高山植物の花を楽しめるのは、だいたい6～8月。クロミノウグイスカグラから始まって、ワタスゲ、ズミ、レンゲツツジ、イブキトラノオ、カラマツソウ、ノハナショウブ、ホザキシモツケと続く。

開墾に使ったのこぎり

戦場ヶ原は、野鳥の種類が多いのでも有名である。「戦場ヶ原自然研究路」を歩いているだけでも、ズミなどの林でキビタキやホオジロ、湿原のなかにはノビタキやホオアカ、また湯川沿いではキセキレイやカワガラス、そして森林地帯ではアカゲラ、シジュウカラ、ウグイスなどが見られる。いずれも、戦場ヶ原で5～7月ごろに繁殖する野鳥たちである。

こうした自然の姿とともに、戦場ヶ原は開拓地としての側面も持っている。昭和21（1946）年に入植が始まり、国道120号の東側約80ヘクタールが開墾され、ダイコンや高原野菜栽培、イチゴや花などの育苗で農業が営まれている。冬は氷点下20度を下回る日もある戦場ヶ原で、生活している人々がいることも記憶しておきたい。

戦場ヶ原開拓之碑

湯川《ゆかわ》

P156

湯ノ湖《ゆのこ》の南にある湯滝《ゆだき》から流れ落ち、竜頭《りゅうず》ノ滝《のたき》を経て地獄川《じごくがわ》となり、中禅寺湖の菖蒲ヶ《しょうぶが》浜《はま》にそそぐ約12.4キロの短い川。戦場ヶ原の西側を南北に蛇行しながら流れ、川に沿って「戦場ヶ原自然研究路」が続いている。手つかずの自然の流れとともに、カワマスのフライフィッシングなども楽しめる。

湯川のズミの木

湯川の秋景色

冬の湯川　　日光フォトコンテスト入賞作品

ホザキシモツケ

赤沼《あかぬま》

P156-3C

「神戦譚《しんせんたん》」によると昔ここに沼があり、沼が両軍の血に赤く染まって、この名がついたという。いまでは、その沼が湿原に変わっている。赤沼は、ちょうど戦場ヶ原の玄関口にあたり、ハイキングにはバスをここで降りて「戦場ヶ原自然研究路」に入ると便利。バス停のすぐそばに入り口がある。また赤沼は、小田《おだ》代原《しろがはら》、千手《せんじゅ》ヶ《が》浜《はま》へ向かう低公害バスの起点にもなっている。

自然情報センターと低公害バス

三本松《さんぼんまつ》

P156-3C

昭和初期にひときわ目立つ３本のマツがあって三本松の地名となったが、昭和40（1965）年に２本、10年後に残りも枯れて、名前だけが残った。湯ノ湖と中禅寺湖の中間に位置し、また戦場ヶ原の中央にあたる交通の要衝。バス停のほかに、広い駐車場があるのでマイカー利用者に便利。戦場ヶ原展望台から湿原と周囲の山々を眺望できる。三本松茶屋に「戦場ヶ原神戦譚」の絵が展示されている。

戦場ヶ原展望台

昭和初期にひときわ目立つ3本のマツがあったことから三本松の地名がついた

8月の朝日を浴びる朝もやの貴婦人

貴婦人とノアザミ

小田代原の草紅葉

小田代原の霧氷　日光フォトコンテスト入賞作品

小田代原《おだしろがはら》

P156-3A

小田代原の広さは戦場ヶ原の約４分の１。湯川の西側に広がる周囲２キロの草原で、ミズナラの林に囲まれている。

草原には、ウマノアシガタ（６～７月）、ホザキシモツケ（７～８月）、ニッコウアザミ（７～８月）の群落があり、初夏から夏にかけて花を見られる。

小田代原は秋も味わい深い。特に、ミズナラの黄葉《おうよう》や、草原の草紅葉《くさもみじ》は必見である。そして話題沸騰なのが、「小田代原の貴婦人」と呼ばれる１本のシラカンバの木。シャッターチャンスを狙う人々が絶えない。

小田代原へは、赤沼か竜頭《りゅうず》ノ滝《のたき》バス停から20分かけてしゃくなげ橋まで歩き、往復６キロのハイキングコースに入る。４月下旬～11月末は低公害バス（赤沼～千手《せんじゅ》ヶ《が》浜《はま》間）が、しゃくなげ橋、小田代原を経由する。

雨の多い年に、まれに一帯に水がたまり沼ができることがある。小田代原のもうひとつの風景として観光客やカメラマンの人気を集める。

泉門池《いずみやどいけ》

P156-2B

光徳沼《こうとくぬま》とともに、戦場ヶ原周辺で2つしかない池沼の1つで、文字面から「せんもんいけ」とも呼ばれている。「戦場ヶ原自然研究路」の道筋にあり、戦場ヶ原の西端に位置するきれいな湧き水による池である。また小田代原のハイキングコースからも近く、コースの北端から湯元方面に向かうとすぐの所にある。

枯れ木や倒木が横たわる泉門池

澄んだ水と、池のまわりの枯れ木や倒木がつくりだす不思議な雰囲気は、この世のものとも思われない印象を与える。

一方、その水面に優雅に遊んでいるのがマガモ。留鳥がそれほど多くない戦場ヶ原にあって、このマガモは泉門池にすみ着いているようでよく見かけることができる。

戦場《せんじょう》ヶ《が》原《はら》のヤチボウズ

ひと口に湿原といっても、3つに分類されている。いつも水がたまっている低層湿原、たまに水がたまるような中間湿原、そして積雪や洪水によってだけ水を得るような高層湿原である。

戦場ヶ原のほとんどは中間湿原だが、中間湿原によく見られるのがヤチボウズである。これを漢字で書くと「谷《や》地《ち》坊《ぼう》主《ず》」。谷地は湿原を意味し、坊主とはオオアゼスゲなどが丸く株をつくって、地面からこんもりと浮き出た姿から名づけられたもの。戦場ヶ原のあちこちで見ることができる。

戦場ヶ原の遠景。あちこちにヤチボウズが見える

ヤチボウズはスゲの仲間が株をつくってできる

小滝《こだき》

P156-1B

湯川にかかる滝は、湯川の始点と終点にある湯滝《ゆだき》と竜頭《りゅうず》ノ滝《のたき》が有名だが、もうひとつ小さいながらも美しさをめでる人の多いのが、この小滝。落差はわずか５メートルだが、周囲の林と調和してスダレ型と呼ばれる滝の白さが印象的である。緑の時季、紅葉の時季、どちらも捨てがたい。

小滝へと続くハイキングコース

小滝の白さと、空の青さ、紅葉は絶妙なコントラスト

光徳牧場《こうとくぼくじょう》

P156-1C

国道120号の光徳入口バス停から東に1.5キロ入った地区が光徳で、逆川《さかさがわ》沿いをハイキングで向かう道もある。

宿泊施設、温泉、公衆便所、駐車場が整い、小さなリゾート地になっている。また、切込《きりこみ》湖《こ》・刈込《かりこみ》湖《こ》方面と太郎山へ、ここから向かう人が多い（ハガタテコースは現在通行止め）。

光徳牧場は、広さ約３万平方メートルの牧場で、ウシやウマが放牧されている。新鮮な牛乳を飲むことができる。

新鮮な牛乳が飲める光徳牧場

光徳沼《こうとくぬま》

P156-1C

逆川の上流にある周囲約300メートル、深さ約１メートルの小さな沼。周辺にズミの大木が多く、６月中旬に白い花を楽しめる。

光徳沼

冬の光徳沼。ヤチボウズも雪景色

涸沼《かれぬま》

P14-3B

切込湖・刈込湖方面へ向かうハイキングコースを、山王峠《さんのうとうげ》から15分歩いたところにあるくぼ地。名前のとおり水はたまっていないが、ハイキングの中継地点として最適である。

涸沼

戦場ヶ原《せんじょうがはら》のミニ散策路《さんさくろ》

起点は、すべて戦場ヶ原の中心ともいえる三本松駐車場。バス停もあるので交通に便利な場所である。３コースとも、１～２時間で歩ける。

❶光徳《こうとく》コース

散策コース情報

光徳地区をぐるりと回って、逆川《さかさがわ》沿いを下ってくる。光徳牧場や光徳沼でのんびりと自然を満喫したい。

散策コースタイム

三本松駐車場（トイレあり）→25分→光徳駐車場（トイレあり）→５分→光徳牧場→15分→光徳沼→20分（逆川にかかる木橋を渡る）→逆川橋→15分（国道120号を歩く）→三本松駐車場

光徳牧場

❷戦場ヶ原一周コース

散策コース情報

戦場ヶ原の中央にある湿原を一周するコースで、ハイキングコースの戦場ヶ原自然研究路コースと一部重複する。２時間のコースだが、時間をかけてゆっくり自然を観察しながら歩きたい。

散策コースタイム

三本松駐車場（トイレあり）→15分（国

戦場ヶ原ハイキング

道120号を歩く）→逆川橋→30分（逆川橋で左のハイキングコースに入る。15分くらいで、戦場ヶ原自然研究路コースとぶつかるので、そこを湯川に沿って南下する）→泉門池《いずみやどいけ》→25分→青木橋→40分→赤沼（トイレあり）→10分→三本松駐車場

❸開拓地コース

散策コース情報

三本松にある開拓地を巡り、小田代原《おだしろがはら》へ向かう入り口のしゃくなげ橋まで足を延ばすコース。

散策コースタイム

三本松駐車場（トイレあり）→25分→戦場ヶ原開拓農場・戦場ヶ原開拓之碑→20分→赤沼（トイレあり）→15分（国道120号を南下する）→しゃくなげ橋→20分（ハイキング道から戻る）→赤沼→15分→三本松駐車場

戦場ヶ原開拓村

日光の花

戦場ヶ原を中心に、日光は植物の宝庫である。ハイキングの途中で足を止めて、草木のかれんな花々を観察してみよう。(　)内は開花月の目安。

アズマシャクナゲ(5〜6)

トウゴクミツバツツジ(5〜6)

ノアザミ(5〜8)

ワタスゲ(6)

カンボク(6〜7)

ズミ(6)

ベニサラサドウダン(6〜7)

ショウキラン(7)

ノハナショウブ(7)

カラマツソウ(7〜8)

クガイソウ(7〜8)

クルマユリ(7〜8)

シシウド(7〜8)

ハクサンフウロ(7〜8)

ヤナギラン(7〜8)

ホザキシモツケ(7〜8)

ホタルブクロ(7〜8)

ニッコウアザミ(7〜8)

キオン(8)

アキノキリンソウ(8〜9)

ラムサール条約

ラムサール条約は「特に水鳥の生息地として国際的に重要な湿地に関する条約」。1971年、イランのラムサールという町で、第1回の国際会議が開催されたことに由来して「ラムサール条約」と呼ばれている。

地球規模で移動する渡り鳥を保護するために、国家間で協力して水辺の自然を保全することを目的とした環境条約。条約では、産業や地域の人々の生活とバランスのとれた保全を進めるために、湿地の生態系を維持しつつ、そこから得られる恵みを持続的に活用する賢明な利用を提唱している。保全や賢明な利用のために、人々の交流や情報交換、教育、参加、普及啓発活動を進めることも決議している。

条約における湿地の定義は幅広く、天然から人工の湿地まで含まれ、湿原だけではなく、川岸、海岸、干潟、水田も含まれる。湿地には魚や貝などが生息、それを餌にする鳥、さらにその鳥を捕食するワシ、タカ、獣にとってはなくてはならない。その湿地は人間の生活の影響を受け、汚染水や土砂、ヘドロの流入、そして開発など世界中で、消滅の脅威にさらされているのが実情で締約国は、指定地の適正な利用と保全について計画をまとめ、実施することになっている。

戦場ヶ原

ラムサール条約の記念碑

登録の対象は国際的にも認められる豊かな環境であって、国が保護に取り組み、環境の保全が確認されたエリアに限られる。2010年2月現在の締結国は159か国。登録地数は1886か所。面積で約185万平方キロ。日本は、1980年の釧路湿原を第1号に2008年10月現在、37か所13万1027ヘクタールが登録されている。奥日光の湿原は2005年11月の第9回締約国会議で加わった。

奥日光の湿原は本州最大の高層湿原として湯ノ湖《ゆのこ》、湯川《ゆかわ》、戦場ヶ原《せんじょうがはら》、小田代原《おだしろがはら》のうち260.41ヘクタールが指定区域。全域が日光国立公園であって自然公園法などによって保全が図られている。条約登録は県や市、市民が「世界に誇れる宝」と官民一体となって推進、2005年5月、環境省の第3回ラサール条約湿地検討会で認められ、推薦された。

日光市議会は議員提案の「ラムサール条約登録地と環境保全に関する決議案」を可決、「損なわれつつある自然環境の積極的な保全と賢明な利用を推進、自然と共生する社会の実現へ取り組む」と決意を表明している。

登録地は3年に1度の締約国会議で保全状態の報告が義務づけられている。

奥日光のウインタースポーツ

光徳クロスカントリースキー

冬の戦場ヶ原は、クロスカントリースキー（X・C）の絶好の舞台。光徳《こうとく》周辺を中心に、1キロコースから15キロコースまで、輝くばかりの銀世界を満喫する各種X・Cコースがそろっている。

なかには公認5キロコースのように本格的なコースもあるが、初心者、ファミリー向きの1、3、5キロコースや、8.3キロを約3時間かけて楽しむ宮様コースなどもある。

光徳X・Cコースのひとつ

ガイドツアーならスノーシュー上達も早い

スノーシュー

冬の新しいスポーツとして注目を集めている。日本古来のカンジキのような道具を靴に着け、雪原や雪山を歩く。ゲレンデやノルディックのスキー技術がなくてもできるのが強み。一面の銀世界で冬の動物そのものや足跡、鳥に出合うなどの大自然を満喫できる。

スノーシューは接地面積の広さによって雪に深くは沈まない。裏に「クノンポン」という爪のようなものがあり、滑ったりすることも防ぐ。シュー以外は普通のスキーと同様でストックに手袋、ゴーグルなどが必需品。

日光はホテルや茶屋などで、スキー道具とともに手ごろな値段でレンタルしていて便利。ガイドツアーもある。交通の便のよさに雪質がスノーシュー向きなどからリピーターも多い。光徳から戦場ヶ原（木道）、小田代原トレッキングなどがお勧めコース。中、上級者は峠まで足を延ばしたり、登山もできる。雪原に体ごと倒れこんだりして空を見上げれば、新たな発見もありそうだ。

スキーより手軽に楽しめるスノーシュー

戦場ヶ原《せんじょうがはら》のイチゴ山上げ栽培

栃木県はイチゴの生産量と作付面積で全国一を誇っている。そのイチゴ栽培で、戦場ヶ原が大きな役割を果たしているといえば、不思議に思えるかもしれない。

イチゴというと、クリスマスのデコレーションケーキを連想してしまうくらい、冬の果物というイメージがある。実際、私たちの口に入るのは12月から２月がピークである。しかし、もともとイチゴは、ふつうに露地で栽培すると、４月に花が咲いて５～６月に実る、春から初夏の果物なのである。それを、促成栽培という早出し技術によって、イチゴを冬の果物に変えている。そこに、戦場ヶ原が大きくかかわっているのだ。

イチゴを早く実らせるには、早く苗を植え付ければいいと考えがちだが、そこにはクリアしなければならない大きな問題がある。休眠というイチゴの生理である。イチゴの露地栽培の場合、10月に植え付けると気温が下降する冬に休眠に入り、気温が上昇する春に花を咲かす。イチゴにはこの休眠期間が絶対に必要で、根に養分を蓄える大切な時間でもある。

そこで考え出されたのが「山上げ栽培」という高冷地での育苗だった。夏でも涼しい戦場ヶ原で育苗することで、イチゴに冬を疑似《ぎじ》体験させてしまおうというもの。そのあとは、山から下ろしてハウスのなかで春を体験させればいいわけだ。

これが初めて行われたのが、昭和41（1966）年のことで、イチゴの苗1200株が戦場ヶ原の開拓地に上げられた。山上げは８月中旬、そして山下げは11月中旬～下旬だった。このときの品種はダナーだったが、現在、栃木県の中心品種となったとちおとめの場合は休眠時間が短縮されて約２か月の山上げですむようになっている。現在は冷蔵庫を利用した育苗技術の開発などもあって山上げは減少している。

栃木のイチゴという呼び名が定着している栃木県産のイチゴも、最初は日光イチゴと呼ばれていた。この山上げ栽培にちなんでいると開拓地の人はいう。

戦場ヶ原開拓地でのイチゴ苗の山下げの作業

栃木のイチゴとしてとちおとめと並ぶ人気品種の女峰。日光の名峰が名の由来

第5章

湯元温泉

約1200年前に発見された歴史ある温泉

戦場ヶ原《せんじょうがはら》の奥にあり、湯川《ゆかわ》の水源となる湯ノ湖《ゆのこ》。その北岸に開けた温泉街を湯元温泉《ゆもとおんせん》と呼んでいる。戦場ヶ原から国道120号でつながり、中禅寺温泉から戦場ヶ原経由のバスでも30分で着ける。また、戦場ヶ原のハイキングコースをさらに北上すると、湯滝《ゆだき》、湯ノ湖の西岸を通って湯元温泉まで至る。

湯ノ湖とその北岸の湯元温泉街

湯元温泉の歴史は古く、1200年前にさかのぼる。日光を開いた勝道上人《しょうどうしょうにん》が延暦《えんりゃく》7（788）年に温泉を発見し、薬師湯《やくしゆ》と名づけたのが湯元温泉の始まりと伝えられる。そのとき、背後の山を温泉ヶ岳《ゆせんがたけ》と命名し、頂上に薬師瑠璃光如来《やくしるりこうにょらい》をまつったといわれる。さらに、弘仁《こうにん》11（820）年には弘法大師《こうぼうだいし》がここを訪れ、観自在湯《かんじざいゆ》を見つけて観世音菩薩《かんぜおんぼさつ》をまつったと伝えられている。

このように、湯元温泉には古くから薬師湯や観自在湯、河原湯など９つの湯があり、共同浴場として９人の湯守《ゆもり》と呼ばれる人たちによって管理されてきた。現在は、立ち寄り湯や足湯「あんよの湯」が旅客の疲れをいやしてくれている。

湯元温泉の泉質は硫黄《いおう》泉。現在は湯ノ平《ゆのだいら》湿

湯ノ平湿原に源泉があり、温泉が湧き出る様子が見られる

旅客の疲れをいやしてくれる「あんよの湯」

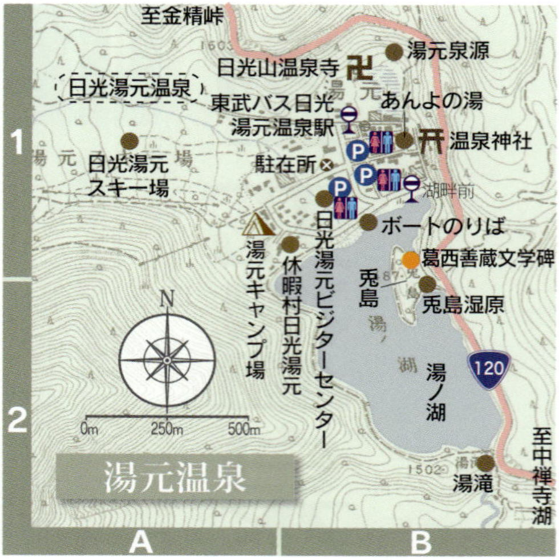

原に源泉があり、温泉が湧き出る様子を見ることができる。効能としては、神経痛、筋肉痛、冷え性、糖尿病などに効くとされている。

湯元温泉は温泉のほかに、湯ノ湖周辺や切込《きりこみ》湖《こ》・刈込《かりこみ》湖《こ》へのハイキング、湯ノ湖や湯川での釣り、キャンプ、スキーなどの楽しみを求めてくる人も多い。昔からの温泉地は、だれもが自然と親しみながら楽しめる、新しいレジャー地へと変身している。

戦前の湯元温泉街

湯元温泉は、前白《まえしら》根《ね》山《さん》や群馬県境の五色山《ごしきざん》、金精山《こんせいざん》、温泉ヶ岳の登山口にあたり、また戦場ヶ原方面から続く国道120号は、ここから金精トンネルを抜け群馬県へ至る。

湯滝《ゆだき》

P172-2B

湯ノ湖の南端にある高さ70メートル、長さ110メートルの滝で、湯川をせき止めて湯ノ湖をつくった三岳《みつだけ》溶岩流の岩壁を湖水が流れ落ちる。滝壺《たきつぼ》に下りられ、その近くに観瀑台《かんばくだい》があって、迫力ある姿を眺められる。戦場ヶ原から北上するハイキングコースの途中にあり、バス停、湯滝入口からも近い。

湯滝（夏）

湯滝（冬）

湯ノ湖《ゆのこ》 P172-2B

紅葉が湖面に映り、美しさを際立たせる湯ノ湖

湯ノ湖は、三岳《みつだけ》が噴火したときに流れ出た三岳溶岩流によって、湯川がせき止められ形成された。標高1478メートルにできた、せき止め湖である。周囲が3キロあり、約1時間で一周できる。

湖の周囲には、ノリウツギ、オオカメノキ、ウダイカンバなどの広葉樹と、コメツガ、ウラジロモミなどの針葉樹の原生林があり、変化に富んだ手つかずの自然を満喫できる。南岸の湯滝のそばには、アズマシャクナゲの群落があり、5～6月に花を楽しむことができる。また、東岸には兎島《うさぎじま》と呼ばれる半島が突き出て、小さな湿原があり、ワタスゲ、ツルコケモモなどが生育している。

湯ノ湖周辺は野鳥も多く、冬は湖面にマガモ、キンクロハジロ、ミコアイサ、ヒドリガモなどの姿が見られる。

湯ノ湖とトウゴクミツバツツジ

冬の湯ノ湖とカモ

温泉神社の入り口にある鳥居

薬師瑠璃光如来がまつられる温泉寺本堂

温泉寺採灯大護摩

温泉神社《おんせんじんじゃ》

P172-1B

温泉神社の現在の祭神《さいじん》は大己貴命《おおなむちのみこと》だが、その由来は勝道上人《しょうどうしょうにん》の湯元温泉の発見までさかのぼる。明治の神仏分離までは、勝道上人がまつったとされる薬師瑠璃光如来《やくしるりこうにょらい》と、嘉祥《かしょう》元（848）年に慈覚大師《じかくだいし》が勧請《かんじょう》したとされる温泉大明神が温泉神社に同居していた。

現在の温泉神社は、昭和37（1962）年にこの地に移り、覆屋《おおいや》のなかに朱塗りの神殿が新しく建てられた。以前の銅祠《どうはこら》は重要文化財に指定され、二荒山神社中宮祠《ふたらさんじんじゃちゅうぐうし》の宝物館に保存されている。

日光山温泉寺《にっこうさんおんせんじ》

P172-1B

明治の神仏分離に際して薬師瑠璃光如来が温泉神社わきの薬師堂にまつられたが、昭和47（1972）年に台風の被害にあい、輪王寺《りんのうじ》の別院として現在の温泉寺本堂に安置された。

温泉寺は湯ノ平《ゆのだいら》湿原のすぐ北にあり、源泉から引いた温泉を一般の観光客でも楽しめる珍しい寺である。法要などない時期には予約すれば宿泊もできる。

広さ90平方メートルの本堂は寄棟造《よせむねづく》りで、内陣奥に須弥壇《しゅみだん》が設けられ、本尊として薬師瑠璃光如来がまつられている。

温泉寺本堂の内陣

本尊の薬師瑠璃光如来像

日光湯元ビジターセンター《にっこうゆもとびじたーせんたー》 P172-1B

奥日光の自然に触れあうために必要な情報を提供してくれる。環境庁が平成6（1994）年にオープンした施設。パネル展示やビデオ、季節に応じたイベントなどを通じて、奥日光の自然がわかりやすく理解できるようになっている。

センターに入ると、すぐ目に飛び込んでくるのが「奥日光リアルタイムインフォメーション」。天気、交通、キャンプ、登山、スキーなど、季節によってさまざまに移り変わる奥日光の情報を、リアルタイムで告知している。遊歩道や登山道沿いの開花状況、各施設の利用状況など、具体的な最新情報をキャッチできる便利なコーナーだ。

展示コーナーでは、奥日光の野鳥、花、昆虫、動物、樹木などに関する情報を知ることができる。また、動植物や自然に関する資料をそろえたミニ・ライブラリーもある。ハイキングで出合った鳥や草花などについて調べるのに役立つコーナーだ。

このビジターセンターでは、奥日光の自然と触れあうための、さまざまなイベントを実施している。シーズンや年によって企画内容は変わるが、どれも子どもから大人までいっしょに楽しめる内容。無料ですぐに参加できる場合と、予約や参加費が必要な場合があるので、前もってセンターに問い合わせを。参考までに今までのイベントをいくつかあげると、次のとおり。

・ガイドウォーク

日光湯元ビジターセンター

湯元周辺を朝、夕1時間ほど散歩する。ガイドがついて、湯元の植物や動物、湖や山の話をわかりやすく解説してくれる。

・ランタン作りで大発見

空き缶でランタンを作る。

・シカウォッチング

森の中を散策しながら、野生のニホンジカを観察。

・きれいきれいハイキング

ゴミを拾いながら奥日光をハイキング。

・マスウォッチング

中禅寺湖に注ぐ川で、マスの遡上《そじょう》を観察。

・アニマルトラッキング

カンジキやスノーシューを使って動物の足跡を探す。

湯元温泉《ゆもとおんせん》のミニ散策路《さんさくろ》

温泉街の中心にある日光湯元ビジターセンターを起点とした3コース。どれも1時間以内のミニ散策コースである。

❶ゲレンデコース

散策コース情報

冬はスキー場のゲレンデとなる山を散策するコース。ヨツバヒヨドリ、ノアザミ、オニシモツケなどが見られる。

散策コースタイム

日光湯元ビジターセンター（トイレあり）→3分（センター前の道を湖畔に向かう）→湖畔橋→12分（キャンプ場を左手に日光湯元ロッヂに出て、ゲレンデに向かう）→日光湯元スキー場ゲレンデ→15分（登山者カード入れを右手に曲がり、山道に入る）→金精沢《こんせいざわ》の橋→15分（旅館白根荘の前を南下して戻る）→日光湯元ビジターセンター

夏のスキー場。オフシーズンはお花畑に変わる

❷温泉寺《おんせんじ》コース

散策コース情報

日光の開祖・勝道上人《しょうどうしょうにん》が発見した湯元温泉のルーツをたどるコース。温泉神社や温泉寺は、温泉発見に由来する社寺である。

散策コースタイム

温泉寺参道

日光湯元ビジターセンター（トイレあり）→5分→湖畔前バス停→3分→温泉神社→5分→湯ノ平《ゆのだいら》湿原・源泉→3分→温泉寺→10分（旅館やまびこの方へ向かい、東武バス湯元温泉駅で左に曲がる）→日光湯元ビジターセンター

❸兎島《うさぎじま》一周コース

散策コース情報

湯ノ湖で唯一の半島、兎島半島を一周するコース。ウサギの耳に似ている半島の付け根には湿原がある。

散策コースタイム

日光湯元ビジターセンター（トイレあり）→5分→湖畔前バス停→10分→葛西善蔵《かさいぜんぞう》文学碑→2分→兎島湿原（湿原では木道を通る）→20分（湿原を過ぎて右に兎島半島を一周する。足元に注意）→葛西善蔵文学碑→10分（行きと同じ道を戻る）→湖畔前バス停→5分→日光湯元ビジターセンター

兎島湿原展望台

きりこみこ・かりこみこ

切込湖・刈込湖

P14-3B

湯元温泉《ゆもとおんせん》～光徳《こうとく》間を歩くハイキングコース「切込湖・刈込湖コース」の途中にあり、湯元温泉から、蓼ノ湖《たでのうみ》、小峠《ことうげ》を通って歩くと約1時間強かかる。

三岳《みつだけ》（1945メートル）の北側にある切込湖・刈込湖は、三岳の溶岩流が沢をせき止めてできた、せき止め湖だが、不思議なことに水が流れ出す沢はない。湖の長径は、切込湖が約400メートルで、刈込湖が約600メートル。ともに水深は15メートルある。名前は2つに分かれているが、両方の湖はつながっている。

言い伝えによると、刈込湖はもともとは狩《かり》籠《ごめ》湖《こ》と呼ばれ、むかし日光に住んでいた毒蛇を勝道上人《しょうどうしょうにん》がこの湖水に狩り込めたので、その名がついたという。

切込湖・刈込湖は原生林に囲まれ、刈込湖の湖畔にはオノエヤナギとオオバヤナギのヤナギ林が見られる。

切込湖は水際まで原生林が密生しており、道もなく湖には近づけないが、刈込湖には砂浜もあり、ハイキングの途中で休憩する絶好の場所となっている。

切込湖。水際まで原生林が密生している

紅葉の刈込湖

金精峠から湯元温泉街を望む

金精神社

こんせいとうげ

金精峠

P14-3A

群馬県との県境にあり、温泉ヶ岳《ゆせんがたけ》（2333メートル）と金精山《こんせいざん》（2244メートル）の鞍《あん》部《ぶ》にあたる。金精峠の標高は2024メートルで、日光でいちばん高い峠である。群馬県側は片《かた》品村《しなむら》となる。

金精峠は、日光山の僧や修験者たちの修行の場として開かれたといわれ、峠の頂上には金精神社がまつられている。また、そこから湯ノ湖、戦場ヶ原など奥日光を一望できる。

昭和40（1965）年には峠の下部、1850メートル付近に金精トンネルが完成し、国道120号で湯元温泉と群馬県菅沼《すげぬま》を結ぶ（冬期間閉鎖）。

レジャー

2000メートル級の山に囲まれて、標高1478メートルに位置する湯ノ湖と湯元温泉街。登山、ハイキング、バードウォッチング、スキー、キャンプ、釣りと四季を通して自然に親しむ絶好の場所である。

バードウォッチング《ばーどうぉっちんぐ》

湯元温泉とその周辺で観察できる鳥は、次のとおり。夏（5～9月ごろ）は、イワツバメ、キセキレイ、メボソムシクイ、ウグイス、ホオジロ、キビタキ、コマドリなど。冬（11～2月ごろ）は、キンクロハジロ、ミコアイサなどのカモ類。一年を通して、ヒガラ、コガラ、シジュウカラ、ゴジュウカラ、ミソサザイ、マガモなど。

水際で遊ぶカモたち

キャンプ場《きゃんぷじょう》

湯元温泉で唯一の奥日光湯元キャンプ村には、バンガローや150張りのキャンプサイトがある。隣接して120台収容の無料駐車場があるので便利。

釣り《つり》

湯ノ湖の釣りの期間は5～9月。魚種はニジマス、ヒメマス、ホンマスなどで、舟釣り、

湯ノ湖のマス釣り

岸釣りができる。また、9月上旬～11月中旬には、大尻《おおじり》（湖尻）の木橋からヒメマス、ホンマスの産卵行動が見られる。

スキー場《すきーじょう》

温泉街から歩いていける日光湯元スキー場は、家族連れから上級者まで、どんな人でも滑れるコースがそろっている。リフトは3基、標高1800メートルの第2ペアリフト頂上から滑り下りる第2ゲレンデは眺望抜群。

日光湯元スキー場

明治12年の錦絵に見る湯元温泉

錦絵とは、江戸時代の明和《めいわ》２（1765）年に鈴木春信らによって開発された多色刷りの木版画。西洋の印刷技術が普及するまで明治時代に入っても、しばらくは日本が誇る唯一のカラー印刷技術だった。

明治12年に印刷されたこの『野州二荒《やしゅうふたら》山温泉之図《さんおんせんのず》』には、朝香楼芳春画、画工・東京府浅草区の生田幾三郎、出版人・日本橋区の荒川藤兵衛、売弘人・日光の小林次郎の名前がある。売弘人とは販売者だろうから、湯元を訪れた湯治客向けのみやげ品だったのかもしれない。

湯元温泉の歴史は、延暦《えんりゃく》７（788）年に日光山の開祖、勝道上人《しょうどうしょうにん》が、ここで温泉を発見したことに始まる。その温泉を薬師湯《やくしゆ》（瑠璃湯《るりゆ》）と名づけた。その後、弘法大師が観自在湯《かんじざいゆ》を開くなど、次々に新しい温泉が発見された。

錦絵の題名にあるように、湯元温泉はもともと二荒山温泉と呼ばれていた。温泉はすべて混浴の共同浴場で、むかしは旅館の内湯ではなかったことがわかる。錦絵には鶴湯《つるのゆ》、河原湯《かわらゆ》、鈍子湯《どんこゆ》、中湯《ちゅうゆ》、滝湯《たきゆ》、姥湯《うばゆ》、御所湯《ごしょゆ》、笹《ささ》（篠）湯《ゆ》、自在湯《じざいゆ》、荒湯《あらゆ》の10か所の共同浴場が描かれているが、これらを湯守《ゆもり》と呼ばれる人たちが管理していた。すでに荒廃したのか、錦絵には勝道上人が開いた薬師湯が見えない。

描かれている温泉宿名は10軒。２～３軒を経営する宿があったようだ。宿のほとんどは２階建てで、１軒だけ３階建て。

錦絵の魅力は、当時の風俗が見えることだ。ほとんどの人が、まだ日本髪である。女性で洋髪はまったくおらず、男性は６人を除いてチョンマゲ。長い警棒を持つ巡査、弁髪《べんぱつ》（中国清朝の髪形）の中国人、山高帽に洋装（黒髪だが鼻が高いので西洋人かもしれない）の男性の姿が目を引く。

『野州二荒山温泉之図』

第6章

霧降高原

関東平野が一望でき、ときには幻想的な霧が立ち込める

日光表連山の東端・赤薙山《あかなぎさん》（標高2010メートル）の南東斜面に広がる1000メートルを超える高原地帯が、狭い意味での霧降高原《きりふりこうげん》にあたる。しかし、いまでは南はバス停の霧降の滝入口から、北は大笹《おおささ》牧場までの広い地域を霧降高原といっている。

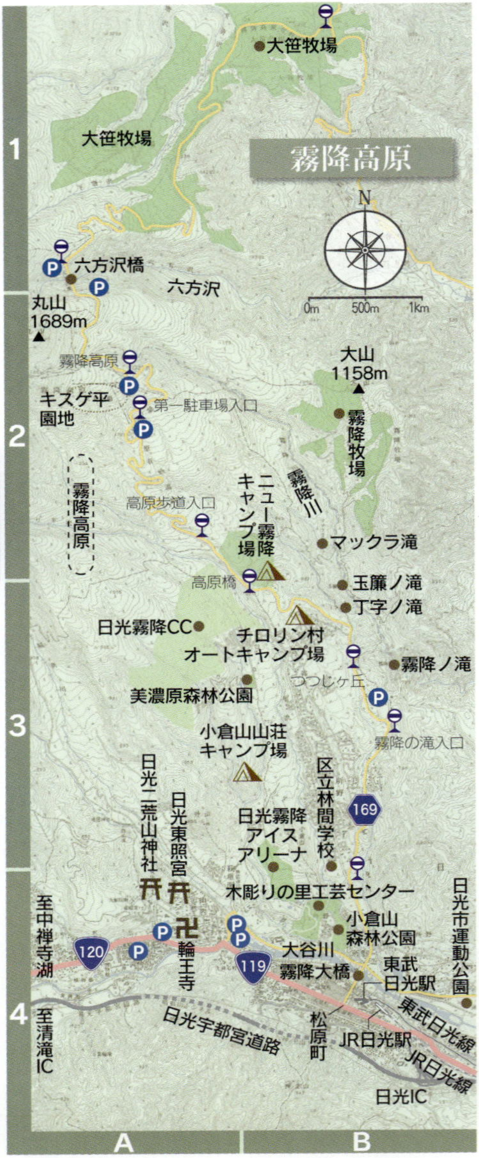

キスゲ平

霧降高原には、四季を通じて自然と親しむ環境が整っている。色とりどりのツツジが咲く春のつつじヶ丘、ニッコウキスゲが一面に咲き乱れる初夏のキスゲ平《だいら》、紅葉の美しい秋の高原地帯、そして冬の雪遊び。それぞれの場所にはレストランやレジャー施設、さらに宿泊施設が整備されている。また、滝を探索しながら一帯を散策するハイキングコースもある。

つつじヶ丘《つつじがおか》

P182-3B

バス停の霧降の滝入口から、同じくバス停のつつじヶ丘一帯が、ヤマツツジの大群生地のあるつつじヶ丘。5月中旬～6月上旬の花の時期には、レンゲツツジやアカヤシオ、ゴヨウツツジ（シロヤシオ）、オオヤマツツジなども交じって、色とりどりのツツジの花が楽しめる。ハイキングコースをのんびり歩くのもいいし、レストラン、レジャー施設、キャンプ場などでゆったり過ごすのもいい。

つつじヶ丘

霧降ノ滝《きりふりのたき》

P182-3B

古くから華厳ノ滝《けごんのたき》、裏見ノ滝《うらみのたき》とともに日光三名瀑《めいばく》のひとつに数えられている。霧降川にかかる滝は上下２段になっていて、上段が25メートル、下段が26メートル、高さは75メートルある。下段の滝が、まるで霧を降らせるかのように水が岩に当たり、飛び散って流れ落ちる。その様子から、この名がついたといわれる。

滝の正面に観瀑台《かんばくだい》があり、そこから全容を眺められ、その全景は圧巻である。周囲の景観と溶け合った滝の姿は新緑から紅葉まで楽しめるが、とりわけ10月中旬～下旬の紅葉の時期がすばらしい。

紅葉に溶け込みすばらしい姿を見せる霧降ノ滝

丁子ノ滝

霧降隠れ三滝《きりふりかくれさんたき》

■ 丁字ノ滝《ちょうじのたき》

P182-3B

高さ10メートルほどだが、水量も多く迫力がある。勢いよく落ちる姿は一見の価値あり。

■ 玉簾ノ滝《たますだれのたき》

P182-3B

高さ10メートルもないが、滑り落ちる水の姿はまさに「玉すだれ」のよう。ハイキングの「霧降高原大山コース」途中にある。

■ マックラ滝《まっくらだき》

P182-2B

霧降川の支流にかかる滝。昔は昼でも暗い場所であったために名がついたらしい。

玉簾ノ滝

マックラ滝

霧降高原《きりふりこうげん》

P182-2B

標高1000メートルを超える霧降高原からの眺めは、まさに雄大という言葉がぴったりあてはまる。関東平野を一望できるばかりでなく、そこは、ときに雲の上。雲海を眼下に見ることができる。また、その名が示すとおり特に6～7月には霧が多く、幽玄な山水画の世界を見せてもくれる。

高原の朝、早起きして野鳥の声に迎えられ眺める東に昇る朝日、そして暮れなずむ西の空に沈む夕日。文字どおり下界を離れて、天界に立ったような爽快感《そうかいかん》を味わえる。

幽玄な山水画の世界を見せてくれる霧降高原　　日光フォトコンテスト入賞作品

キスゲ平《きすげだいら》

P182-2A

標高1601メートルの小《こ》丸山《まるやま》の中腹に広がる台地。6月下旬～7月下旬には約26万株のニッコウキスゲの黄色い花が一面に咲き誇る。

キスゲ平園地の「天空回廊」（1445段の階段）で小丸山展望台まで散策でき、また冬のレジャー施設も完備している（P 190参照）。

ニッコウキスゲの群生が見られるキスゲ平

六方沢橋

六方沢橋《ろっぽうざわばし》

P182-1A

六方沢にかかる長さ320メートルの逆ローゼ型アーチ橋。標高は1434メートル、谷底からは134メートルの高さにある。

霧降高原道路の途中にあたり、橋の前後に駐車場があるので、そこから歩くのが便利。徒歩では、丸山ハイキングコースの八平ヶ原《やっぺいがはら》手前から向かう道がある。谷周辺の景色も迫力あるが、橋からは関東平野を望める。

霧降高原道路

大笹牧場《おおささぼくじょう》

P182-1A·B

六方沢橋を過ぎてまもなく、道路沿いに広がるのが大笹牧場。全国でも指折りの乳牛育成牧場として知られ、362万平方メートルの牧場に300頭の乳牛が飼育されている。

春に300キロの体重の牛が大自然の恵みを満喫して秋には体も１回り大きくなり、400キロの大人の牛となって郷へもどって行く。レストハウス裏のふれあい広場では、ヤギやヒツジと遊ぶことができる。

冬はスノーモービルなどを楽しめる。

高原に広がる大笹牧場

日光《にっこう》小《お》倉山森林公園《ぐらやましんりんこうえん》

日光駅のすぐ北側、霧降高原《きりふりこうげん》の入り口にあたる小倉山のすそ野にできた文化・スポーツの総合公園。日光彫などの伝統工芸に親しむ諸施設、スケートやテニスなどのスポーツ施設、野外ステージ、家族向けレクリエーション施設などが完備されている。広い敷地には遊歩道が設けられ、日光の自然に触れながらスポーツや文化を楽しむことができる。

日光木彫りの里工芸センター《にっこうきぼりのさとこうげいせんたー》 P186-2B

「木彫りの里」の名前にふさわしく、日光には豊かな自然と長い伝統が培ったさまざまな木工芸品がある。日光木彫りの里工芸センターでは、日光彫、日光堆朱塗《ついしゅぬり》、日光下駄《げた》、日光茶道具の名品を展示し、その製作工程を紹介している。

日光彫に挑戦

日光下駄の実演・販売

なかでも、人気が高いのが木工教室。実際に日光彫や日光下駄草履編みを体験する教室で、自分のオリジナル作品を完成することができる。木工教室の製作時間は約１時間20分。専門家の指導の下、材料費だけで日光彫の手鏡や菓子器、丸盆を製作できる。

日光木彫りの里工芸センターの建物は、屋根は寄棟造《よせむねづく》り、１階の壁面は杉の半丸太張り、２階はガラス張り。日光彫、日光下駄の実演と、直売コーナーもあり、森林公園の中心的な施設でもある。

日光木彫りの里工芸センター

工芸センター展示販売所

日光木彫りの里ふるさとの家《にっこうきぼりのさとふるさとのいえ》 P186-2B

日光市を代表する農村地帯・和《い》泉《ずみ》地区にあった農家を復元したもので、江戸時代末期の建物。一抱えもあるケヤキの大黒柱を中心に、2つの奥座敷、中の間、茶の間、勝手場、馬小屋が配置され、当時の農家の生活道具も展示している。

日光木彫りの里ふるさとの家

野外ステージ《やがいすてーじ》 P186-2B

演劇や軽音楽を、野外で楽しむために建てられた。スギとヒノキを使った純日本風の建物で、ステージは能舞台を思わせる。客席には軟らかい野芝が植えられ、控室や放送設備、夜間照明も完備している。

ローラーすべり台《ろーらーすべりだい》 P186-2B

幼児から楽しめるので、家族連れに人気のレクリエーションの場。全長95メートルのローラーすべり台のほか、アスレチック施設、遊具が設置され、近くに水車小屋などがある。

日光うるし博物館《にっこううるしはくぶつかん》 P186-2B

平成９（1997）年、森林公園の一画に開館。うるし塗りは、東照宮《とうしょうぐう》や輪王寺《りんのうじ》にも多用されている伝統技術で、展示品には日本の歴史的名品のほか、古代エジプトなど海外の工芸品もある。冬期は休館。

全長95メートルのローラーすべり台

演劇やコンサートのための野外ステージ

小倉山森林公園釣堀

日光うるし博物館

日光霧降スケートセンター・日光霧降アイスアリーナ《にっこうきりふりすけーとせんたー・にっこうあいすありーな》 P186-1A

日光市営の日光霧降スケートセンターは、１周400メートル、幅16メートルある公認標準ダブルトラックの野外スピードリンク（国際競技規格）で、競技用のカクテルライトのナイター照明も完備されている。観客席数は1000席ある。一般向けの営業期間は11月中旬～３月上旬で、初心者を対象としたスケートの指導も行っている。

スケートのできない夏の期間は、コンサートやフリーマーケットなどのイベントスペースとしても利用されている。

一方、栃木県の施設である日光霧降アイスアリーナは、30×60メートルのアイスホッケー国際競技規格の屋内リンクで、フィギュアスケート、ショートトラックの競技会場にもなる。観客席数は2000席。

日光霧降アイスアリーナは、春のメンテナンス期間を除いて、１年じゅう施設を利用できるのがうれしい。一般のスケート愛好者が夏のスケートを楽しめる国内でも数少ない施設である。

また、この施設はレストラン、休憩室や遊戯施設がそろっており、家族で利用できるスポーツレジャー施設でもある。

日光霧降スケートセンターおよび日光霧降アイスアリーナの両施設とも、国体やインカレ、インターハイのスピードスケート、アイスホッケー、フィギュアスケートの会場として名高い。特にアイスアリーナはアジアリーグアイスホッケーに参加する日本で唯一のプロチーム栃木日光アイスバックスのホームリンクとしてファンの熱気に包まれる。

日光霧降スケートセンター

日光霧降アイスアリーナ

小倉山テニスコート《おぐらやまてにすこーと》 P186-2B

森林公園内の傾斜を生かして、２面ずつ３段のクレーコートがある。コート周辺の斜面には芝が張られ、またコート間に余裕を持たせるなど､細かい配慮が行き届いた施設である。

料金が安いうえ、美しい山々に囲まれ、自然の涼風のなかでのプレーは、なんともすがすがしい。

テニスコート

日光運動公園テニスコート

レジャー

霧降高原《きりふりこうげん》には、市営の日光運動公園《にっこううんどうこうえん》や小倉《おぐら》山森林公園《やましんりんこうえん》などの総合スポーツ、レジャー施設があるほか、キャンプ場などのレジャー関連施設がよく整っている。また、3つのハイキングコースがあり、四季を通して自然と親しめる地域といえる。

テニス《てにす》

日光小倉山森林公園の小倉山テニスコートに計6面、日光運動公園に10面、そして霧降テニスコートに4面がある。

ゴルフ《ごるふ》

日光運動公園にショートコース、パー3、9ホールの日光市民ゴルフ場があり、市民以外の人も利用できる。

ミニゴルフ場

日光運動公園野球場

ニュー霧降キャンプ場

キャンプ《きゃんぷ》

アーチェリー、四輪バギーなどの施設を併設したチロリン村オートキャンプ場、キスゲ平に近いニュー霧降キャンプ場、小倉山森林公園の北に位置する小倉山山荘キャンプ場がある。

その他《そのた》

日光運動公園は、大谷川《だいやがわ》に沿ってつくられた日光市営の総合スポーツ公園で、サッカー場、野球場、陸上競技場、サイクリングロードなど、各種スポーツ、レジャー施設がそろっている。

日光小倉山森林公園には、一般の人も気軽に楽しめる小倉山乗馬クラブや釣堀がある。

小倉山乗馬クラブ

キスゲ平園地……………高原の花と雪の楽園

P182-2A

ニッコウキスゲ群落

四季を通じてキスゲ平《だいら》の魅力を満喫できる施設、それが日光市霧降高原キスゲ平園地（通称、キスゲ平園地）。シカ侵入防止柵に囲まれた約10ヘクタールのキスゲ平園地では、６月下旬～７月下旬に咲く約26万株のニッコウキスゲだけでなく、カタクリ（５月開花）からテンニンソウ、オヤマボクチ（ともに９月開花）まで、季節を追って高原の花々を観賞できる。また、冬のレジャーのために、そり遊び、スノーシュー、クロスカントリースキーのための「散策エリア」、距離150メートルの斜面にある、そり滑り専用の「ソリゲレンデ」、年少者が雪遊びできる「ゆきんこ広場」も併設。

キスゲ平園地の斜面に設置されているのが「天空回廊」と呼ばれる1445段の階段。標高1345メートルにある「霧降高原レストハウス」から、標高1582メートルの「小丸山展望台」まで、標高差237メートル、直線距離にして738メートルを、自然と展望を楽しみながら歩ける。往復90分が目安とされるが、日ごろ運動不足の人たちには少しきついかもしれない。そうした人にうれしいのが、階段のあちこちから園内に延びる「散策路」。傾斜がゆるいだけでなく、必ず進路方向の階段に戻れるので安心。季節の花をゆっくり観賞したい人向けの遊歩道でもある。さらに、階段を使わず園内を約20分で散策できる「バリアフリーコース」も用意されている。

キスゲ平園地の基点となるのが、「霧降高原」バス停そばで、３つの駐車場を付設する「霧降高原レストハウス」（入館料無料）。施設の案内カウンターのほかに、レストラン、売店、無料休憩所、コインロッカー、トイレなども利用できる。

現地情報や季節のイベント企画なども含めてホームページで確認してみよう。

初夏の天空回廊

第7章

足尾

400年の銅山の歴史と自然豊かな山々

渡良瀬川《わたらせがわ》上流の狭い段丘に発達した町。大《たい》化《か》元（645）年に下野国《しもつけのくに》安蘇郡足尾郷の記録があり、延暦《えんりゃく》9（790）年に日光中禅寺の神領となる。慶長《けいちょう》15（1610）年に備前楯山《びぜんたてやま》（1272メートル）の渡良瀬川支流の谷で銅が発見されて以来、銅の町となる。銅山全盛時の大正5（1916）年には人口3万8428人を数え、栃木県で宇都宮《うつのみや》市に次ぐ2番目の町となったこともある。

昭和48（1973）年の銅山閉山後は銅山の産業遺産を紹介する施設や、温泉、自然を売り出す観光開発や銅山の鉱泥を使う足尾焼《あしおやき》などの地場産業を起こして活性化を図った。足尾とともに生きる人々の奮闘で、派手さはないものの一定の成果に結び付けている。

古河橋と製錬所　日光フォトコンテスト入賞作品

山岳地帯はハイキングや登山に最適。皇海《すかい》山《さん》（2144メートル）は日本百名山に選ばれている名山。皇海山に至る庚申山《こうしんざん》（1892メートル）には特別天然記念物のコウシンソウの自生地がある。同じく天然記念物のカモシカも多く、各所で見られる。備前楯山や袈裟丸《けさまる》山《やま》（1878メートル）など栃木百名山に選ばれた山は登山愛好者に人気。

高齢化の進行など町単独での運営でなく合併を選択、平成18（2006）年3月に日光市や周辺自治体と新しい日光市に参加した。平成19年3月には足尾高校が閉校となり、跡地利用で模索が続いている。

当時を再現した坑内の等身大人形

銅資料館の銅インゴット

足尾銅山観光《あしおどうざんかんこう》

P192-3B

昭和48（1973）年２月末の閉山まで、江戸時代から約400年間続いた足尾銅山の歴史と仕組みを紹介している日本最大級の坑内観光施設。昭和55年に産業遺産を生かして町おこしを図って町営（当時）でスタート、全長1234キロに及ぶとされる坑道のうち700メートルを公開している。入り口から300メートルまではトロッコ列車に乗って入る。

明治時代には、全国の40パーセントを超えたという産出量を誇り、東洋一といわれた銅山の採掘作業の様子が、等身大の人形を使って年代ごとに再現されている。

足尾銅山の発見は諸説あるが江戸時代初期という説がもっぱら。江戸幕府直営の鉱山となり、「足尾千軒《あしおせんげん》」といわれるほど人が集まり発展した。当時の代表的な通貨である寛永《かんえい》通宝《つうほう》を鋳造したこともある。産出量の減少で幕末から明治時代初期にかけてはほぼ閉山状態となっていたが明治10（1877）年に古河《ふるかわ》市兵衛《いちべい》が経営に着手。有望鉱脈を発見、機械化も進め、新しい採掘道具の採用はもちろん、桐生《きりゅう》から足尾まで鉄道を敷くなどして大鉱山として栄えた。

しかし、急激な鉱山開発は渡良瀬川下流に鉱毒による日本の公害の原点といわれる被害をもたらした。農村部の疲弊を見かねた衆院議員の田中正造《たなかしょうぞう》が立ち上がり、天皇直訴《じきそ》などの反対運動を展開する。

銅山観光では銅資料館において足尾銅山の歴史を写真や映像で紹介、産出された黄銅鉱《おうどうこう》などの鉱石と採掘道具なども展示している。鋳銭座《ちゅうせんざ》では寛永通宝鋳造の様子が人形で再現され当時をしのばせる。場外には削岩機《さくがんき》の体験コーナーもある。

寛永通宝鋳造の様子を再現（鋳銭座）

通洞坑

わたらせ渓谷鐵道のトロッコ列車

わたらせ渓谷鐵道《わたらせけいこくてつどう》

P192

平成元（1989）年、ＪＲ足尾線《あしおせん》が71年の歴史を閉じたことを受けて栃木県と群馬県が引き継ぎ、第三セクターとしてスタートした。

足尾の鉄道の歴史は足尾銅山と切り離せない。足尾銅山は製品の銅の輸送効率を向上させるために、鉄道敷設を考え、大正元（1912）年、計画から24年がかりで桐生－足尾間の鉄道開設にこぎつける。輸送量は飛躍的に増大、日本の近代化に大いに貢献した。

国も重要路線と認め、大正７（1918）年に買い上げ、国鉄となる。渓谷鐵道は水沼《みずぬま》駅に「せせらぎの湯」温泉、神戸《ごうど》駅に列車レストラン「清流《せいりゅう》」を開設、渡良瀬渓谷をたんのうできるトロッコ列車を走らせるなどしている。平成22（2010）年には略称の「わ鐵」のイメージキャラクターの「わ鐵のわっしー」を発表するなど奮闘している。

古河掛水倶楽部《ふるかわかけみずくらぶ》

P192-2B

わたらせ渓谷鐵道足尾駅から徒歩３分の所にある。銅山の迎賓館《げいひんかん》として約110年前に建てられた。一部は明治末期に改築され、和と洋が融合した２階建てで銅山の宿泊施設や会合に利用された。現在も古河機械金属《ふるかわきかいきんぞく》の福利厚生施設だが、足尾鉱山で採掘された黄銅鉱などを展示する鉱石資料館《こうせきしりょうかん》、栃木県の指定有形文化財の掛水重役宅群《かけみずじゅうやくたくぐん》などと共に土日・祝日を原則として一般公開している。

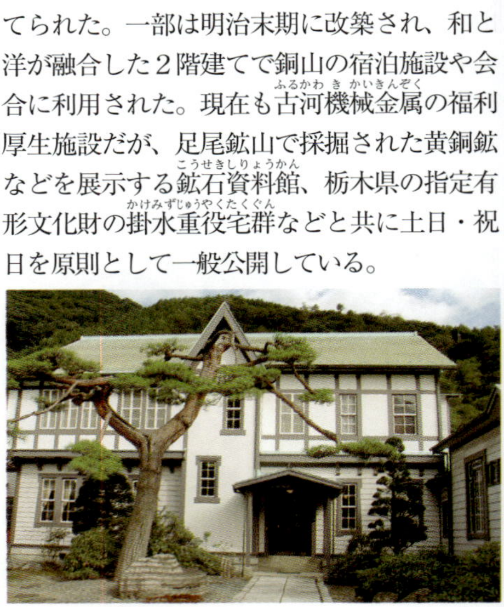
古河掛水倶楽部

古河橋《ふるかわばし》

P192-1B

明治23（1890）年に本山《ほんざん》－赤倉《あかくら》間の松木《まつき》川《がわ》に架設された。長さ48.5メートル、幅4.5メートルのアーチ型で鋼鉄製。銘板にはドイツ製とあり、輸入されたものだが、日本で造られた初期の道路鉄橋といわれる。橋の上を足尾銅山で使われた日本最初の電気鉄道も通り、併用された。平成５（1993）年、下流に並行して新古河橋《しんふるかわばし》を建造。古河橋は貴重な産業遺産としてそのまま保存された。

古河橋

銅親水公園《あかがねしんすいこうえん》

P192-1B

松木渓谷の入り口の松木川《まつきがわ》、仁田元川《にたもとがわ》、久《く》蔵川《ぞうがわ》の三川の合流点にある砂防用の足尾ダムの下流部に平成8（1996）年にオープンした。足尾ダムの壁面には足尾焼の陶板2000枚で描かれた巨大なカモシカのレリーフがあり人目を引く。人道用斜《じんどうようしゃ》張橋《ちょうきょう》の長さ106メートルの銅橋《あかがねばし》から観察できる。園内の足尾《あしお》学習《がくしゅう》センター（有

銅親水公園

料）では写真や大画面の映像で足尾の歴史や環境、自然の大切さを学べるほか、観光などの情報検索コーナーもある。

松木渓谷《まつきけいこく》

P192-1A

足尾銅山の銅の精錬《せいれん》過程で排出される亜硫《ありゅう》酸《さん》ガスは付近の山に煙害《えんがい》をもたらした。かつては緑豊かだった松木川《まつきがわ》沿いの渓谷は樹木の伐採も加わって荒廃、草木の生えない山肌が露出した。その異様な景観から日本のグランドキャニオンと称された。ＮＰＯ法人「足尾に緑を育てる会」などが中心となって植樹を進め、徐々に緑を取り戻しつつある。

松木渓谷

日光のネイチャーガイド(自然解説)

日光インタープリター倶楽部（NIC）

アメリカの国立公園で、来訪者（ビジター）に、自然の大切さや意味をわかりやすく伝える活動が「インタープリテーション」（解明、説明）で、それに携わる人たちを「インタープリター」（解釈者、説明者、通訳者）と呼ぶことが名称の由来。

インタープリターの活動は、事実を単に解説するのではなく、来訪者の知識と精神的な向上を促すことが要求される。アメリカでは、すでに専門職が誕生しているインタープリターの活動は、同国の作家で評論家だったフリーマン・チルデン（1883～1980）が提唱した「インタープリテーションの６つの原則」によって確立され、日本を含めて世界の自然公園や観光地の解説活動に大きな変化をもたらした。

日光での発足

日光インタープリター倶楽部（略称、ＮＩＣ）が発足したのは平成９（1997）年。日光は、訪れる観光客に、日光の外面だけでなく、1200年を誇る歴史や、豊かで多様な自然をじっくりと味わってもらうのが課題となっていた。ＮＩＣは、自然や歴史の味わい方、楽しみ方の提案を含めて、日光の奥の深さを伝えることに大きな役割を果たしている。さらに、急増しつつある総合学習（体験旅行、教育旅行）に対して、企画提案から解説まで引き受ける態勢を整えている。チルデンの「６つの原則」にもある「子ども（児童、生徒）に対するインタープリテーションは、大人とは根本的に異なったアプローチが必要」となるためである。

NICの申し込み

ＮＩＣのインタープリテーションの分野は、①自然解説、②史跡解説に分かれているが、企画を含めて個別相談が可能。申し込みは、実施日の２週間前までに日光市観光協会（Tel:0288-22-1525、fax:0288-54-2495）へ。適任のインタープリターが派遣される（有料）。

日光インタープリター倶楽部員の説明を聞くハイカー

平成21（2009）年度には、150グループ以上を受け入れた実績がある。

二社一寺（有料施設内）の案内については、別団体が対応しているので注意（観光協会で紹介可能）。

その他のネイチャーガイドの問い合わせ先

●自然計画

（Tel:0288-50-3635　fax:0288-50-3635）

奥日光のネイチャーツアー。初めてでもていねいで詳しいガイドで安心。

●自然公園財団日光支部

（Tel:0288-62-2461　fax:0288-62-2378）

自然とふれあう場をさまざまな活動を通して提供。

●栃木県立日光自然博物館

（Tel:0288-55-0880　fax:0288-55-0850）

日光の自然を楽しみながら知ることができる。

日光フォトコンテスト入賞作品

第8章 日光周辺

今市

鬼怒川・川治

湯西川・川俣

奥鬼怒

日光周辺図

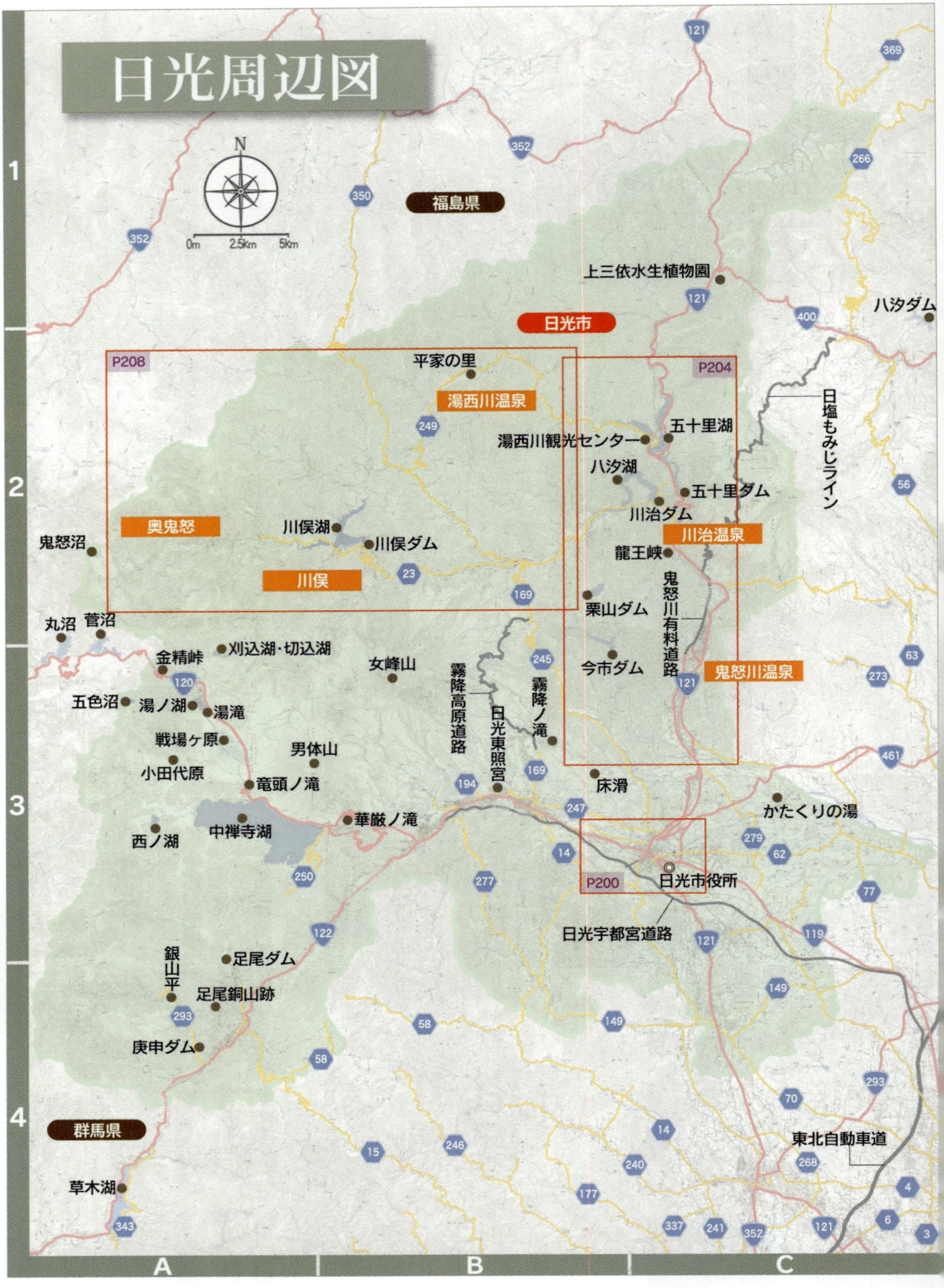
日光周辺図
N
0m 2.5Km 5Km
福島県
群馬県
日光市
P208
P204
P200
上三依水生植物園
ハ汐ダム
平家の里
湯西川温泉
湯西川観光センター
五十里湖
ハ汐湖
五十里ダム
川治ダム
川治温泉
龍王峡
日塩もみじライン
奥鬼怒
鬼怒沼
川俣湖
川俣ダム
川俣
栗山ダム
鬼怒川有料道路
今市ダム
鬼怒川温泉
丸沼
菅沼
刈込湖・切込湖
金精峠
女峰山
霧降高原道路
霧降ノ滝
五色沼
湯ノ湖
湯滝
戦場ヶ原
男体山
小田代原
竜頭ノ滝
日光東照宮
床滑
かたくりの湯
西ノ湖
中禅寺湖
華厳ノ滝
日光市役所
日光宇都宮道路
銀山平
足尾ダム
足尾銅山跡
庚申ダム
東北自動車道
草木湖
1
2
3
4
A
B
C

面積は県下ナンバーワン
首都圏からのアクセスもより快適に

平成18（2006）年に日光市と今市《いまいち》市、藤《ふじ》原《はら》町、足尾《あしお》町、栗山《くりやま》村が合併、新しい日光市として生まれ変わる。それまでも日光杉並木街道が今市市と日光にまたがるなど日光市と周辺市町村は密接な関係にあった。鬼怒川・川治温泉を擁する藤原町、産業遺産に富む足尾町、自然豊かな栗山村を加え、魅力を倍加した国際観光文化都市・日光市となった。

新しい日光市の人口は平成23（2011）年９月現在で９万672人と栃木県の市町の中で８番目だが、広さは同県の約４分の１を占め県下ナンバーワン。市内行政では旧市町村の中で人口が一番多く、商工業の発達した今市に市役所を置き、ほかの旧市町村に総合支所を置く。警察関係は日光警察署と今市警察署が存在して防犯や交通規制などきめ細やかな体制を敷く。

鬼怒川ライン下り（鬼怒川・川治）

植樹から400年の日光杉並木（今市）

観光面では日光地区観光協会連合会のもと日光観光協会、鬼怒川・川治温泉観光協会、湯西川・川俣・奥鬼怒温泉観光協会、今市観光協会が合併を視野に入れつつ、それぞれが密接な連携を保って、観光客の利便を図っている。

新しい日光市は、栃木県北西部の日光国立公園地域を中心に山間部が大半で地形は標高200メートル程度の市街地から2000メートルを超す山岳地域までの高低差を持つ。内陸性気候で夏季は比較的涼しく、冬季は氷点下になることも多く、四季折々の寒暖の差が変化に富んだ観光・スポーツ・レクリエーションを可能に。首都圏からはＪＲ日光線と東武日光線などの鉄道網に東北自動車道、北関東自動車道、日光宇都宮道路などが整備され、身近な場所となっている。

平家の里（湯西川温泉）

今市《いまいち》

古くは宿場町として栄え
水源に恵まれ発展した町

今市は古来、日光神領の大部分を占めてゆるやかに成長していた。日光に東照宮が造営されてから、日光街道や会津西《あいづにし》街道、日光例《れい》幣使《へいし》街道が整備されるとともに3街道の交わる宿場町として発展のスピードを速める。戦後は大谷川《だいやがわ》扇状地に発達した産業構造のバランスが取れた田園都市に。昭和29（1954）年に市制を敷き、日光国立公園と鬼怒川・川治温泉に至る玄関口として要の場所となる。

街道沿いには国の特別天然記念物の杉並木がそびえる。二宮尊徳《にのみやそんとく》の終焉《しゅうえん》の地で、尊徳をまつる二宮神社が鎮座する。自然に恵まれ、ハイキングやキャンプ、渓流釣りなどが盛ん。豊かな水は良質な酒やしょうゆなどの特産物をもたらした。そばの名産地でもあり、秋の日光そばまつりは大いに盛り上がる。

日光杉並木《にっこうすぎなみき》

P200-2B·C

世界に誇る日光杉並木街道

東照宮参拝のために日本橋から日光（鉢石《はついし》宿《じゅく》）まで整備された日光街道。21宿のうちの今市宿《いまいちじゅく》には、例幣使街道と会津西街道が通じていた。日光杉並木はこの３街道の37キロに植えられた杉の並木。徳川家康《とくがわいえやす》公・秀忠《ひでただ》公・家光《いえみつ》公の３代にわたって将軍家に仕えた松平《まつだいら》正綱《まさつな》・正信《まさのぶ》親子が、20年の歳月をかけて植樹したもので慶安《けいあん》元（1648）年、家康公の三十三回忌に、東照宮へ参道並木として寄進された。

最も美しいといわれる「並木太郎」や山桜が寄生した「桜杉」など１万2000本余が樹齢を重ねている。国の特別史跡と特別天然記念物の二重指定を受けている。

1992年版のギネスブックから、実測した35.41キロで「世界一長い並木道」として認定された。保護のために杉並木オーナー制度も導入されている。

砲弾打ち込み杉《ほうだんうちこみすぎ》

P200-1A

瀬川《せがわ》の一里塚から日光駅方面へ800メートルほど進んだところにそびえる杉。明治元（1868）年の戊辰《ぼしん》戦争で板垣退助《いたがきたいすけ》率いる官軍が、日光にこもる幕府軍を攻撃した際の前哨《ぜんしょう》戦《せん》で並木杉に砲弾が当たった。激戦地となった付近では、いまだに伐採木の中から鉛の銃弾が出てくることもあるという。

砲弾打ち込み杉

例幣使街道《れいへいしかいどう》

P200-2B

日光東照宮は、初め東照社と呼ばれていた。正保《しょうほう》２（1645）年に朝廷から宮号《ぐうごう》を賜り、それを伝える勅使《ちょくし》が京都から日光へやってきた。翌年から毎年、ご神前に金の御幣《ごへい》を奉るための奉幣使《ほうべいし》が京都から遣わされることになり、担当した公卿《くぎょう》を日光例幣使と呼んだ。その例幣使が通った道が例幣使街道で、中山道《なかせんどう》の倉賀野宿《くらかのじゅく》（群馬県高崎市）から両毛《りょうもう》地区を経て日光に至る。

行列は50〜80人ほどの規模で慶応《けいおう》３（1867）年まで続き、朝廷の権威を広く知らしめると同時に京文化が道筋に伝わった。

追分地蔵尊《おいわけじぞうそん》

P200-2B

日光街道と例幣使街道の分岐点に鎮座する高さ３メートル近くで北関東随一といわれる大きな地蔵尊。開運や厄除《やくよ》け、子育ての信仰を集める。憾満ヶ淵《かんまんがふち》にまつられていたものが、洪水で流され、大谷川《だいやがわ》の川原に埋もれていたとされる。石と間違えてくさびを打ち込んだ際に血が流れ出たという伝説もあり、地蔵の背中にその跡というくぼみも残る。川から運んだ際に当地で動かず、日光山に向けてまつったといわれる。

北関東随一といわれる大きな地蔵尊が鎮座する追分地蔵尊

今市報徳二宮神社《いまいちほうとくにのみやじんじゃ》

P200-2B

今市のまちづくりに、薪を背負って本を読む尊徳像《そんとくぞう》で有名な二宮尊徳《にのみやそんとく》がかかわっている。尊徳は天明《てんめい》7（1787）年、現在の神奈川県小田原市生まれ。貧しい家を創意工夫で再興した力が小田原藩に認められ、領地の縁で桜《さくら》町《まち》領（現真岡《もおか》市）などを復興、ついには幕府から日光領の復興を命ぜられる。その功績は日光領ばかりか全国600余村に及ぶ。安政《あんせい》3（1856）年、70歳の年に当地で没する。

神社は多大の恩恵に浴した地元と関係者が遺徳をしのんで創建、明治30（1897）年に社殿が竣工した。祭神《さいじん》は二宮尊徳、配祀神《はいしじん》に子の二宮弥太郎《にのみややたろう》と最高弟の富田高慶《とみたたかよし》。昭和43（1968）年の明治100年祭を期して新報徳文《しんほうとくぶん》庫《こ》を建設、二宮家関係の遺品を集めて公開もしている。境内には県文化財指定の尊徳翁の墓と尊徳像もある。

今市報徳二宮神社

二宮尊徳像

如来寺《にょらいじ》

P200-1B

室町時代に創建された名刹《めいさつ》。浄土宗で本尊は阿弥陀如来《あだだにょらい》。江戸時代には東照宮造営の際、徳川3代将軍家光《いえみつ》公が宿泊するために壮大な御殿が境内に建てられた。安政《あんせい》3（1856）年に二宮尊徳翁の葬儀も行われた。

阿弥陀如来を本尊とする如来寺

報徳今市振興会館《ほうとくいまいちしんこうかいかん》

P200-2B

昭和30（1955）年に二宮尊徳翁没後100年の記念事業の一環で、今市報徳役所の跡地を整備し、記念施設とした。建物は旧今市市の名誉市民の故加藤武男《かとうたけお》氏が邸宅を寄付したもの。地域活動の拠点であり、尊徳翁の資料館を兼ねている。

報徳今市振興会館

杉並木公園《すぎなみきこうえん》

P200-1A

日光杉並木街道の保護と地域の文化伝承

の目的で瀬川の国道119号沿いに整備された。広さは6.7ヘクタール。園内には報徳仕法農家《ほうとくしほうのうか》と江戸期の農家、植物園があり、豊富な水を生かして大水車や重連水車、世界の水車が動く。杉並木の中を散策もできる。公園の北には地元産のソバで有名な報徳庵《ほうとくあん》がある。

杉並木公園

日光だいや川公園《にっこうだいやがわこうえん》

P200-1A

平成13（2001）年開園の県営都市公園。「日光の自然と悠久の歴史・文化へのいざない」がテーマ。パークゴルフ場やフィールドアスレチック、オートキャンプ場などを備える。緑の相談所や体験学習館、飲食コーナーなどもあって幅広い年齢層がレジャーを楽しみつつ学べる場となっている。

日光だいや川公園

床滑　日光フォトコンテスト入賞作品

床滑《とこなめ》

P198-3B

霧降ノ滝《きりふりのたき》で知られる霧降川は、滑らかな一枚岩の川床が数キロ続く。水深は深いところで大人の腰ほどまであるが、ほとんどがくるぶし程度。滑らかな岩盤は天然のウォータースライダーとなって、夏は親子連れなどの水遊びでにぎわう。床滑とは小字《こあざ》名。

かたくりの湯《かたくりのゆ》

P198-3C

大谷川《だいやがわ》のほとりにある公共温泉。平成5（1993）年にオープン。アルカリ性単純温泉で、主に神経痛や筋肉痛、うちみ、冷え性などに効能があるとされる。日光連山を眺望できる露天風呂や打たせ湯、サウナなどを備える。地元の農産物などの販売コーナーやトレーニングルーム、子供広場も人気。

かたくりの湯

鬼怒川《きぬがわ》・川治《かわじ》

けがは川治、やけどは滝（鬼怒川）古くからの温泉郷

「関東の奥座敷」と称される関東屈指の大温泉郷。清流鬼怒川沿いに展開。下流に鬼怒川温泉、10キロほど上流に川治温泉が位置する。温泉間を龍王峡《りゅうおうきょう》など豊かな自然景観が結ぶ。鬼怒川温泉はテーマパークやレジャー施設が進出、ホテル、旅館の数も多くにぎやか。川治はしっとりとした雰囲気で比較的静かな環境。昭和初期には２つの温泉を総称して鬼怒川温泉と呼んだこともあるなど絶妙な関係にある。

昭和４（1929）年には東武日光線が開通、昭和10（1935）年には浅草・鬼怒川温泉間の特急電車の運転が開始され、観光客が飛躍的に増加。平成に入ってからは、ラフティングやカヌーなど自然と直接触れ合うレジャーやスポーツの新企画も登場。サービス向上に努めている。

交通の便もよく、温泉やテーマパーク、豊かな自然と、老若男女を問わず楽しめるエリアだ。

鬼怒川温泉街

鬼怒川温泉《きぬがわおんせん》

P204-3B

鬼怒川温泉郷は発見当初は日光詣《にっこうもうで》の大名や日光山《にっこうさん》の僧侶たちだけが入れた温泉だった。泉質はアルカリ性単純泉。明治期から神経痛やリウマチに効く滝の湯として知られるようになった。

戦後、温泉と食事を楽しむ滞在型温泉として発展、昭和30年代半ばにはゴルフ場や温泉街を見下ろすロープウェイが建設され、観光開発に拍車がかかった。さらに東武ワールドスクウェアやEDO WONDERLAND日光江戸村、日光猿軍団《にっこうさるぐんだん》、３Ｄ宇《う》宙《ちゅう》·恐竜館《きょうりゅうかん》、とりっくあーとぴあ日光などのテーマパークも次々とオープンした。名橋の多い中、温泉街中央のふれあい橋は歩行者専用の橋で広場の役割を持つ。橋上は夏にはビアガーデンが設営されて観光客でにぎわう。

鬼怒太の湯·鬼怒子の湯《きぬたのゆ·きぬこのゆ》

P204-3B

鬼怒子の湯

鬼怒川温泉のシンボル。鬼怒太の湯は鬼怒川温泉の玄関口東武鉄道の鬼怒川温泉駅前広場にある足湯。あずまやにベンチがあってゆっくり座りながら温泉気分を味わえる。ユーモラスな鬼怒太の像もある。

鬼怒子の湯は鬼怒川に架かるくろがね橋にある足湯。ここからの鬼怒川の景観は一見の価値がある。ともに待ち合わせ場所として最適。

鬼怒川公園岩風呂《きぬがわこうえんいわぶろ》

P204-3B

鬼怒川公園駅から徒歩で約５分。温泉街の丘の上にある公営の岩風呂。内湯に檜《ひのき》風呂と岩風呂、そして露天風呂がある。散歩スポットとしてもおすすめだ。

鬼怒川公園岩風呂

鬼怒川ライン下り《きぬがわらいんくだり》

P204-3B

昭和44（1969）年に営業を開始した鬼怒川の名物。30人乗りの和船を２人の船頭が巧みに操り、温泉街から大瀞下《おおとろした》船場まで清流鬼怒川を下る。途中には数々の奇岩が待ち構える。新緑や紅葉、時には水しぶきを浴びるなど自然を満喫しながら約６キロ、40分の船旅となる。

鬼怒川ライン下り。中央に見えるのが巨岩、楯岩（たていわ）

龍王峡《りゅうおうきょう》

P204-2B

鬼怒川温泉と川治温泉の中間地点の鬼怒川沿いにあり、一段と見事な渓谷美を誇るのが龍王峡。2200万年もの昔、海底火山の活動によって噴出した火山岩が、鬼怒川の流れによって浸食されてできたといわれる。名称の元になった龍がのたうつ姿を思わせるような奇岩と迫力ある岩壁の大景観が約３キロにわたって連なる。

龍王峡

東武鉄道龍王峡駅近くの駐車場から階段を下っていくと、鬼怒川・川治温泉の守り神である龍王を祭る五龍王神社《ごりゅうおうじんじゃ》があり、裏手にしぶきを上げて落ちる虹見ノ滝《にじみのたき》に出合う。随所に見所があり、竪琴ノ滝《たてごとのたき》、大穴が開いた五光《ごこう》岩《いわ》などで足が止まる。岩の種類と色によって上流から紫龍峡《しりゅうきょう》、青龍峡《せいりゅうきょう》、白龍峡《はくりゅうきょう》と呼び名が分かれているのが特徴。峡谷のほぼ中央にある「むささび橋」からの眺めは秀逸。川治温泉まで渓流沿いに自然研究路が整備されていて、３時間余の道のりだが、変化に富んだ渓谷美をたんのうできる。

川治温泉街

川治温泉《かわじおんせん》

P204-2B

男鹿川《おじかがわ》と鬼怒川の合流点に位置する山あいの閑静な環境にある温泉郷。江戸時代、享保《きょうほう》８（1723）年、五十里湖《いかりこ》決壊の土石流によって男鹿川の川床から温泉が湧き出したと伝えられる。享保元（1716）年の発見説もある。泉質はアルカリ性単純泉。会津西街道《あいづにしかいどう》筋にあったことから近郷近在の人たちや旅人の湯治場としてにぎわった。温泉街は和風造りをコンセプトとしており、ホテルや旅館もしっとりとした風情が漂っていて情緒深い。

シーズンには毎朝朝市が立ち、地元産の山の幸や野菜などが販売される。自然景観に恵まれていて鬼怒川沿いのハイキングなどおすすめも多い。交通的には日光や塩原、会津と分かれる分岐点であり、ドライブや観光の起点ともなっている。

薬師の湯《やくしのゆ》

P204-2B

湯量が豊富な名物の公営温泉。貸しきり内風呂とサウナ、鬼怒川に面した混浴露天風呂があり家族連れでにぎわう。さらりとした肌触りの心地よく美肌の湯としても人気がある。

薬師の湯

川治ダム《かわじだむ》

P204-2B

利根川《とねがわ》総合開発の一環として下流の氾濫《はんらん》を防ぐ洪水調節と農業用水、都市用水の供給を目的に13年余をかけて昭和58（1973）年に完成したアーチ式コンクリートダム。総工費773億円。堤高は国内ダムで４番目の140メートル、堤長320メートル。ダム右岸の資料館でダムの働きなどを紹介している。

川治ダム

五十里ダム《いかりだむ》

P204-2B

鬼怒川の支流である男鹿川に昭和31（1956）年、当時日本で最も高い多目的ダムとして建設された。堤高112メートル、堤長267メートル。昭和時代には注目施設として観光客を集め、ドライブインなどもあってにぎわった。

五十里ダム

上三依水生植物園《かみみよりすいせいしょくぶつえん》

P198-1C

川治温泉から会津西街道を北上した三依地区にある。2.2ヘクタールの園内に約300種３万本の植物を栽培。早春から初冬までの花が楽しめる植物園、水生植物が観察できる水生植物池や乾生草原、高原の花畑、ロックガーデンなど８ゾーンに分かれる。ヒマラヤの青いケシは神秘的で必見。園内と周辺には道祖《どうそ》神《じん》や大イチョウなどの天然記念物も多い。

上三依水生植物園

ヒマラヤの青いケシ

湯西川《ゆにしがわ》・川俣《かわまた》・奥鬼怒《おくきぬ》

豊富な温泉と恵まれた自然と山の幸

日光市北部の旧栗山《くりやま》村に位置する。福島県境に近く湯西川沿いに展開するのが平家落人《へいけおちうど》伝説のある湯西川温泉。鬼怒川の源流に近いのが川俣温泉であり、さらに奥に位置するのが奥鬼怒温泉。湯西川温泉の発祥は天正《てんしょう》元（1573）年で400年余の歴史がある。奥鬼怒温泉は18世紀初頭の天保《てんぽう》年間と伝えられるが、八丁《はっちょう》の湯《ゆ》の昭和4（1929）年をはじめいずれも昭和初期の開業で歴史は浅い。

平成初期の秘境ブームにおごることなく湯西川はイベントを仕掛けてにぎわいを演出、川俣、奥鬼怒温泉は変わらずに自然をそのままを売り出している。対照的な姿勢の温泉だが、いずれも豊富な温泉と山の幸をもたらす日光の豊かな自然が最大の売りであることに違いはない。

湯西川温泉街

湯西川温泉《ゆにしがわおんせん》

P208-1B·C

天正元（1573）年に平家の子孫が温泉を発見したといわれる。温泉はアルカリ性単純泉で神経痛やリウマチ、外傷などの効能があるという。湯西川沿いにホテルや旅館が立ち並び、平家《へいけ》の宿《やど》とも呼ばれ、野趣あふれる落人料理を提供して人気。

平成23（2011）年には浴場や観光農園、大吊り橋などを備える大型観光施設「水の郷」も開所、より魅力的になった。

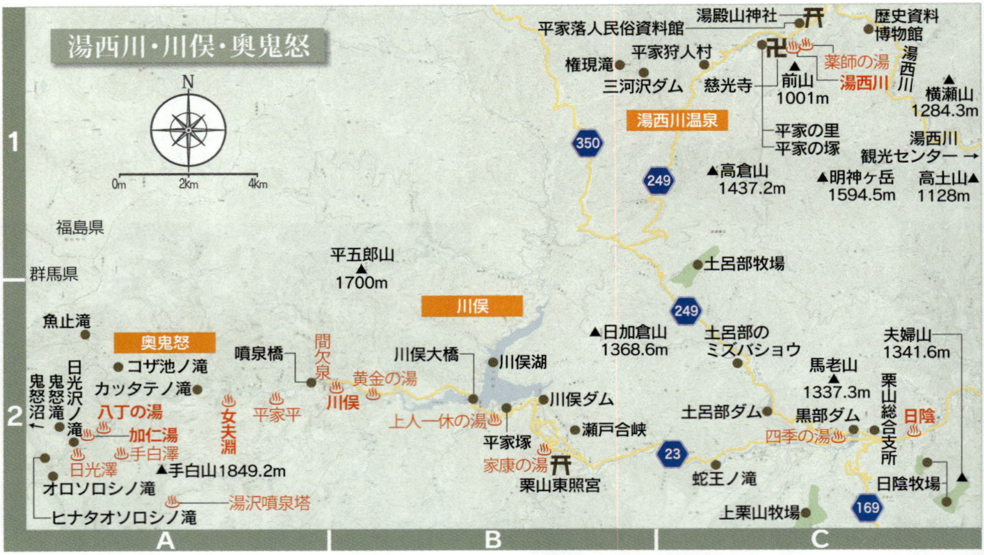

湯西川観光センター《ゆにしがわかんこうせんたー》

P198-2C

湯西川温泉駅に直結している道の駅。目の前に五十里湖《いかりこ》を望む景勝地で土産品や飲食、観光情報の提供スペースと、内湯、露天風呂、岩盤浴のある温泉施設がある。

湯西川観光センター

平家の里《へいけのさと》

P208-1C

平家落人伝説を基に当時の生活様式を後世に伝える狙いで昭和60（1985）年に開所。9棟の茅葺《かやぶき》屋根の民家が点在。郷土食の館では落人が食べたきび餅《もち》やお汁粉が味わえる。

展示館には入道姿の平清盛《たいらのきよもり》と平敦盛《たいらのあつもり》が一ノ谷の合戦に出陣する雄姿が展示されている。郷土文化伝習館では地域に残る生活用具や木鉢、木杓子《きじゃくし》造りの作業場の展示などがある。

平家の里

平家大祭の武者行列

平家大祭《へいけたいさい》

毎年6月に行われる温泉街の代表的イベント。前夜祭、出陣式など盛りだくさんだが、メーンは平家絵巻行列《へいけえまきぎょうれつ》。平清盛を筆頭に弓や刀を片手に鎧《よろい》と兜《かぶと》で身を固めた武将や山伏、女人、稚児などが幟《のぼり》を立て、湯殿山神社《ゆどのさんじんじゃ》から平家の里まで温泉街の約2キロを練り歩き、平家一門の栄華をしのぶ。あでやかな装束で山里に平家ロマンを醸し出す。

土呂部のミズバショウ《とろぶのみずばしょう》

P208-2C

栗山総合支所から北に2キロほどの土呂部集落の手前の道路左手の約1ヘクタールの湿地にミズバショウが群生している。木道が整備され、4月下旬から5月上旬が見ごろ。

土呂部のミズバショウ

流れる様子から名がついた蛇王の滝

蛇王の滝《じゃおうのたき》

P208-2C

県道23号を川治《かわじ》ダムから川俣《かわまた》方面に向かい、瀬戸合峡《せとあいきょう》手前の左側に見ることができる。こんもりと茂る木々の中を白く流れ落ちる姿は新緑や紅葉の季節には一幅の絵のよう。流れる姿が蛇のようであることから名がついた。

県道23号線沿いの滝見ポイントからが絶景ポイント。

瀬戸合峡《せとあいきょう》

P208-2B

鬼怒川の川俣湖・川俣ダムから下流約２キロにわたって高さ100メートルの目のくらむような絶壁が続く。栃木県の景勝百選の紅葉の名所。平成16（2004）年、川俣ダム正面の岸壁に架けられていたダム管理用の吊橋《つりばし》を改築。「瀬戸合峡渡らっしゃい吊橋」として観光客に開放され、周遊コースが誕生して魅力を倍加した。

紅葉の名所でもある瀬戸合峡。向こうに見えるのが「渡らっしゃい吊橋」

川俣ダム《かわまただむ》

P208-2B

利根川《とねがわ》水系の水害対策として支流の鬼怒川流域の河川開発が命題となり、本格的多目的ダムとして９年の歳月をかけ、昭和41（1966）年に完成した。アーチ式コンクリートダムで高さは117メートル。堤長131メートル。洪水調節と鬼怒川沿川の農業用水確保と発電などを目的としている。

川俣温泉《かわまたおんせん》

P208-2B

鬼怒川源流部のひなびた趣の温泉郷。奥日光からは山王林道《さんのうりんどう》で、鬼怒川からは県道23号線を使う。ほぼ終点でもあり、静寂さは際立つ。鬼怒川源流を望む露天風呂を自慢にした６軒ほどのホテルが、山の幸や季節の野菜を使った料理でもてなす。泉質はアルカリ性単純泉、塩化物泉など。また、川俣湖畔にある川俣湖温泉はダム建設に伴って新たに掘り当てられたアルカリ性単純泉として珍しい存在である。

山王林道からの川俣湖

間欠泉

間欠泉《かんけつせん》 P208-2A

山王林道入り口の噴泉橋《ふんせんばし》下にある。谷間の岩の割れ目から120度の高熱温泉を約50分間隔で轟音《ごうおん》を響かせ、20メートル前後噴き上げる。橋の下流部には、足湯のある間欠泉展望台もある。

奥鬼怒温泉《おくきぬおんせん》 P208-2A

女夫淵《めおとぶち》温泉の車止めから宿の送迎車を利用する以外は徒歩で入る文字通りの秘湯。1時間ほど歩いた所に八丁《はっちょう》の湯《ゆ》、さらに歩くと加《か》仁《に》湯《ゆ》、日光澤《にっこうざわ》温泉、手白澤《てしろさわ》温泉の奥鬼怒四湯にたどり着く。原生林に囲まれた加仁湯は乳白色の含硫黄ナトリウム泉。手白澤温泉は標高1500メートルにある一軒宿で露天風呂は開放感にあふれる。四湯で最も古い八丁の湯は滝を見ながら入れる滝見風呂が人気。都会の喧騒《けんそう》から離れて秘湯気分を味わうのは最高。

また、鬼怒沼山《きぬぬまやま》や黒《くろ》岩山《いわさん》、根名草山《ねなくさやま》などの登山客にも愛好されている。

湯沢噴泉塔《ゆざわふんせんとう》 P208-2A

平家平《へいけだいら》温泉の手前、鬼怒川に架かる歩道橋が入り口。歩道に入るとすぐに上りになり、1時間ほどで湯沢沿いの道となる。湯沢沿いにさらに上っていくと噴泉塔にたどり着く。温泉成分などが沈殿した湯沢噴泉塔は天然記念物となっている。

湯沢噴泉塔

鬼怒沼《きぬぬま》 P198-2A

川俣温泉郷の女夫淵温泉の車止めから約10キロの距離にある。国内最高所の高層湿原である。一帯は高山植物の宝庫で夏にはヒオウギアヤメやキンコウカなどが見られる。往復6時間余とあって登山の気構えが必要。

豊かな植生をなす湿原、鬼怒沼

1 鳴虫山《なきむしやま》コース

所要時間● 4時間5分（順路）、4時間（逆路）
距　　離● 8キロ

コース情報

＊急坂が多いので、しっかりした靴を。
＊コース中にトイレなし。
＊紅葉は10月下旬～11月上旬。

コースタイム（　）内は逆路

日光駅→20分（20分）→志渡淵川《しどぶちがわ》→50分（30分）→神ノ主山《こうのすやま》→1時間（40分）→鳴虫山→15分（20分）→合峰《がっぽう》→30分（50分）→独標《どっぴょう》→40分（50分）→憾満ヶ淵《かんまんがふち》→30分（30分）→総合会館

観察ポイント

Ⓐ落葉樹林と人工林……この尾根道は、南斜面がヒノキやスギの人工林で薄暗く、北側はアカヤシオが交じる明るい落葉樹林。

Ⓑカタクリの群生……4月下旬、落葉樹林のなかにカタクリの群生が見られる。

Ⓒ鳴虫山のツツジ……4～5月にアカヤシオ、トウゴクミツバツツジ、シロヤシオが咲く。

Ⓓ男体山《なんたいさん》と女峰山《にょほうさん》……両山が一望できる。

見られる花（　）内は開花月の目安

カタクリ（4～5）、アカヤシオ・スミレ類（4～5）、シロヤシオ・トウゴクミツバツツジ（5）、コアジサイ・ナツハゼ（6～7）、ヤマユリ・チゴユリ（7）、ツルリンドウ・ヤマハギ・アキノキリンソウ（8）、ハコネギク（9）

野鳥

ウグイス、カラ類、キクイタダキ、ホオジロ、ビンズイ、コゲラ

〈凡例〉 バス停　駐車場　トイレ　船の発着場　休憩適地　展望のよい所　キャンプ場　花畑　広葉樹林　針葉樹林
国道　県道　一般車両進入禁止　注意　情報センター　ハイキングコース　バス道　ハイブリッドバス道

2　中禅寺《ちゅうぜんじ》湖《こ》展望《てんぼう》コース

所要時間●4時間45分（順路）、4時間55分（逆路）
距　　離●11キロ

コース情報

＊長いコースなので、朝早く出発するなど時間の余裕を。茶ノ木平《ちゃのきだいら》〜明智平《あけちだいら》のサブコースは順路1時間10分（逆路1時間30分）。

＊明智平ロープウェイを利用すると時間短縮になる。

＊ツツジ類、ブナなどの紅葉は10月。

コースタイム（　）内は逆路

中禅寺温泉→50分（30分）→茶ノ木平→1時間20分（1時間30分）→第一駐車場→35分（25分）→半月山《はんげつやま》→20分（30分）→半月峠→40分（1時間）→狸窪《むじなくぼ》→1時間（1時間）→中禅寺温泉

観察ポイント

Ⓐブナ……ミズナラより樹皮が灰色がかって滑らか。葉の縁がミズナラほど裂けていない。

Ⓑ華厳ノ滝《けごんのたき》……展望台あり。

Ⓒ森林の分かれ目……狸山《たぬきやま》や半月山の頂上付近が山地帯（ブナ、ウラジロモミ）と亜高山帯（コメツガ、シラビソ）の分かれ目の森林。

Ⓓ中禅寺湖と戦場ヶ原……展望台あり。

見られる花（　）内は開花月の目安

マンサク（4〜5）、ツツジ類（5）、ミヤマザクラ・オオカメノキ（5〜6）、ゴゼンタチバナ・アズマシャクナゲ（6）、コメツツジ（7）、オヤマリンドウ（8〜9）

野鳥

カラ類、キツツキ類、ムシクイ類

3 男体山《なんたいさん》登山《とざん》コース

所要時間● 6時間（往復）
距　　離● 8キロ

コース情報

＊行程のほとんどが険しい道で、健脚向け。

＊毎年5月5日の開山祭から10月25日の閉山祭までの、ほぼ5か月半だけ開門。

＊8合目に滝尾神社《たきのおじんじゃ》があり、山頂には奥宮《おくみや》がある。

＊登山口から頂上まで、標高差1200メートル、距離約4キロ。時間は3時間半。

＊紅葉は9月下旬から。

コースタイム（　）内は復路

二荒山神社中宮祠《ふたらさんじんじゃちゅうぐうし》→1時間20分（1時間）→4合目鳥居→1時間20分（1時間）→8合目滝尾神社→50分（30分）→男体山

観察ポイント

Ⓐ入山後の大木……1合目までは石段で、ミズナラやウラジロモミの大木が多い。ウラジロモミにはシカよけのネットが巻きつけてある。

Ⓑ春から初夏にかけての鮮やかな花の群生……5月下旬にはシロヤシオの純白の花。初夏にはベニサラサドウダンの深紅の花々が頭上を飾る。

Ⓒ高山植物……群生ではないが、さまざまな高山植物が観察できる。

Ⓓ山頂からの大パノラマ……尾瀬の燧ヶ岳《ひうちがたけ》、合津駒ヶ岳、遠くは飯盛山《いいもりやま》まで一望できる。

見られる花（　）内は開花月の目安

シロヤシオ（5～6）、ベニサラサドウダン（6～7）、ハクサンシャクナゲ（7）、コケモモ（7）、クロマメノキ（7）、エゾシオガマ（7～8）

野鳥

ビンズイ、イワヒバリ、カヤクグリ、キビタキ、ルリビタキ、メボソムシクイ、キクイタダキ、コガラ、ヒガラ、ウソ、ホシガラス

4 白根山登山《しらねさんとざん》コース

所要時間● 8時間25分
距　　離● 8キロ

コース情報

＊健脚向けの険しい道。

＊『日本百名山』を書いた深田久弥《ふかだきゅうや》が登った道。湯元スキー場からスタートし、3時間で前白根山の頂上。最近はこれより楽な金精峠《こんせいとうげ》や群馬県側からの登山者が多い。

＊高山植物の宝庫とされているが、近年シカの食害が目立つ。

＊紅葉は9月下旬から。

コースタイム

湯元温泉→3時間20分→前白根山→30分→五色沼避難小屋→1時間→白根山→40分→弥陀ヶ池《みだがいけ》→50分→五色山→25分→国境平→1時間40分→湯元温泉

観察ポイント

Ⓐ雄大な奥白根……前白根山では、眼下には神秘的な五色沼、またその先に続く雄大な奥白根への展望が開ける。

Ⓑ360度、抜群の展望……白根山山頂からは、日光山系、富士山、谷川連峰、尾瀬や新潟、福島の山々までも遠望できる。

Ⓒ弥陀ヶ池付近のシラネアオイ……かつて大群生があったが、シカの食害により、今はその姿はない。電気柵があり、その中に見られる。

Ⓓダケカンバの大木……弥陀ヶ池から五色沼までは、立ち枯れたダケカンバが目立つ。

見られる花（　）内は開花月の目安

ミネザクラ・ガンコウラン（6）、イワカガミ・ツガザクラ（6～7）、コケモモ（7）、ハンゴンソウ・マルガダケブキ（7～8）

野鳥

アマツバメ、ビンズイ、イワヒバリ、カヤクグリ、コルリ、ルリビタキ、メボソムシクイ、コガラ、ウソ、ホシガラス

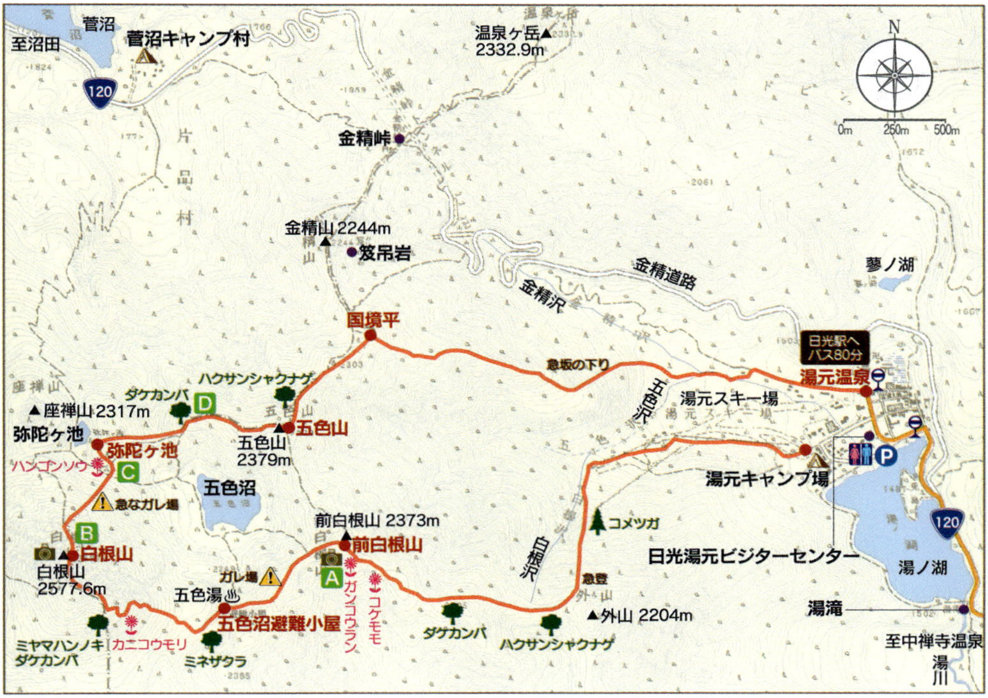

5 西ノ湖《さいのこ》・千手《せんじゅ》ヶ《が》浜探勝《はまたんしょう》コース

所要時間● 1時間20分（順路、逆路とも）
距　　離●3.2キロ

コース情報

＊赤沼茶屋から千手ヶ浜まで300円均一でハイブリッドバスが運行している。

＊夏期は中禅寺温泉発の千手ヶ浜行き遊覧船がある。問い合わせは中禅寺湖機船へ。

＊紅葉（ナナカマド、カツラなど）は10月中旬。

コースタイム（順路、逆路とも）

柳沢川《やなぎさわがわ》（西ノ湖入口）→10分→西ノ湖→10分→柳沢川→20分→千手ヶ浜→20分→千手堂跡→20分→千手ヶ浜（→１時間45分→竜《りゅう》頭ノ滝《ずのたき》）

観察ポイント

Ⓐ中禅寺湖とマス……中禅寺湖など、奥日光の湖沼に魚がすむようになったのは、明治６（1873）年にイワナが放流されてからといわれる。現在では中禅寺湖漁協が毎年マス類を放流しており、９月には柳沢川や外山沢川《とやまざわがわ》などにマスが遡上《そじょう》するのを見られる。

Ⓑ動物の足跡……一帯にクマ、ニホンジカが生息しているので、川原やヌカルミ、砂浜で足跡やフンが見られることがある。

Ⓒミズナラとヤチダモの林……コース沿いにある大木はミズナラで、中禅寺湖畔に多く見られる。西ノ湖畔は水位の変動が大きいので、水に強いヤチダモ林が見られる。

Ⓓ西ノ湖と柳沢川……昔は西ノ湖から千手ヶ浜にかけても湖の一部だったが、柳沢川などから多量の土砂が入り千手ヶ原ができた。西ノ湖は完全に埋まらずに残ったもので、このような湖を遺留湖《いりゅうこ》と呼んでいる。

見られる花（　）内は開花月の目安

ズミ（6）、フッキソウ・カンボク・ニシキウツギ（6～7）、カラマツソウ・オオヒナノウスツボ（7）、クルマバナ・トモエソウ（7～8）、マルバダケブキ（8）、サワギク（8～9）

野鳥

ウグイス、ミソサザイ、センダイムシクイ、カラ類、キビタキ、キツツキ類

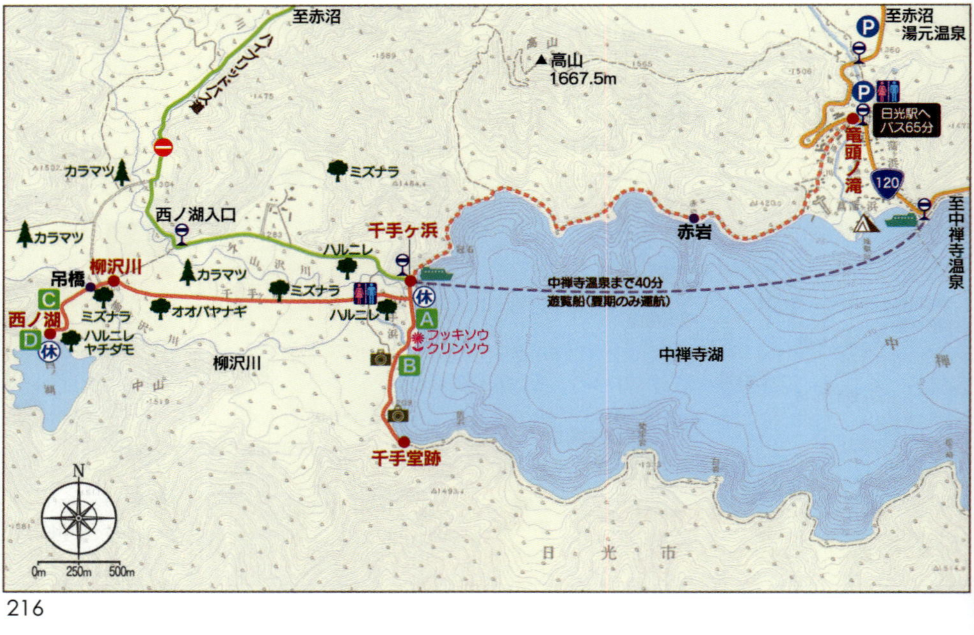

6 戦場ヶ原《せんじょうがはら》自然《しぜん》研究路《けんきゅうろ》コース

所要時間● 2時間35分（順路）、2時間50分（逆路）
距　　離●6.3キロ

コース情報

＊ほとんど平坦《へいたん》なコース。湯滝《ゆだき》入口を起点とした方が、帰りのバス待ちには便利。

＊湯元からコースに入る方法もある。

＊途中に、泉門池《いずみやどいけ》北の橋付近～光徳《こうとく》入口（1時間）、赤沼分岐～赤沼（10分）の道もある。

＊コースには湯滝駐車場以外にトイレがない。コース外で一番近いトイレは赤沼。

＊紅葉は10月上旬～中旬。草紅葉は９月下旬～。

コースタイム（　）内は逆路

湯滝入口→１時間（１時間10分）→泉門池→25分（25分）→青木橋→35分（35分）→赤沼分岐→15分（15分）→しゃくなげ橋→20分（25分）→竜頭ノ滝《りゅうずのたき》

観察ポイント

Ⓐ川の中に咲く花……６～９月に湯川《ゆかわ》をのぞくと、バイカモの白い花が咲いている。

Ⓑ戦場ヶ原の乾燥化……北のほうからズミやシラカンバが進入して乾燥化が進んでいる。原因は逆川《さかさがわ》からの土砂流入や、昭和初期のカラマツ植林に伴う排水溝など。歩道沿いの小さなカラマツは当時の植林の名残である。

Ⓒ見える山々……三岳《みつだけ》～男体山《なんたいさん》の６つの山を一望できる。

Ⓓ戦場ヶ原と湯川……ここは昔、男体山の噴出物が川をせき止めてできた湖だったが、その後湿原となった。湯川沿いの岩石はその噴出物。

見られる花（　）内は開花月の目安

ヒメシャクナゲ・ズミ（6）、ワタスゲ・レンゲツツジ（6～7）、イブキトラノオ（7）、ハクサンフウロ・ホザキシモツケ・ノアザミ（7～8）、ワレモコウ（8）、ハンゴンソウ・アキノキリンソウ（8～9）

野鳥

カワガラス、ミソサザイ、キビタキ、マガモ、ホオアカ、カモ類

7 小田代原探勝《おだしろがはらたんしょう》コース

所要時間● 2時間10分（順路、逆路とも）
距　　離●7.2キロ

コース情報
＊コース6と組み合わせて、赤沼やしゃくなげ橋を終点にする方法もある。
＊ハイブリッドバスを利用して小田代原バス停（トイレあり）で降りて散策する方法もある。コース途中ほかにトイレがないので注意。
＊紅葉は10月上旬～中旬。

コースタイム（順路、逆路とも）
赤沼→20分→しゃくなげ橋→40分→小田代原展望台→40分→泉門池《いずみやどいけ》→30分→光徳《こうとく》入口

観察ポイント
Ⓐニッコウザサとニッコウシダ……ミズナラ林に見られる背の低いササがニッコウザサで、その間にある細めの葉のシダがニッコウシダ。
Ⓑ植物のモザイク……土地の高低によって植物がモザイク状態に見える。高い北側はハクセンフウロ、ワレモコウなどの花畑。
Ⓒノアザミ……小田代原のシンボル的存在で、花が大きく色も濃いうえに背も高い。最近は数が減っている。
Ⓓ泉門池……昔の湖の一部だったと考えられる。池の端に湧き水があり、水がきれい。また、マガモも見られる。

見られる花（　）内は開花月の目安
ウマノアシガタ・レンゲツツジ（6～7）、イブキトラノオ・ハクサンフウロ・ホザキシモツケ（7～8）、ハンゴンソウ・ワレモコウ・トモエシオガマ（8）、アキノキリンソウ（8～9）

野鳥
キツツキ類、ノビタキ、カラ類

8 湯《ゆ》ノ《の》湖《こ》一周Q＆A《いっしゅうきゅーあんどえー》コース

所要時間● 1時間10分（順路、逆路とも）
距　　離●2.9キロ

コース情報

＊短い平坦《へいたん》なコース。朝夕の散歩にもいい。
＊自然に関する設問が13か所にあるので挑戦してみよう。湯元ビジターセンターで、解答のついた「Q＆A地図」を販売している。
＊コース途中にトイレがないので注意。
＊コース途中に、湯滝《ゆだき》上から湯滝展望台へ下りる道（往復20分）がある。
＊駐車場は湖畔より奥にいくつかあるので、満車のときはさらに奥に入ってみるといい。
＊紅葉は10月上旬～中旬。

コースタイム（順路、逆路とも）

湯元温泉→40分→湯滝上→20分→兎島《うさぎじま》湿原→10分→湯元温泉

観察ポイント

Ⓐ湯ノ湖周辺の鳥たち……ウグイス、シジュウカラ、キツツキ類などのほかに、水辺にキセキレイなどがいる。冬にカモが渡ってくるが、冬以外でもマガモが見られる。春～夏には、温泉街の軒先にイワツバメが巣をつくる。コブハクチョウとアヒルは飼育されたもの。
Ⓑ湯ノ湖の水はどこから……湯ノ湖の水は湯滝から流れ落ちるが、流れ込む川では水量が追いつかない。実は湖底から多量の水が湧き出していて、湖水の約90パーセントを占める。
Ⓒコカナダモ……ここから北岸に多く見られる藻が、北米原産の帰化植物のコカナダモ。繁殖力が強く、ボートのオールにからみつくほどなので、定期的に除去作業を行っている。
Ⓓ兎島……湖に突き出たウサギの耳の形をした半島で、昔は島だったといわれる。付け根にある湿原は、昔の湖底と考えられている。

見られる花（　）内は開花月の目安

オオカメノキ（4～6）、アズマシャクナゲ・トウゴクミツバツツジ（5～6）、ベニサラサドウダン（6）、レンゲツツジ（6～7）、タマガワホトトギス（7～8）、トネアザミ（8～9）

野鳥

イワツバメ、カラ類、キセキレイ、コルリ、キビタキ

9　切込湖《きりこみこ》・刈込湖《かりこみこ》コース

所要時間●4時間（順路）、3時間30分（逆路）
距　　離●9.6キロ

コース情報

＊逆路の光徳《こうとく》～山王峠《さんのうとうげ》は上りがきつい。順路のほうがやや楽。コース途中にトイレなし。
＊光徳入口には駐車場がない。車の場合は光徳の駐車場の利用を。また光徳～光徳入口のバスは本数が少ないので注意。
＊紅葉は10月上旬～中旬。

コースタイム（　）内は逆路

湯元温泉→1時間（1時間）→刈込湖→1時間30分（1時間20分）→山王峠→1時間（40分）→光徳→30分（30分）→光徳入口

観察ポイント

Ⓐ湯元の源泉……湯ノ平《ゆのだいら》湿原から湯ノ湖にかけてが温泉源。湯ノ平湿原には温泉が流れ込み白濁している。

Ⓑ切込湖・刈込湖……両湖はつながっていて水の流れ出す沢がない。湯ノ湖などと同じく三岳《みつだけ》の噴火によってできた、せき止め湖。

Ⓒ涸沼《かれぬま》……すり鉢状の草原。6～7月に主に樹木の花が咲く。

Ⓓダケカンバとシラカンバ……標高1500メートル以上の亜高山帯に生えているのがダケカンバ。似ているシラカンバは、標高の低い光徳付近に生えている。

見られる花（　）内は開花月の目安

マルバシモツケ（7）、ハクサンフウロ・ヤマオダマキ（7～8）、バイケイソウ・クガイソウ・トモエシオガマ・カニコウモリ（8）、オヤマリンドウ（8～9）

野鳥

ミソサザイ、キツツキ類、カラ類

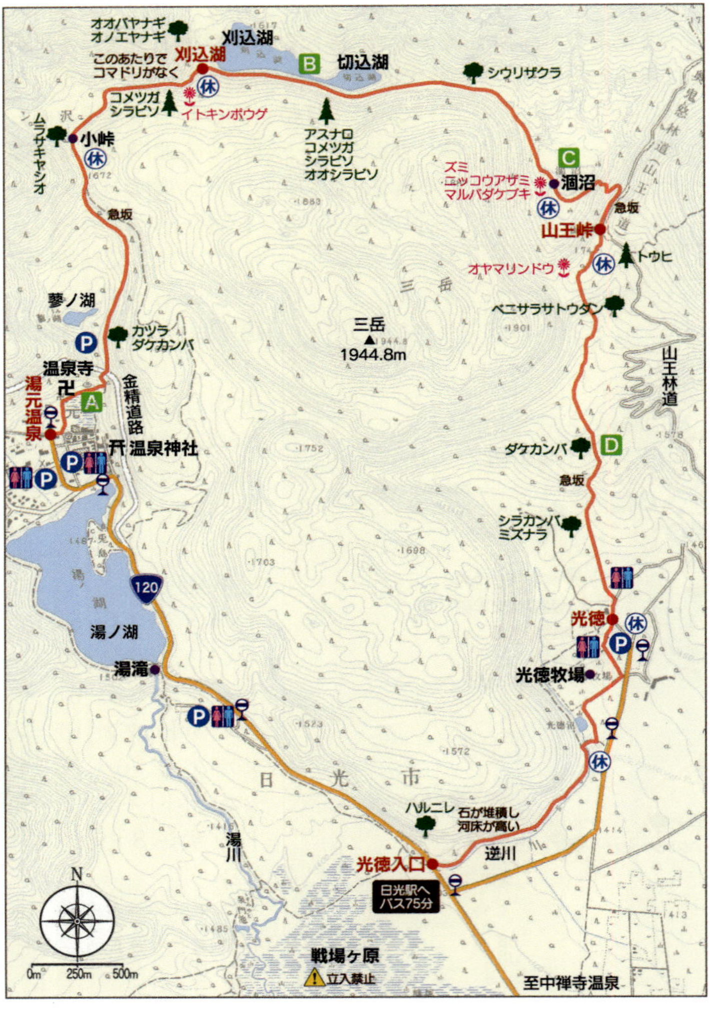

10 霧降高原丸山《きりふりこうげんまるやま》コース

所要時間● 2時間10分（順路、逆路とも）
距　　離●3.2キロ

コース情報

＊車の場合は第三駐車場を利用すると便利。

＊バス（季節運行）利用の場合は、日光駅から霧降高原行か大笹《おおささ》牧場行を利用し、霧降高原で下車。レストハウスが起点。レストハウスでは食事もできる。

＊紅葉は10月上旬～下旬。

コースタイム（　）内は逆路

レストハウス→ 40 分（30 分）→小丸山《こまるやま》→ 30 分（20 分）→丸山→ 30 分（40 分）→八平ヶ原《やっぺいがはら》→ 30 分（40 分）→レストハウス

観察ポイント

Ⓐニッコウキスゲ群落……6月下旬～7月下旬に、数万株の大群落をつくる。花は1日で終わるが、1株からたくさんの花を咲かせ、キスゲ平《だいら》を1か月かけて咲き上がっていく。

Ⓑキスゲ平と風……キスゲ平では木の枝が片側だけによく伸びているのが見られる。強い風のためで、樹形で風の方向がわかる。

Ⓒ大谷川扇状地《だいやがわせんじょうち》……日光市街地を頂点とする扇状地形が一望できる。大谷川によって運ばれた土砂が平野部に堆積《たいせき》してできたもの。

Ⓓコメツツジ……樹高約1メートルの白い花のツツジで、地をはうように生育している。

見られる花（　）内は開花月の目安

カタクリ（4）、オオヤマザクラ（4～5）、トウゴクミツバツツジ（5）、ベニサラサドウダン（5～6）、レンゲツツジ（6）、ニッコウキスゲ・コメツツジ（6～7）、ソバナ（7）、クガイソウ・シモツケソウ・ハクサンチドリ（7～8）、ホツツジ（8）、オヤマリンドウ（8～9）

野鳥

ホオジロ、カラ類、キツツキ類

11 霧降高原大山《きりふりこうげんおおやま》コース

所要時間●３時間45分（順路）、４時間20分（逆路）
距　　離●6.4キロ

コース情報

＊途中、霧降牧場内を通るが、入り口や出口では金属製の階段を上り下りする。牧場内ではウシの踏み跡と歩道を間違えないように。

＊合柄橋《がっからばし》は地名だけで、実際の橋はない。

＊盛夏には雷に注意。

＊紅葉は10月中旬～下旬。

コースタイム（　）内は逆路

レストハウス→１時間30分（１時間35分）→大山→50分（１時間）→猫ノ平《ねこのだいら》→１時間10分（１時間30分）→つつじが丘→15分（15分）→霧降ノ滝入口

観察ポイント

Ⓐレンゲツツジと牧場……大山～猫ノ平は霧降牧場の敷地で、夏だけウシが放牧されている。牧場にレンゲツツジが多いのは葉や花に毒があってウシが食べないため。５月下旬～６月にオレンジ色がかった花が見られる。

Ⓑ玉簾ノ滝《たますだれのたき》……玉簾ノ滝は落差はあまりないが、幅広い岩肌を滑るように落ちるのが印象的。霧降川沿いには上流にマックラ滝、下流に日光三名瀑《めいばく》のひとつ霧降ノ滝が見られる。

Ⓒヤマツツジ群落……このあたりに見られる低木のほとんどがヤマツツジである。日当たりがよく、わりあい乾燥したカラマツやミズナラの林のなかにも生育している。５月中旬～６月上旬に赤い花を咲かせる。

見られる花（　）内は開花月の目安

カタクリ（４）、アカヤシオ・カスミザクラ（４～５）、シロヤシオ・オオカメノキ（５）、エンレイソウ・ヤマツツジ（５～６）、レンゲツツジ（６）、ダマアジサイ（７）、ツリガネニンジン・トネアザミ（８）、リンドウ（８～９）

野鳥

カラ類、ミソサザイ、オオルリ

12 霧降《きりふり》高原《こうげん》歩道《ほどう》コース

所要時間● 2時間20分（順路）、2時間50分（逆路）
距　　離●5.5キロ

コース情報

＊順路のほうが歩きやすい。始点には駐車場がないので、バスを利用したコースとなる。

＊日光駅から高原歩道入口までは霧降高原行きのバスを利用する。問い合わせは東武バス日光営業所に。

＊紅葉は10月下旬～11月上旬。

コースタイム（　）内は逆路

高原歩道入口→ 1 時間（ 1 時間）→見晴台→ 1 時間20分（ 1 時間50分）→神橋《しんきょう》。サブコースは見晴台→30分（50分）→車道合流点→ 1 時間（ 1 時間15分）→滝尾神社《たきのおじんじゃ》（ここからは史跡探勝路・神橋～滝尾神社コースへ出る）

観察ポイント

Ⓐカラマツ……見晴台にかけての木は、ほとんどが植林されたカラマツ。明るい場所を好む代表的な陽樹で、針葉樹のなかでは珍しく落葉する。芽ぶきはわりに早く、紅葉は最も遅い。シラカンバと同じく風に弱く、コース近辺でも倒木が見られる。

Ⓑサルとシカ……近辺に皮のむかれた木を見ることができる。高い枝先までむかれているのは、サルが冬に樹皮を食べたもの。1.5メートル以下の場合は、シカが角をこすったもの。コース沿いに生えている丈の低いミヤコザサは、シカの重要な食料となっている。

Ⓒ雲竜渓谷《うんりゅうけいこく》……女峰山《にょほうさん》は日光火山群でも早い時期に噴火した成層火山で、浸食もかなり進んでいる。雲竜渓谷は頂上付近の爆裂火口によってつくられ、浸食が最も激しい。

見られる花（　）内は開花月の目安

カタクリ（3～4）、スミレ類・ルイヨウボタン（4～5）、クサボケ（5）、ヒメウツギ・ヤマツツジ（5～6）、ニシキウツギ（6～7）、シモツケソウ（7～8）、マツムシソウ（8）

野鳥

コゲラ、カラ類、アカゲラ、ノスリ、ウグイス、ミソサザイ、アオジ

資料・情報ページ

※本書に掲載されているデータは2017（H29）年２月９日現在のものです。制作の都合上、各種データに更新前のものもありますがご了承ください。掲載されている価格は原則すべて税込です。

※休業日に関しては、基本的に定休日のみを記載しており、特に記載のない場合でも臨時休業、お盆、年末年始などに休業することがあります。

1 一般情報

☎日光の市外局番（0288）
＊住所は全て栃木県日光市を省略してあります

①公共機関

区分	名　称	電話	FAX	住　所
観光案内	一般社団法人　日光観光協会	22-1525	25-3347	今市717-1
	日光支部（日光郷土センター内）			御幸町591
	日光支部足尾案内所（足尾市民センター内）			足尾町通洞9-1
	鬼怒川・川治支部（鬼怒川・川治温泉観光情報センター内）			鬼怒川温泉大原1404-1
	湯西川・川俣・奥鬼怒支部（日光市栗山行政センター内）			日陰575
	今市支部（道の駅日光　観光情報館内）			今市717-1
	日光支部 東武日光駅構内観光案内所［窓口案内のみ］			松原4-3
	JR日光駅ツーリストインフォメーションセンター［窓口案内のみ］			相生町115
市の機関	日光市日光行政センター	54-1112	54-2425	中鉢石町999
	日光市観光部日光観光課	53-3795	54-2425	中鉢石町999　日光総合支所2F
	日光市小来川地区センター	63-3111	63-3384	中小来川2667-1
	日光市清滝出張所	54-0894	54-0847	清滝2-5-22
	日光市中宮祠出張所	55-0078	55-0056	中宮祠2478-4
	日光市観光部足尾観光課	93-3116	93-4783	足尾町松原1-19
	日光・足尾教育行政事務所	53-3700	53-4970	御幸町4-1
	日光郷土センター	54-2496	54-2495	御幸町591
	日光体育館	54-1187	54-1187	相生町15
	日光図書館	53-5777	53-5777	中鉢石町999日光行政センター地内
	日光総合会館	54-1631	54-1609	安川町2-47
	日光公民館	53-3700	53-4970	御幸町4-1
県の機関	中禅寺ダム管理事務所	55-0174	55-0655	中宮祠1128
	日光土木事務所	53-1211	53-1218	萩垣面2390-7
国の機関	環境省日光自然環境事務所	54-1076	53-4154	本町9-5
	環境省日光湯元ビジターセンター	62-2321	62-2378	湯元官有無番地
	国土交通省関東地方整備局日光砂防工事事務所	54-1191	53-1268	萩垣面2390
	㈶日光社寺文化財保存会	54-0186	54-0187	山内2281
道路公社	栃木県道路公社	32-2325	32-2235	木和田島2096-1

区分	名　　称	電話	住　　所
警察	日光警察署	53-0110	稲荷町2-2-2
	駅前交番	53-3557	相生町181-7
	安川町交番	53-2551	安川町3-5
	中宮祠交番	55-0059	中宮祠2478-23
	野口駐在所	53-5002	野口628-3
	久次良町駐在所	54-3098	清滝安良沢1752-19
	清滝駐在所	54-0230	清滝1-10-3
	細尾駐在所	54-3097	細尾町428-1
	湯元駐在所	62-2517	湯元2549-28
	小来川駐在所	63-3028	小来川2613
	足尾交番	93-0110	足尾町通洞1-14
消防署	日光消防署	54-0050	石屋町408-1
	日光消防署中宮祠分署	55-0131	中宮祠2478
	日光消防署足尾分署	93-3839	足尾町通洞8-1
一般医	日光市立奥日光診療所	55-0501	中宮祠2478-22
	日光市民病院	50-1188	清滝安良沢町1752-10
	小泉内科クリニック	53-3555	久次良町1814-1
	森島小児科医院	54-0491	花石町1833
	小西医院	54-0924	安川町8-25
	岡医院	54-0218	下鉢石997-1
	藤原医院	54-1035	石屋町5-7
	いちいクリニック	50-1192	七里713-5
	鵜原小児科	53-5311	和泉230
	日光市立小来川診療所	63-3061	中小来川2668-2
	日光野口病院　*16歳以下の診療は不可	50-3111	野口445
	足尾双愛病院	93-2011	足尾町砂畑4147-2
	多島医院	93-2033	足尾町赤沢21-28
歯科医	齋藤歯科医院	54-1122	花石町1824
	大島歯科医院	54-0832	花石町15-8
	船越歯科医院	53-1330	本町7-28
	きりふり宮川歯科医院	53-0366	所野19-12
	宮川イーストデンタルクリニック	53-6480	稲荷町1-394-8
	てづか歯科医院	53-1956	松原町20-2
	片岡歯科医院	53-1999	松原町6-2
	野村歯科医院	93-2224	足尾町松原7-10
郵便局	日光郵便局	54-1815	中鉢石町896-1
	日光駅前郵便局	54-1812	松原町12-1
	日光本町郵便局	54-1811	本町5-6
	日光安良沢郵便局	54-1814	安良沢町1752-17
	清滝郵便局	54-1813	清滝2-4-15
	中禅寺郵便局	55-0426	中宮祠2478-71
	小来川郵便局	63-3001	宮小来川594
	足尾郵便局	93-2150	足尾町赤沢15-21
	足尾赤倉郵便局	93-2178	足尾町上間藤13-4

②金融機関

■銀行・労働金庫の取り扱いカードと両替

金融機関名	電話	両替	取り扱いカード	営業時間
足利銀行日光支店	54-2121	○	VISA、JCB、DC、UC、イオン、オリックス、オリコ、ジャックス、ニコス、他	＊窓口　平日 9:00 ～ 15:00 土日祝休 ＊ATM 平日 8:00 ～ 21:00 土日祝 9:00 ～ 21:00 ＊海外発行カードも利用可
足利銀行足尾支店	93-3211	○ 前日の午前中までに要予約	VISA、JCB、DC、UC、イオン、オリックス、オリコ、ジャックス、ニコス、他	＊窓口　平日 9:00 ～ 15:00 ＊ATM 平日 8:45 ～ 17:00
栃木銀行日光支店	54-2155	○	VISA、JCB、DC、UC、イオンクレジット、ライフ、アプラス、ジャックス、ニコス、ダイナースクラブ、オリックス、ニッセン、OMC、UCS、楽天銀行、モビット、MUFG CARD、他	＊窓口　平日 9:00 ～ 15:00 土日祝休 ＊ATM 平日 8:45 ～ 19:00 土日祝 9:00 ～ 17:00
中央労働金庫鹿沼支店日光出張所	53-0331	×	金融機関（都銀、信託銀行、地銀、信金、信組、JA 等）ならびにゆうちょ銀行、セブン銀行、イオン銀行、ビューカード（ビューアルッテ）、コンビニ（イーネット、LANs（ローソン ATM）、他	＊窓口　平日 9:00 ～ 15:00 土日祝休 （木曜日は 19:00 まで） ＊ATM 平日 8:00 ～ 21:00 土 8:00 ～ 19:00 日祝 9:00 ～ 19:00

＊外国で発行されたカードはキャッシュディスペンサーを利用できないので、パスポート持参のうえ窓口で換金を（換金できない外貨もあるので、事前に問い合わせを）
ただし、足利銀行日光支店では海外発行カード利用可。

■郵便局のATM利用

局　名	電話	ATM利用可能時間
日光郵便局	54-1815	平日 8:45 ～ 19:00　土日祝 9:00 ～ 17:00
日光駅前郵便局	54-1812	平日 9:00 ～ 17:30　土日祝 9:00 ～ 17:00
中禅寺郵便局	55-0426	平日 8:45 ～ 18:00　土日祝 9:00 ～ 17:00
足尾郵便局	93-2150	平日 8:45 ～ 18:00　土 9:00 ～ 17:00　日祝 9:00 ～ 14:00
足尾赤倉郵便局	93-2178	平日 9:00 ～ 17:30　土 9:00 ～ 12:30

＊外貨両替の売買は日光郵便局のみ可能。扱っているのは、US・ドル、カナダ・ドル、オーストラリア・ドル、ユーロ、スイス・フラン、イギリス・ポンド・韓国ウォン、中国元で、貯金窓口開設時間中に受付。ただし、日本円からの外貨両替の場合、前日午前中までに予約をし、在庫金の確認が必要（外貨両替は平日9:00～16:00）

2 交通情報

☎日光の市外局番（0288）

■JRの主な料金　☎050-2016-1600

宇都宮～日光　760円　　東京～日光　2,590円
横　浜～日光　3,350円　　新幹線特急券（東京～宇都宮）　2,470円

■東武鉄道の主な料金　☎54-0137

浅草～東武日光　1,360円　　鬼怒川温泉～東武日光　310円
特急料金（浅草～日光）　1,030～1,440円（曜日と時間帯により異なる）
＊個室料金（大人４名まで利用可）　１室平日3,090円、土日祝3,700円
●まるごと日光・鬼怒川東武フリーパス（4日間有効、日光・鬼怒川地区の鉄道、バスが乗り降り自由）
浅草～鐘ヶ淵　6,150円（4～11月）、5,630円（12～3月）

北春日部～和戸　5,700円（4～11月）、5,210円（12～3月）
●まるごと日光東武フリーパス（4日間有効、日光地区の鉄道、バスが乗り降り自由）
浅草～竹ノ塚　　4,520円（4～11月）、4,150円（12～3月）
北春日部～和戸　4,110円（4～11月）、3,760円（12～3月）
＜フリーパスの発売所＞
東武線各駅。ただし東上線、越生、押上、相老、赤城、渡瀬、治良門橋、野洲大塚、板荷、下今市～新藤原間の各駅および無人駅を除く、浅草駅旅行センター、東武トップツアーズ、JTB、近畿日本ツーリスト、日本旅行、JR東海ツアーズの各支店および提携店舗
●SL「大樹」（たいじゅ）
東武鬼怒川線 下今市～鬼怒川温泉間 12.4km 大人 750円、小児 380円
※運転区間内一律料金となります。※別途、乗車区間の運賃が必要です。※土日祝を中心に運転。

■JR・東武直通特急の主な料金

JR新宿～東武日光　1,940円　　　特急料金　JR新宿～東武日光　2,060円
JR大宮～東武日光　1,470円　　　特急料金　JR大宮～東武日光　2,060円
特急列車　JR新宿～日光・鬼怒川　4,000円

■わたらせ渓谷鐵道の主な料金　☎0277-73-2110

桐生～足尾　1,110円　　　相老～足尾　1,050円
＊4～11月の土・日・祝を中心に「トロッコ列車」を運行
ご利用には乗車券とトロッコ整理券が必要です。お求めは、JR東日本の主な駅の「みどりの窓口」「びゅうプラザ」へ（一部の駅を除く）

■関東自動車（バス）の主な料金　☎028-634-8131

JR宇都宮駅～東武日光駅　1,230円（JR宇都宮駅の日光行バス乗場は８番）
JR宇都宮駅～日光東照宮　1,290円
成田空港～JR宇都宮駅　　4,000円（予約制　☎028-638-1730）
成田空港～JR日光駅　　　4,500円（4月～11月 季節運行）
羽田空港～JR宇都宮駅　　3,600円（予約制　☎028-638-1730）

■東武バスの主な料金　☎54-1138

始点	JR乗場	東武乗場	行き先	料金(円)
JR日光駅前	1A･1C	2A･2C	神橋	200
東武日光駅前	1A･1C	2A･2C	西参道入り口	310
	1A･1C	2A･2C	日光植物園	350
	1A	2A･2C	中禅寺温泉	1,150
	1A	2A	竜頭ノ滝	1,400
	1A	2A	赤沼	1,500
	1A	2A	光徳温泉･日光アストリアホテル	1,650
	1A	2A	湯元温泉	1,700

始点	JR乗場	東武乗場	行き先	料金(円)
JR日光駅前	1C	2D	日光霧降スケートセンター	270
東武日光駅前	1C	2D	霧降ノ滝	330
	1C	2D	霧降高原	720
	1C	2D	大笹牧場	1,050
	1B	2B	世界遺産めぐり(表参道まで)	290
	1B	2B	世界遺産めぐり(大猷院･二荒山神社前)	310
中禅寺温泉			湯元温泉	860
光徳温泉･日光アストリアホテル			湯元温泉	410

●お得なフリーパス（2日間有効、区間内は乗り降り自由）
湯元温泉フリーパス（湯元温泉まで）3,000円　　戦場ヶ原フリーパス（三本松まで）2,650円
中禅寺温泉フリーパス（大崎まで）2,000円　　*大笹牧場フリーパス（大笹牧場まで）1,800円
*霧降高原フリーパス（霧降高原まで）1,200円　霧降の滝フリーパス（当日限り、霧降の滝まで）600円
世界遺産めぐり手形（当日限り、二社一寺付近まで）500円
＊冬期運休の為、フリーパスの販売は致しません。
＜フリーパスの発売所＞
東武日光駅構内東武ツーリストセンター、JR日光駅みどりの窓口

■低公害ハイブリッドバス　☎55-0880

奥日光の自然を保護するために、低公害ハイブリッドバスが戦場ヶ原の赤沼から小田代原を経由して千手ヶ浜まで運行している。この区間は一般車通行止めなので、自家用車の場合は赤沼駐車場（無料）を利用するとよい。
運行期間は４月下旬～11月下旬、フリー乗降で１回大人300円、小人150円。

■日光市営バス（足尾JR日光駅線）　☎93-3112（足尾総合支所市民福祉課）

JR・東武日光駅〜銅山観光入口　1,180円

■JAF　古谷自動車整備工場　☎54-1941

■タクシー、ハイヤー

始点	行き先	概算料金
JR・東武日光駅	山内	1,180円
	中禅寺温泉	6,500円
	竜頭ノ滝（菖蒲ヶ浜）	9,000円
	光徳・湯元温泉	11,000円
	霧降ノ滝（つつじヶ丘）	1,600円
	キスゲ平（霧降高原）	4,300円
	日光霧降スケートセンター	1,090円

日光交通　☎ 54-1188（0120-81-2552）

中央交通　☎ 54-2138（0800-800-7878）

大和交通　☎ 54-1515（0120-30-1717）

三英自動車　☎ 54-1130（0120-88-1781）

足尾観光タクシー　☎ 93-2222

■有料道路

車両	東北自動車道 ☎0289-76-3135 浦和〜宇都宮	日光宇都宮道路 ☎32-2325 宇都宮〜日光		宇都宮〜清滝	
		5〜11月	12〜4月	5〜11月	12〜4月
軽自動車	2,480 円	410円	310円	460円	360円
普通乗用車	3,050 円	410円	310円	460円	360円
マイクロ（29人まで）	3,630 円	410円	310円	460円	360円
大型車（乗車29人以下）	4,940 円	610円	450円	680円	520円
特大車8t以上（乗車30人以上）	8,120 円	1,420円	1,060円	1,600円	1,240円

■レンタカー

ニッポンレンタカー　☎54-0821

日産レンタカー　☎50-1523

トヨタレンタリース　☎50-1800

ニコニコレンタカー　☎53-1566

■中禅寺湖遊覧船　☎55-0360

区間	所要時間	料金（15名以上の団体は１割引）	
		一般	小学生
1周航路（名所廻り）	55分	1,250円	630円
船の駅中禅寺〜千手ヶ浜	35分	940円	470円
船の駅中禅寺〜菖蒲ヶ浜	20分	600円	300円
菖蒲ヶ浜〜千手ヶ浜	15分	380円	190円
菖蒲ヶ浜〜立木観音〜船の駅中禅寺	35分	760円	380円
立木観音〜船の駅中禅寺	5分	160円	80円

＊運航期間は、4月中旬〜11月30日（但し、6月18日は貸切により運休）

＊1周航路（名所廻り）の運航は、4月20日〜11月4日（9:30〜15:30）、4月中旬〜4月19日・11月5日〜30日（10:30〜14:30）

＊千手ヶ浜行の運航は、6月1日〜7月3日の毎日（6月18日は運休）、7月4日〜9月30日は貸切専用にて適宜運航

■明智平ロープウェイ　☎55-0331

営業時間：9:00〜15:00

料　　金：一般往復730円、片道400円。小児（６歳以上12歳未満）往復370円、片道200円

＊メンテナンスのため、運休期間あり

＊季節により運行時間変更あり

■華厳滝エレベーター　☎55-0030

営業時間：12～2月 9:00～16:30、3～4・11月 8:00～17:00、
5～9月 8:00～17:00（土日祝日7:30～18:00）、10月 8:00～17:00（土日祝日7:30～17:00）

個人料金：一般550円、小学生330円

団体料金（30名以上）：一般490円、高校生440円、中学生350円、小学生280円

＊受付時間は運行終了時間の20分前まで。

＊時期により変更がある為、事前問合せ。

■貸ボート

中禅寺湖					
中禅寺湖小型船舶安全対策協議会　☎55-0042			中禅寺レイクサービス協業組合　☎55-0072		
船の種類	時間・コース	料金	船の種類	時間・コース	料金
手漕ぎボート（2名）	1時間以内	1,000円	手漕ぎボート（2名）	1時間以内	1,000円
スワンボート（3名）	30分以内	1,500円	足漕ぎボート（3名）	30分以内	1,500円
スワンボート（4名）	30分以内	2,000円	足漕ぎボート（6名）	30分以内	3,000円
モーターボート（5名）	Aコース	5,000円	モーターボート（5名）	名所巡り	6,000円
	Bコース	6,000円		竜頭巡り	12,000円
	Cコース	12,500円			

＊中禅寺レイクサービス協業組合では、千手ヶ浜への水上タクシーを運航（4～11月）

湯ノ湖		
湯元レストハウス　☎62-2156		
船の種類	時間・コース	料金
釣船（和船、3名乗り）	1日	4,300円
釣船（ローボート、2名乗り）	1日	3,200円
釣船（ローボート、3名乗り）	1日	4,300円

■日光 定期観光バス　東武バス日光(株)日光営業所 ☎54-1138

●日光満喫一日コース（昼食代、各神社仏閣拝観料・案内料含む。）
東武日光駅10:00⇒神橋⇒二荒山神社中宮祠（八乙女神楽）⇒中禅寺立木観音⇒中禅寺金谷ホテル（昼食）⇒華厳の滝⇒二社一寺（西参道）⇒東武日光駅16:45
※料金　A1東武日光駅～東武日光駅　大人7,500円、小児4,250円　※所要時間6時間45分
A2鬼怒川温泉駅～鬼怒川温泉駅　大人7,800円、小児4,400円　※所要時間7時間30分

●世界遺産満喫半日コース（拝観料込）　大人3,000円、小児1,490円

■日光おでかけサロン ☎54-2700

●ナチュラルパークツアー≪パート１≫ 大好評運行!!
期間：通年
バスで行くゆったり快適な半日観光。
奥日光の大自然をリーズナブルな料金で半日観光!!
１日２便運行（午前便／午後便）
料金：大人お一人様3,200円　子供1,600円（3歳以上12歳未満）

●ナチュラルパークツアー≪パート2≫　大好評運行中！
バスで行くゆったり快適な半日観光。
奥日光の大自然や、日光の隠れた名所をお手頃料金で!!
あまり知られていないもうひとつの日光をリーズナブルな料金で半日観光!!
期間：通年
料金：大人お一人様2,200円　子供1,100円（3歳以上12歳未満）

3 社寺拝観料・施設利用料

☎日光の市外局番（0288）
HP ＝ホームページ

■日光市街

名称	住所・電話	交通・駐車場	開館（拝観）時間	料金（団体料金）	備考	HP
日光田母沢御用邸記念公園	本町8-27 ☎53-6767	🚏日光田母沢御用邸記念公園から徒歩1分 Pあり	9:00～17:00 （11～3月は～16:30、受付は～16:00）	大人510円（410円） 小中学生250円（200円）	休館日:火曜（祝日の場合翌日）4月中旬～5月、お盆、10～11月、年始（1/2～5）は休まず開園、 団体は20名以上	○
小杉放菴記念日光美術館	山内2388-3 ☎50-1200	🚏神橋から徒歩3分 Pあり	9:30～17:00 （入館は～16:30）	大人720円（640円） 大学生 510円（460円） 高校生以下無料	休館日:月曜（祝日の場合翌日）他展示替・メンテナンスのため休館あり、 団体は20名以上	○
日光郷土センター	御幸町591 ☎54-2496	🚏日光郷土センター前すぐ Pあり	9:00～17:00	無料	休館日:年中無休	×
日光植物園（東京大学大学院理学系研究科附属植物園日光分園）	花石町1842 ☎54-0206	🚏日光植物園から徒歩2分 Pあり	4月15日～11月30日の9:00～16:30 （入園は～16:00）	大人400円（300円） 高校生400円（250円） 小中学生130円（100円）	休館日:月曜 （祝日の場合翌日） 団体は20名以上	○

■日光山内

日光東照宮（東照宮券）	山内2301 ☎54-0560	🚏神橋から徒歩15分 Pあり	8:00～17:00 （11～3月は～16:00）	大人1,300円（1,170円） 小中学生450円（405円）	団体は35名以上	○
宝物館	☎54-2558			大人1,000円（900円） 小中学生400円（360円）		
美術館	☎54-0560			大人800円（640円） 高校生600円（480円） 小中学生400円（320円）	団体は30名以上	

＊拝観区域:表門より陽明門・拝殿・石の間・東廻廊（眠猫）・奥宮・本地堂（鳴竜）等

日光山輪王寺（輪王寺券）	山内2300 ☎54-0531	🚏神橋から徒歩10分 Pあり	8:00～17:00 （11～3月は～16:00）	大人900円（810円） 高校生900円（810円） 小中学生400円（360円）	団体は35名以上	○
三仏堂券				大人400円（360円） 小中学生200円（180円）		
大猷院券				大人550円（495円） 小中学生250円（225円）		
宝物殿逍遥園券			最終入場30分前	大人300円（270円） 小中学生100円（90円）	団体は30名以上	

＊拝観区域:三仏堂・大猷院仁王門から皇嘉門まで。昇殿は大猷院拝殿まで（天空回廊（H30年3月予定）は三仏堂券で入場可）

日光二荒山神社	山内2307 ☎54-0535	🚏西参道入口から徒歩5分 Pあり	8:00～17:00 （11～3月は9:00 ～16:00）	参拝無料 神苑拝観料大人200円 小中学生100円	日光神楽500円・特別参拝神楽1,000円は10名以上（神苑拝観料含む）	○

＊受付は終了の30分前まで

■中禅寺湖・男体山

栃木県立日光自然博物館	中宮祠2480-1 ☎55-0880	🚏中禅寺温泉から徒歩1分 Pなし	4月～11月10日 9:00～17:00 11月11日～3月 10:00～16:00	大人510円（400円） 小中学生250円（200円）	休館日:11～5月の月曜 （祝日の場合翌日） 12/29～1/3、休館 団体は20名以上	○
日光山中禅寺立木観音	中宮祠2578 ☎55-0013	🚏中禅寺温泉から徒歩15分 Pあり	4～10月 8:00～17:00 11・3月 8:00～16:00 12～2月 8:30～15:30	大人500円（450円） 小中学生200円（180円）	団体は20名以上	○

名称	住所・電話	交通・駐車場	開館（拝観）時間	料金（団体料金）	備考	HP
■中禅寺湖・男体山						
日光二荒山神社中宮祠	中宮祠2484 ☎55-0017	二荒山神社中宮祠から徒歩1分 Pあり	4～10月 8:00～17:00 11・3月 9:00～16:00 12～2月 8:30～15:30	大人500円（400･350円） 小中学生250円（150･100円） 宝物館料金のみ	団体は30～99名と100名以上の2種類あり	○
男体山登山			開山5月5日～10月25日 （受付時間6:00～正午）	大人500円 小中学生300円		○
さかなと森の観察園（国立研究開発法人水産研究・教育機構 中央水産研究所日光庁舎）	中宮祠2482-3 ☎55-0055	菖蒲ヶ浜から徒歩1分 Pあり	3月20日～10月31日の9:00～17:00 （11月は～16:00）	大人300円（240円） 小中学生100円（80円） シーズンパスポート 大人1,000円 小中学生350円	団体は20名以上 シーズンパスポートは発券日から、その年の11月30日まで有効 12月～3月19日は休園	○
■湯元温泉						
日光湯元ビジターセンター	湯元 ☎62-2321	湯元温泉から徒歩1分 Pあり	9:00～16:30 （4～6月、9～11月） 8:30～17:30（7･8月） 9:30～16:30（12～3月）	無料	休館日: 12～1月の平日（祝日の場合開館）、 2～3月は水曜	○
日光山温泉寺	湯元 ☎55-0013	湯元温泉から徒歩2分 Pあり	入浴休憩4月下旬～11月下旬の8:00～17:00まで受付（1時間）	大人500円 小人300円		○
■霧降高原						
日光木彫りの里工芸センター	所野2848 ☎53-0070	丸美から徒歩5分 Pあり	9:00～17:00	無料 日光彫体験材料費のみ 920円～（60～80分）	休館日:11～4月の木曜（祝日の場合翌日） 12/29～1/3 休館	○
日光うるし博物館	小倉山2829 ☎53-6807	丸美から徒歩10分 Pあり	3月中旬～11月中旬の土～月曜10:00～16:30	無料		○
■足尾						
足尾銅山観光	☎93-3240	通洞駅*から徒歩5分 Pあり	9:00～16:30	大人820円（720円） 高校生820円（510円） 小中学生410円（300円）	年中無休 団体は15名以上	○
足尾環境学習センター	☎93-2525	間藤駅*から徒歩45分 Pあり	9:30～16:30	大人200円（180円） 高校生以下100円（90円）	4～11月 無休 12～3月 休館 最寄駅からタクシーで10分 団体は15名以上	
NPO法人足尾歴史館	☎93-0189	通洞駅*から徒歩5分	10:00～16:00	大高校生350円（300円） 子供250円（200円）	月曜休館（祝日の場合翌日） 12～3月 休館 団体は15名以上	○

*わたらせ渓谷鐵道

ガイド案内

		人数	一般・高校生	小中学生
二社一寺案内料金	申し込み先 日光殿堂案内協同組合 ☎54-0641　山内2281 大日光観光ガイド ☎54-3545　安川町2282	1～20	6,000円	5,500円
		21～40	7,000円	6,500円
		41～60	8,000円	7,500円
		61～100	9,000円	8,500円

* 上記の案内料金は案内人1名に対し、案内時間2時間迄の基本料金になります。
（繁忙期はお受け出来ない日、又は案内時間の縮小等もございますので、お電話頂いた時にご確認下さい。）
* 2時間以上ご希望の場合は、30分の延長毎に3,000円プラスになります。
* 101人以上は、20人増すごとに1,000円増しになります。
* 当日のキャンセルにつきましては、ご依頼頂いた案内時間料金の100％（延長料金等も含む）がキャンセル料になりますのでご注意ください。
* 各案内人に対しての指名料金は、基本料金プラス5,000円になります。

4 宿泊施設 （日光市観光協会加盟店）☎日光の市外局番（0288）

①ホテル（ルームチャージのみ）

＊料金はツインルームに2名で宿泊した場合の1室の料金、消費税・サービス料込
下限は平日の標準タイプの部屋の料金。上限はトップシーズンの一番高い部屋の料金

■日光市街

施設名	住所	電話	FAX	収容人数	部屋数	駐車場	天然温泉	HP	CC	料金（円）
日光金谷ホテル	上鉢石町1300	54-0001	53-2487	142	71	60	×	○	○	21,384 ～ 65,340
	PR 明治6年創業、現存する日本最古のリゾートホテル。虹鱒のソテー金谷風などが好評。									

■中禅寺湖・男体山

施設名	住所	電話	FAX	収容人数	部屋数	駐車場	天然温泉	HP	CC	料金（円）
中禅寺金谷ホテル	中宮祠 2482	51-0001	51-0011	114	57	50	○	○	○	28,512～142,560
	PR ミズナラの木立が広がる中禅寺湖畔に佇む、大人のための上質なリゾートホテルです。									

②ホテル・旅館（1泊2食付）

＊料金は1泊2食付で2名で泊まった場合の1名分の料金、消費税・サービス料込
下限は平日の標準タイプの部屋と料理の料金。上限はトップシーズンの一番高い部屋と料理の料金

■日光市街

施設名	住所	電話	FAX	収容人数	部屋数	駐車場	天然温泉	HP	CC	料金（円）
アネックスタートル ほとり庵	匠町 8-28	53-3663	53-3883	26	11	8	○	○	○	6,400～7,400
	PR B&Bスタイルの1人旅も気軽に泊まれる宿。外国人も多い。国際的気分をどうぞ。									
梅屋敷旅館	萩垣面 2398	54-1145	54-1147	94	24	50	○	○	○	8,500～15,000（税別）
	PR 世界遺産より徒歩10分、四季折々の花が咲く庭園施設に是非、一度お越しくださいませ。									
大野屋旅館	下鉢石町 814	54-1166	54-1165	50	13	10	○	○	×	6,300～9,975
	PR 駅、東照宮まで徒歩10分。リーズナブルなまごころの宿。（料金は１泊朝食付）									
奥の院 ほてるとく川	日光 2204	53-3200	53-4900	90	22	20	○	○	○	25,920～59,400
	PR 日本庭園に囲まれた和風情緒溢れる宿。2016年秋別邸「アクア」オープン。									
小槌の宿 鶴亀大吉	安川町 2-53	54-1550	54-3433	135	28	15	○	○	○	17,280～38,880
	PR 日光東照宮すぐ近く。招福と味覚をテーマにした縁起宿。									
上州屋旅館	中鉢石町 911	54-0155	53-2000	20	8	6	×	○	×	素泊り4,500～ 6,630～8,790
	PR 観光の拠点としてご利用頂き皆様の旅の手伝いが出来ればと思っております。									
タートル・イン・日光	匠町 2-16	53-3168	53-3883	21	10	8	○	○	○	素泊5,000～6,800
	PR 外国人客が多く、日光観光に便利。二社一寺まで歩いて15分。1人旅も大歓迎。									
登喜和旅館	清滝 2-3-50	54-0419	54-0420	34	9	12	○	×	○	8,000～12,000
	PR 平成29年3月改装オープン。ツインタイプ・和室タイプでお待ち致しております。									
日光ぐりーんほてる 懐かし家 風和里	本町 9-19	54-2002	54-1144	170	35	40	○	○	○	10,800～21,600（入湯税別）
	PR 当館は懐かしいふるさとをテーマに、素朴で温かいおもてなしを心がけております。									
日光交流促進センター 風のひびき	所野 2854	54-1013	50-1030	50	12	30	×	○	○	7,130～8,130
	PR 研修室有り。合宿や研修などにぴったり！30名以上の宿泊なら貸し切りで利用できます。									
日光ステーション ホテルクラシック	相生町 3-1	53-1000	53-0666	148	71	40	○	○	○	14,150～31,150
	PR JR日光駅前に建つ当館は、自家源泉100%天然温泉風呂、バイキングが楽しめます。									

施設名	住所	電話	FAX	収容人数	部屋数	駐車場	天然温泉	HP	CC	料金(円)
日光素泊まりの宿 憩～ikoi～	久次良町 100	25-3538	25-3539	24	11	11	×	○	○	4,000～5,250
	PR 観光・お仕事のお客様のご利用をどうぞ。									
日光千姫物語	安川町 6-48	54-1010	54-0557	229	44	50	○	○	○	19,000～50,000
	PR 「日本古来の艶やかな美しさ」をテーマとした宿。旬の素材をあしらった懐石膳が人気。									
日光はなぶさ	所野 1458-1	54-2111	53-0559	10	5	5	×	○	○	22,860～35,000
	PR 全5室魅惑の露天風呂付離れの宿。1日10名様限定の美味多彩な食のおもてなしが好評。									
日光 星の宿	上鉢石町 1115	54-1105	53-2246	100	21	12	○	○	○	17,280～31,320
	PR 自然と庭園を愉しむ高台の宿。昼食・日帰り入浴もございますので、お問い合わせ下さい。									
ほていや旅館	松原町 5-3	54-0107	54-0107	20	7	7	○	×	×	7,560～9,180
	PR 東武日光駅より徒歩1分、観光の拠点。素泊4,860～5,940円。一人旅の利用可。									
ホテルヴィバ日光	松原町 255	53-5622	53-5624	45	27	25	×	○	○	4,900～6,300/人
	PR JR・東武駅より徒歩数分。朝食のみのB&Bホテル、ツイン、3～4人室、シングルも可									
ホテル いろは	安川町 2-51	54-1563	53-0545	60	20	6	○	○	×	10,950～19,590
	PR 東照宮の前に位置し、日光を観光するのに最適な場所にあります。									
ホテル高照	萩垣面 2400-1	53-1311	53-1222	70	24	20	○	○	○	10,000～17,000（税別）
	PR 東照宮まで徒歩10分の所にある、山の動物も訪れる静かな宿です。									
ホテル ナチュラルガーデン日光	花石町 1825-3	50-3070	54-1210	70	32	30	○	○	○	10,260～21,600
	PR ツインルームを基調とした、洋式リゾートホテルです。									
ホテル 春茂登	安川町 5-13	54-1133	53-3509	100	22	10	○	○	○	8,640～17,280
	PR 東照宮まで徒歩5分に位置する近代旅館。四季折々の旬の料理が好評です。									
吉野屋旅館	相生町 5-8	54-3147	54-3147	25	5	4	×	×	×	8,000～10,000
	PR 東武日光駅・JR日光駅の中間にあり、両駅に徒歩2分と大変便利な低料金の宿です。									

■日光山内

日光 東観荘	山内 2335	54-0611	53-3914	100	18	30	○	○	○	8,000～18,000
	PR 世界遺産日光山境内、東照宮まで徒歩5分。名物ゆばや地元の山野菜を活かした旬の会席									
ホテル 清晃苑	山内 2350	53-5555	53-5554	100	25	20	×	○	○	8,000～22,000
	PR セカイブンカイサンニ　イチバンチカイヤド									

■中禅寺湖・男体山

奥日光ホテル四季彩	中宮祠 2485	55-1010	55-0385	80	36	30	○	○	○	16,350～27,150
	PR 乳白色と開放的眺望の露天風呂。料理長自慢の会席料理が大好評をいただいております。									
日光山水	中宮祠 2478	55-0378	55-0831	35	10	10	○	○	○	10,000～15,000（税別）
	PR 男体山登山口まで徒歩5分。下山後の入浴可。当館前は遊覧船乗り場となっております。									
日光中禅寺湖温泉ホテル花庵	中宮祠 2480	51-0105	55-1051	58	22	18	○	○	○	12,500～39,000
	PR 2種類の温泉と朝夕40種の新鮮野菜使用の創作料理を満喫！中禅寺湖一望の良質空間♪									
ホテル 湖上苑	中宮祠 2478	55-0500	55-0368	30	10	13	○	○	○	12,960～19,440
	PR 元外国大使別荘跡に建つ抜群のロケーションのグルメ宿。源泉かけ流しの硫黄泉も魅力。									
ホテル&レストランコタン	中宮祠 2482	55-0777	55-0297	24	10	14	×	○	×	9,000～15,000
	PR 高原への誘い、一幅の絵を見るような湖畔の宿。自然とロマンがあなたを呼んでいます。									

施設名	住所	電話	FAX	収容人数	部屋数	駐車場	天然温泉	HP	CC	料金(円)
レステル金波	中宮祠 2484	55-0209	55-0208	20	5	18	×	×	×	6,000
	PR 全室、中禅寺湖に面した眺めの良い宿です。ヒメマス等湖水魚料理をお楽しみください(食事は自由注文)									

■戦場ヶ原

日光アストリアホテル	光徳温泉	55-0585	55-0731	294	61	48	○	○	○	11,000～18,500
	PR 光徳温泉唯一のリゾートホテルです。大自然に包まれ、ゆっくりとおくつろぎ下さい。									

■湯元温泉

奥日光 倶楽部 山の宿	湯元 2549-3	62-8081	62-8082	30	10	10	○	○	○	10,000～15,000
	PR 漁港直送の旬の魚と、地元産の野菜や米を使った料理を堪能していただけます。									
奥日光 高原ホテル	湯元 2549-6	62-2121	62-2370	290	62	50	○	○	○	15,270～22,830
	PR 平成29年6月にリニューアルオープン。湯元最大規模の露天風呂を有す名湯名水の宿。									
奥日光 小西ホテル	湯元 2549-5	62-2416	62-2360	220	44	30	○	○	○	13,900～26,100
	PR 専属ガイドのツアーや投扇興など旅の新たな楽しみ方と、明治元年創業の伝統を貴方に。									
奥日光 パークロッジ深山	湯元 2549	62-2211	62-2368	45	10	10	○	○	×	8,856～11,016
	PR 奥日光連山を一望できるレストランと手料理、かけ流しの天然温泉をお楽しみください。									
奥日光 森のホテル	湯元 2551	62-2338	62-2477	130	25	20	○	○	○	20,000～40,000
	PR 自然との共存と温かみを兼ねそなえた北欧スタイルのリゾートホテルです。									
奥日光 ゆの森	湯元 2549-3	62-2800	62-2801	35	12	12	○	○	○	23,830～29,310
	PR 全室源泉かけ流しの温泉付。静かにゆっくりとお過ごしいただけます。									
奥日光 湯元 おおるり山荘	湯元 2519	62-2700	62-2700	364	72	40	○	○	×	5,300～8,300
	PR 湯ノ湖の湖畔のにごり湯温泉。首都圏からの送迎バスもあります。									
奥日光 湯元温泉 ホテル山月	湯元 2541	62-2424	62-2151	80	28	25	○	○	○	10,950～17,430
	PR 大自然と四季の景観に恵まれ、湯量豊富な源泉かけ流しの硫黄泉。ゆ処山月五識の湯好評。									
奥日光 湯元温泉 ミノヤ	湯元官有無番地	62-2464	62-2361	30	9	10	○	○	×	9,870～12,030
	PR 源泉掛け流し・スローライフ。									
休暇村 日光湯元	湯元官有無番地	62-2421	62-2423	208	63	100	○	○	○	10,000～16,000
	PR シックな佇まいに、暖炉のある吹抜けのロビーや白濁の温泉などリゾート感あるホテル。									
紫雲荘	湯元 2541-1	62-2528	62-2513	20	8	10	○	○	○	8,790～12,030
	PR 個人のお客様中心の静かな温泉宿。地産地消の素材を使った山里料理が自慢。									
スパビレッジ カマヤ	湯元 2549-28	62-8228	62-8229	56	16	13	○	○	○	7,600～12,820
	PR ゆっくりと温泉に入り奥日光の自然をお楽しみ下さい。									
にごりの湯の宿 かつら荘	湯元 1067	62-2571	62-2472	32	10	10	○	○	×	10,800～11,880
	PR 源泉かけ流し100%、日光名物ゆば料理や季節の山菜料理を手作りでおもてなし。									
日光四季の宿 越後屋	湯元 2559	62-2325	62-2377	70	18	16	○	○	○	8,000～15,000
	PR 目の前に広がる雄大な眺めも心地よい、みはらしの湯でおくつろぎください。									
ホテル　花の季	湯元 2549-4	62-2426	62-2366	160	40	30	○	○	○	13,500～23,700
	PR 花いっぱいのロビーと天然にごり湯温泉。広々した貸切風呂も人気。									
ほのかな宿 樹林	湯元 2549-7	62-2411	62-2474	180	46	45	○	○	○	12,000～24,000 (消費税込み)
	PR 木立に囲まれた鄙びた温泉宿です。森の中の露天風呂で、乳白色の湯をご堪能ください。									

施設名	住所	電話	FAX	収容人数	部屋数	駐車場	天然温泉	HP	CC	料金(円)
湯の湖荘	湯元 2549	62-2534 62-2501	62-2502	60	16	12	○	×	×	9,330～14,190
	PR 天然温泉と家庭的なサービス！山菜・きのこ・湯波等、郷土料理が自慢の宿です。									
ゆのホテル 湯元ヒルサイド・イン	湯元 2536	62-2434	62-2519	18	9	12	○	○	○	12,000～18,000
	PR 湯元源泉からの完全掛け流し、にごり湯温泉宿内･露天風呂の他、春～秋用の貸切露天も有り									
湯元 板屋	湯元 2530	62-2131	62-2575	93	24	20	○	○	○	17,820～28,620
	PR 奥日光の大自然の中に静かに佇む湯宿。乳白色の温泉と旬の会席料理でおもてなし。									
湯守 釜屋	湯元 2548	62-2141	62-2143	160	40	40	○	○	○	8,000～23,000
	PR 湯守を名乗り240余年。源泉かけ流し乳白色の湯が自慢。									
ゆ宿 美や川	湯元 2514-1	62-2139	62-2130	16	5	8	○	○	○	16,000～32,000
	PR 2つの内湯、2つの露天風呂、温泉風呂付部屋1つ、すべて自家源泉貸切の小さなゆ宿。									
旅館 白根荘	湯元温泉	62-2144	62-2223	24	9	15	○	×	×	10,260～17,280
	PR 野鳥や鹿の鳴き声が響き渡る野趣溢れる露天風呂。眺望の良い客室。部屋食で寛げる。									
若葉荘	湯元 2538	62-2523	62-2538	15	5	4	○	×	×	6,650～7,550
	PR のんびりゆっくりと、リフレッシュ出来る、家庭的な田舎の宿。									

■霧降高原

施設名	住所	電話	FAX	収容人数	部屋数	駐車場	天然温泉	HP	CC	料金(円)
大江戸温泉物語 日光霧降	所野 1535-1	50-1212	50-1253	341	98	110	○	○	○	10,778～19,418
	PR 日光国立公園内に位置し、霧降高原の四季折々の自然を満喫できる本格リゾート。									
ふぉれすと･いん 小倉山	所野 2844-5	53-3988	53-5807	28	7	20	×	×	×	8,900～10,000
	PR 霧降アイスアリーナに一番近い宿。合宿、長期滞在など色々なスタイルに対応できます。									
ホテル カジュアルユーロ	所野 1550-38	53-0500	53-2750	100	47	70	○	○	×	10,750～17,950
	PR 全室に自家源泉100％の露天風呂付＋バイキングの宿。好きな時好きなだけ露天と食事を。									
ホテル ユーロシティー	所野 1550	53-3838	53-2707	76	22	25	○	○	×	12,500～23,400
	PR 自家源泉100％の露天風呂付客室＆充実バイキングのホテル〈家族旅行おすすめの宿〉									
リゾートイン 霧降プラザ	所野 1541	54-1001	54-1345	80	17	20	○	○	×	6,300～19,000
	PR 光と風と緑溢れる霧降高原で、リゾート気分をたっぷりと味わって。									

■足尾

施設名	住所	電話	FAX	収容人数	部屋数	駐車場	天然温泉	HP	CC	料金(円)
国民宿舎かじか荘	足尾町銀山平 5488	93-3420	93-3013	55	17	あり	○	○	×	
	PR お肌がすべすべ美肌の湯　冬期間は得々プランあり。									

③ペンション

＊料金は1泊2食付で2名で泊まった場合の1名分の料金、消費税・サービス料込
下限は平日の標準タイプの部屋と料理の料金。上限はトップシーズンの一番高い部屋と料理の料金

■日光市街

施設名	住所	電話	FAX	収容人数	部屋数	駐車場	天然温泉	HP	CC	料金(円)
星(あかり)の宿 ヴィラ・リバージュ	久次良町 1800	53-6188	53-6065	27	9	8	×	○	○	11,740～18,740
	PR 古民家風の離れのお風呂。ひとつが空、もうひとつが海。外国人にもとても人気です。									
ガストホフ あみ	久次良町 100	53-2611	53-2505	20	7	7	×	○	×	7,800～15,800
	PR 2室続きの本館客室と露天風呂付きの英国アンティークコテージ。									
小さなホテル 森のうた	久次良町 100	53-0465	53-0468	23	9	9	×	○	×	8,800～15,800
	PR 栃木のおいしい食材を満喫。地産地消優良店に選ばれました。二社一寺にもアクセス良好。									
プティ・ホテル セ・ボン	久次良町 100	53-3466	53-3486	24	9	10	×	○	○	10,260～17,280
	PR 本格フランスコース料理＆手作りデザート食べ放題！内湯のシルク風呂は女性に大人気！！									
別邸 向日葵	七里 813	54-2603	53-4395	22	11	10	×	○	○	18,900～61,560
	PR メゾネット館、フラット館、クラシック館に加え、2017春一棟貸の古民家の館誕生！									
ペンション アンフルール・イン	萩垣面 2440-94	53-3965	53-3965	20	9	6	×	×	×	9,612～11,772
	PR 東照宮へは、およそ400mの高台に建つアットホームなグルメ館。チーズケーキも大好評。									

■中禅寺湖・男体山

施設名	住所	電話	FAX	収容人数	部屋数	駐車場	天然温泉	HP	CC	料金(円)
中禅寺ペンション	中宮祠 2482	55-0888	55-0721	24	9	20	×	○	×	9,504～14,040
	PR 全室レイクビュー！夕食は素材に拘ったコースディナー。貸切露天風呂でのんびりと…。									
プチホテル マスヤ	中宮祠 2484	55-0070	55-0810	18	7	2	×	○	×	5,400～13,000
	PR 客室のバルコニーから湖が一望でき、近くには観光名所もあり、アットホームな宿です。									
ペンション フレンドリー	中宮祠 2478	55-0027	55-0549	28	11	8	×	○	○	8,500～10,000
	PR 中禅寺湖遊覧船乗り場のすぐ目の前。登山やハイキングの拠点に便利。ランチも営業中。									
ペンション レークス日光	中宮祠 2482	55-0072	55-1172	12	6	10	×	×	×	9,800～12,800
	PR ご予約は、じゃらんからのみですので、御注意下さい。									

■霧降高原

施設名	住所	電話	FAX	収容人数	部屋数	駐車場	天然温泉	HP	CC	料金(円)
ザ・ページェント	所野 1541-1383	53-5661	53-5843	20	9	10	×	○	×	6,500～12,000
	PR 9種類の貸切露天風呂と欧風コース料理が人気のザ・ページェントにお越しください。									
セカンド ハウス プラス	所野 1541-1420	54-3008	54-3008	10	4	3	×	○	×	9,720～10,800
	PR 1階は車椅子対応バリアフリー。素泊まりや一人旅も歓迎！									
全室露天風呂付の宿 ワンモアタイム	所野 1542-265	53-5651	53-5653	34	17	15	×	○	×	10,300～28,080
	PR 世界遺産東照宮へ車で5分の好アクセス。全室露天風呂付の隠れ家。創作フルコース料理。									
ペンション インザミスト	所野 1541-941	54-2962	54-2931	13	5	5	×	○	×	9,450～15,750
	PR 日光霧降高原の静かな一軒家。素敵な旅の思い出作りを、お手伝いさせていただきます。									
ペンション 高原の小枝	所野 1541-2144	53-3770	53-4885	20	7	7	×	×	×	7,800～12,600
	PR 緑溢れる環境に建つ、淡いピンクの館。全室バス・トイレ付で明るくおいしい宿。									
ペンション トロールの森	所野 1541-1395	53-1007	53-1018	23	7	7	×	○	×	9,000～12,000
	PR 赤ちゃんチビッコ大歓迎のファミリーペンション。音楽練習室も有り音楽合宿も可能。									

施設名	住所	電話	FAX	収容人数	部屋数	駐車場	天然温泉	HP	CC	料金(円)
ペンション はじめのいっぽ	所野 1541-2371	53-2122	53-3435	20	6	8	×	○	×	8,600〜11,800
	PR 古民家風の囲炉裏部屋で食べる炭火焼料理が人気。地元の野菜と伊達鶏は美味。									
ペンション ハンプティ・ダンプティ	所野 1543-485	53-4325	53-4376	21	9	10	×	×	×	6,825〜12,000
	PR 絵本、画集、コミック等たくさんの本があります。朝食時、オルゴールをおかけします。									
ペンション ポコアポコ	所野 1541-2535	53-3695	53-0507	20	12	12	×	○	○	12,600〜17,850
	PR 全室に露天等各種プライベート風呂付。部屋食で黒毛和牛コース料理が味わえる宿。									
ペンション メープルリーフ	所野 1541-1502	53-2580	53-1086	17	5	5	×	○	×	6,000〜8.500
	PR 高原の小さなコテージでアウトドアライターでもあるオーナーがあなたの旅をお手伝い。									
ペンション 森のやど太助Jr.	所野 1541-1357	53-5175	53-2874	21	7	6	×	○	×	8,000〜11,000
	PR 味&ボリューム満点の手作り料理の宿、朝食は手作り焼きたてパンが自慢です。									
ペンション モンゴメリーブラウン in日光	所野 1541-470	53-4478	54-3152	40	10	14	×	○	×	8,100〜12,960
	PR 貸切露天風呂、コースディナー、4人6人用ロフト、卓球、ビリヤード、テニスコート有。									
ペンション モンテベーロ	所野 1541-1565	53-5322	53-5324	22	9	9	×	○	×	9,980〜15,980
	PR 露天風呂付ツイン&ダブルと5名和洋室。貸切の露天と内湯。好評のディナーも。									
ペンション ラムチャップ日光	所野 1541-12	53-4359	53-4896	21	6	6	×	○	×	6,480〜10,260
	PR こじんまりとしたアットホームな雰囲気と本格的なイタリア料理を堪能できるペンション。									
ペンション レスカル	所野 1541-2558	53-0200	53-0584	24	9	10	×	○	○	7,500〜12,000
	PR 料理自慢の宿。素泊、一人旅も大歓迎。館内Free WiFi有り。合宿・ゼミ歓迎。									
ペンション ロヂテ・サンボア	所野 1560	53-0082	53-5212	16	7	7	×	○	×	9,180〜11,340
	PR 駅近く、自然に囲まれた高台に建つペンション。静かな一軒家。									
YAMAの家	所野 1543-23	53-5851	53-5847	23	6	6	×	○	×	7,200〜13,000
	PR とびっきりの休日をサポートする高原の館。アーリーアメリカン調の館内でのんびりと。									

④民宿

＊料金は1泊2食付で2名で泊まった場合の1名分の料金、消費税・サービス料込
下限は平日の標準タイプの部屋と料理の料金。上限はトップシーズンの一番高い部屋と料理の料金

■日光市街

民宿 十六や	匠町 2-15	54-3613	54-3613	4	1	1	×	○	×	6,000〜 (1泊朝食付)
	PR 1日1組の小さな宿です。ゆっくりおくつろぎ下さい。									

■中禅寺湖・男体山

すぎもと館	中宮祠 2480	55-0161	55-0191	20	6	6	×	○	×	4,860〜8,100 (税込)
	PR 各登山口までお送り致します。早朝のお食事、お弁当等もご用意できます。バス駅より1分。									
民宿 越後屋	中宮祠 2482	55-0708	55-0708	13	4	4	×	○	×	7,000〜
	PR 絶景の湖畔の宿。旬の食材で作る家庭的な料理、特に湖水魚料理は美味です。									
民宿 おかじん	中宮祠 2482	55-0410	55-0717	20	8	10	×	○	×	7,000〜7,800
	PR 各部屋より中禅寺一望出来ます。鱒料理山菜料理にて、家庭的なもてなし。登山客可。									
民宿 一茂	中宮祠 2478	55-0163	55-0163	25	7	湖畔P	×	×	×	6,500〜7,500
	PR 奥日光写真愛好家にも親しみやすく、男体山登山口にあり便利な宿です。									
民宿 白樺	中宮祠 2482	55-0142	55-0145	25	7	15	×	○	×	6,500〜10,000
	PR 中禅寺湖畔に面し、華厳ノ滝、立木観音、イタリア大使館別荘記念公園に近いです。									

施設名	住所	電話	FAX	収容人数	部屋数	駐車場	天然温泉	HP	CC	料金(円)
民宿 みはらし	中宮祠 2482	55-0103	55-0029	20	8	8	×	○	×	7,560～
	PR 中禅寺湖と男体山が窓辺から楽しめ、都会では想像も出来ないような夏の涼しさいっぱいです。									

■霧降高原

施設名	住所	電話	FAX	収容人数	部屋数	駐車場	天然温泉	HP	CC	料金(円)
鳴沢ロッヂ	所野 1462-22	080-6636-0288	54-1630	20	6	5	×	○	○	6,300～
	PR「静かな環境、清潔な民宿」です。明るい気さくな応対を心がけています。									
民宿 キリフリ荘	所野 1459-9	54-3493	53-2864	10	5	6	×	×	×	6,400～6,700
	PR おいしく、おしゃれに、ヘルシーに、地元の野菜を召し上がれ。かわいい器も楽しんで。									
民宿 りんどうの家	所野 1462	53-0131	53-0131	10	4	5	×	○	○	3,780～4,536 (素泊) (朝食付)
	PR 静かでアットホームな宿です。									

5 飲食・物産店、湯波専門店、製造元

(日光市観光協会加盟店) ☎日光の市外局番 (0288) HP＝ホームページ CC＝クレジットカード

①飲食・物産店

●飲食・喫茶店 ▲物産・民芸店 ◆バー・居酒屋など

■日光市街

業種	施設名	住所	電話	FAX	営業時間	定休日	席数	駐車場	HP	CC
●▲	旭屋支店	安川町6-43	53-2233	53-3100	8:30～17:00	無休	350	バス 13	×	×
		PR ウォーキング・トレイル入り口に位置し、東照宮参拝に便利な食堂、みやけ屋です。								
●▲	旭屋本店	松原町10-2	54-0674	53-0278	●11:30～16:00 ▲10:00～18:00(LO15:15)	不定休	80	5	○	×
		PR 東武日光駅前。ゆば料理、手打ちそばの店。1階は各種日光土産を取り揃えております。								
●▲	あさやレストハウス	上鉢石町1111	54-0605	53-4486	●10:00～17:00 ▲8:00～18:00	無休	300	10	○	○
		PR 彩りランチ・豆乳ゆばラーメン。生ゆば会席膳は1,300円から。神橋を眺める食事処。								
●	味の店 二幸	御幸町577	53-0253	53-0254	11:00～14:00 17:00～20:00	水曜	20	4	×	×
		PR ラーメン、中華麺の傑作:二幸めん、中華特麺、日光ブランド級手作りギョウザをどうぞ。								
●	油源	上鉢石町1028	54-1627	54-1616	11:00～15:00	水曜	20	3	○	○
		PR 日光名産湯波を中心に日光のうまいもの、郷土料理をお出ししております。是非ご賞味を。								
▲	五十嵐漆器店	松原町17-7	54-1599	54-3181	9:00～17:00	元旦のみ	12	3	○	○
		PR 日光の伝統工芸の代表である日光彫を製造販売しております。品数は日光一と自負してる。								
●	魚要 (うおよう)	御幸町593	54-0333	54-0722	11:00～15:00 17:00～19:00	不定休	32	3	○	×
		PR 元祖湯波そばの店。日光産玄そばを店内の石臼で自家製粉。並木杉のテーブルでどうぞ。								
▲	うたかた着物レンタル店	中鉢石町918	53-6465	54-3503	10:00～18:00	不定休	20	6	○	○
		PR 着物レンタルをして、日光散策をするとまた違った日光を感じれます。1,500円～。								
▲	うたかた写真館＆人力車	匠町8-15	25-7399		10:00～18:00	不定休	15	8	○	○
		PR 日光でのロケーション撮影や和室庭園などを持つスタジオ、人力車は七五三成人式に◎。								
▲	うたかたリサイクル着物と雑貨販売店	中鉢石町925	53-6465	54-3503	10:00～17:30	不定休	15	3	○	○
		PR アンティーク着物や古布、和雑貨を販売しているお店。レトロな雑貨見るだけでも楽しい。								

業種	施設名	住所	電話	FAX	営業時間	定休日	席数	駐車場	HP	CC
●▲	おおるりドライブイン 表参道	安川町1-16	50-3680	50-3670	10:00～15:00	無休	150	バス 10	○	×
		PR 神橋に近く東照宮の入口にあり、駐車場も広く庶民的なメニューと価格で提供しています。								
●	お食事処 あずま	松原町10-6	54-0123	53-0345	11:00～16:00(平日) 11:00～18:00(土日祝日)	火曜日	50	0	○	×
		PR 東武駅から徒歩1分。おすすめは大きな味付け湯波や、刺身湯波が乗った湯波そば。								
●	お食事処 山楽（さんらく）	安川町10-19	54-0292	54-0157	10:00～16:00	水曜日	40	4	○	×
		PR 日光の食材を使った地産地消の店。日光のうまいもの食べに来て下さい。								
●▲	おみやげ処 八汐	松原町5-1	54-0632	54-0632	9:00～18:00	不定休	-	1	×	×
		PR お客様へのサービスをモットーにしている東武日光駅前の一番店。とろり湯波が人気。								
●	蒲焼 澤本	上鉢石町1037-1	54-0163	54-0163	11:30～13:40	不定休	30	8	×	×
		PR 国産極上のウナギを備長炭で焼き上げます。創業以来のタレがウナギの旨味を引き立てます。								
●	カテッジイン・レストラン	本町1-25	50-1873	25-3125	4～11月9:00～17:00 12～3月10:00～16:00(年間を通して15:00以降はスイーツとお飲み物)	不定休	70	16	○	○
		PR 金谷ホテルベーカリーのパンを使った各種料理が自慢のレトロ・カジュアルなレストラン。								
●	カフェ・ギャラリー 花山椒(はなさんしょう)	下鉢石町943	54-0450	54-0450	10:00～18:00 冬期10:00～17:00	水曜・木曜（不定休）	20	8	×	×
		PR ギャラリーをご覧になった後、手作りケーキとコーヒーをお楽しみ下さい。								
●▲	カフェ 明治の館	松原町4-3	54-2149	53-3752	10:00～18:00	定休日なし（ただし1～3月 木曜不定休）	30		○	○
		PR 古き良き時代のアメリカやヨーロッパのトラディショナルな味わいを是非ご賞味下さい。								
●	カフェレストラン ベル	安川町6-39	53-2843	54-0651	10:30～16:00 17:00～21:00	不定休	40	6	○	×
		PR 食事と喫茶のできる落ち着いた店。好評！「ゆばづくし御膳」はじめました。								
●	かまや カフェ・デュ・レヴァベール	松原町12-6	54-0685	54-0685	11:00～16:00(LO) 売り切れの場合は早めに閉店	不定休(一月に5～7日休みます)	40	7	×	×
		PR 東武日光駅前!名物のNIKKO丼と前日光和牛使用ハンバーグ、日光雪苺がオススメ！								
●▲	元祖日光饅頭 湯沢屋茶寮	下鉢石町946	54-0038	53-3438	●10:00～16:00(LO) ▲8:00～18:00	不定休			○	×
		PR 創業文化元年。日光の社寺御用。酒饅頭、水羊羹の製造販売とそれらを味わえる茶寮。								
●	含満の茶屋	匠町8-33	54-0713	54-3731	11:30～15:30	水曜（冬期は休業）	15	12	○	×
		PR 名物そば・だんごは、県産米粉と厳選したそば粉を使用した逸品です。								
▲	銀嶺	下鉢石町806	53-3113	53-3113	10:00～18:00	不定期	40	2	○	×
		PR もしかしたら、あなたは天才かも。上手な人もそうでない人も、それなりに！								
▲	COCON NIKKO	石屋町404-2	25-6625	25-6425	9:00～17:30	毎週水曜	3	1	○	○
		PR 150枚の中からお好きな着物でコーディネートが選べます。日光で着物散策にどうぞ♪								
●	CoFFee BReaK 樹仁亜	松原町10-11	53-4734	53-1273	9:00～19:30	不定休	20	4	○	×
		PR 挽きたてコーヒー。朝はモーニング、昼はランチ、午後はケーキセットで。								
●	駒寿し	野口696-1	53-3377	53-6177	11:00～22:00 LO21:30	毎週水曜	50	10	×	×
		PR 新鮮な魚貝類のお刺身、寿司に加え、日本酒焼酎などのお酒の種類も豊富にご用意。								
●	米吉 晃寿司	松原町9-1	54-0752		10:30～22:00 LO21:30	不定休	35	9	×	○
		PR うまい水、おいしい米、うまい酒、そして、じっくりうまみをだした魚、おいしい寿司！								
●	さん・フィールド	下鉢石町818	53-4758		10:00～18:00	木曜	28	10	×	×
		PR 日光の特産品である老舗のゆばをおいしく、お安くお出ししています。								
●	三平食堂	安川町6-28	54-2327		11:00～19:00	不定休	12	5	×	×
		PR 地場産そば粉を使用した本格手打ちそば・うどんです。本来の香味をぜひご賞味下さい。								
▲	さんりお屋 日光店	松原町12-7	54-0809	53-3312	9:30～17:30	不定休		2	○	○
		PR 大人気のハローキティを中心に、2,000点ものご当地限定グッズや雑貨のお店です。								

業種	施設名	住所	電話	FAX	営業時間	定休日	席数	駐車場	HP	CC
●	食堂すゞき	御幸町581-2	54-0662	54-0662	11:30〜15:30(LO14:30) 17:30〜21:00(LO20:30)	毎週水曜 不定休有	16	6	○	×
		PR日光湯波創作料理・和豚もちぶた料理・イタリアン料理などノンジャンルで提供！								
●	ステーキハウス みはし	上鉢石町1115	54-3429	53-3752	11:30〜20:00(LO)	木曜	52	40	○	○
		PRおいしいビフテキを家族や友人と楽しくほおばってください。								
●	千姫物語めんくい姫	安川町6-48	54-1010	54-0557	21:00〜0:00	無休	16	100	○	×
		PR殿ラーメン、姫ラーメンが好評。麺と餃子の専門店。旅館「日光千姫物語」内にあります。								
▲	セーブオン 日光東照宮前店	本町2-24	53-3103		24時間	年中無休		30	○	○
		PRシングルオリジンの豆を使用した、セーブオンオリジナルコーヒーがオススメ！								
▲	綜合衣料すずき	下鉢石町987-1	54-0358	54-1088	9:00〜18:30	木曜日		5	×	○
		PR日光観光記念に見ざる、言わざる、聞かざるTシャツ販売中。SIZE:150〜XL								
●	草原	安川町1-21	54-0886	-	8:00〜18:00	無休	30	3		
		PR山の緑に清滝野の花に心和むお食事を。								
●	そば処 新駒	安川町7-11	54-1231	-	10:00〜18:00	不定休	30	2	○	×
		PR手打ちそばは独特の製法でちりめん状生そばです。宮様セットゆば煮付+生そば好評です。								
▲	竹内物産店	上鉢石町1022	54-0648	54-1648	9:00〜18:00	不定休	300	普通10 大型3	×	○
		PR山椒の若葉煮本舗。日光彫、日光銘菓など日光みやげを多数揃えお待ちしております。								
●	ダフネ	安川町4-23	53-3005	-	10:00〜16:00	不定休	28	3	×	×
		PRむかしむかしの喫茶店です。ひと休みして下さい。								
● ◆	小料理 新松	中鉢石町934-1	54-0041	-	11:00〜15:00 17:30〜22:30	水曜	30		×	×
		PR昼はゆば会席弁当、夜は焼き魚や焼き鳥、カツ煮等で飲むもよし、食事もまたよし。								
●	中国料理 日光翠園	安川町6-42	54-2891	53-2831	11:00〜14:40(LO) 17:00〜21:00	水曜	100	25	×	×
		PR香港出身の料理長が腕をふるう、香港式広東料理をお楽しみください。								
●	丁田屋	清滝丹勢631-3	53-6288	53-6298	11:30〜14:00 夜は予約のみ	木曜	90	30	○	×
		PRおいしい日光まるごと召し上がれをコンセプトに四季を楽しみながらお食事を楽しめます。								
● ▲	東武観光センター 日光店	安川町10-20	54-1454	54-1459	8:00〜17:00	無休	450	100	×	×
		PR東照宮をふくめ二社一寺の参拝拠点に、参拝後のお食事・お土産にもぜひご利用ください。								
▲	長島洋品店	稲荷町3-321-3	53-0671	54-1988	8:00〜20:30	無休		4	×	×
		PR紳士・婦人各種衣料全般や、肌着・靴等販売。絵・文字なんでも刺繍します。								
▲	日光遊印しの	松原町10-10	63-2211	74-5080	10:00〜17:00	不定休	5	2	○	×
		PRりんごの小枝に様々な加工を施して世界に1つだけのあなたの『印』をお作りします。								
▲	日光カステラ本舗 駅前店	松原町10-7	53-6707	53-0482	9:00〜17:00	無休			○	○
		PR東武日光駅前にあり、金箔入り日光カステラなどオリジナル商品の専門店です。								
▲	日光カステラ本舗 西参道店	安川町4-13	53-0600	54-3472	9:00〜17:00	無休	200		○	○
		PR自社商品の金箔入り日光カステラ、葵最中、日光羊羹等販売。お気軽にお立ち寄りください。								
▲	日光カステラ本舗 磐梯日光店	本町1-1	53-2555	53-2777	8:30〜17:00	無休	1,000	バス50	○	○
		PR自社で製造している金箔入り日光カステラがおすすめです。								
▲	日光カステラ本舗 本店	本町1-8	53-6171	53-6172	9:00〜18:00 (12〜3月は〜17:00)	無休		20	○	○
		PR金箔入り日光カステラをはじめ、自社ブランドの販売をしております。								
● ▲	日光さかえや	松原町10-1	54-1528	54-1556	9:30〜18:00	不定休 (ほぼ無休)	8	0	○	×
		PR東武日光駅前さかえやの「揚げゆばまんじゅう」は多くのTVに紹介されています。								

業種	施設名	住所	電話	FAX	営業時間	定休日	席数	駐車場	HP	CC
●	日光 翠園	安川町6-42	54-2819	53-2831	11:00〜15:00(LO14:30) 17:00〜21:00(LO20:30)	水曜日	80	15	×	×
	PR 香港出身の料理長が腕を振るう、香港式の広東料理の店です。杏仁豆腐もおすすめです。									
●	日光そば処 たくみ庵	匠町7-46	53-6323		11:00〜14:00	火曜日	38	20	×	×
	PR 契約農家より取り寄せた旬の蕎麦を地場野菜、鴨、湯波と共にご賞味下さい。									
● ▲	日光田母沢御用邸記念公園	本町8-27	53-6767	53-6777	▲9:00〜17:00 (11月〜3月は〜16:30) ●10:00〜15:00(4月〜11月)	火曜日、12/29〜1/1*1		113	○	×
	PR 各種オリジナル菓子や皇族の「お印」をデザインした商品などを数多く販売しています。									
● ▲	日光物産商会	上鉢石町1024	54-1108	54-1109	10:00〜17:00	不定休	200	9	○	×
	PR 登録有形文化財の本館は木造2階建、入母屋造りで、寺院建築の細部を随所に取り入れ									
●	林屋	安川町5-24	54-0884	54-0884	10:00〜16:00	木曜	50	6	×	×
	PR 手打ちそばの店。ゆば御膳が手軽な価格で好評です。国産のそば粉を使用しております。									
▲	一筆龍 晄秋家	下鉢石町804	53-4311	53-4311	10:00〜18:00	木曜日 (祝日は営業)		0	○	○
	PR 龍の胴体を1筆(1回)で描く一筆龍。途切れない事から縁起物としても喜ばれています。									
▲	日の丸	安川町5-1	54-1173	53-1577	11:00〜17:00 (LO16:30)*2	水曜	80	20	×	×
	PR 社寺の見学には一番便利な所です。日の丸オリジナル日光ゆば定食が好評です。									
▲	日野屋酒店	松原町270	54-1561	54-1560	8:00〜19:00 (土･祝日〜20:00)	無休	0	3	×	×
	PR 地元蔵と栃木県内の純米酒･焼酎･ビール･リキュール･ワイン等、旨い酒が勢揃いです。									
● ▲	冨士屋観光センター	安川町4-9	54-0272	54-1005	8:00〜17:00	無休	800	バス30	○	○
	PR 東照宮･輪王寺門前に位置し参拝に便利です。お土産はとちおとめチーズケーキが人気です。									
● ▲	本陣甲子(きのえね)	安川町1-35	54-0285	54-0286	9:30〜17:00	不定休	50	6	×	×
	PR 2社1寺に近く、参拝に便利です。									
▲	水車物産店	松原町10-8	54-1595	54-1595	10:00〜17:00	不定休		1	○	○
	PR 日光の伝統工芸品、栃木限定食品、地域限定キャラクターグッズ等豊富に取り揃えています。									
● ▲	土産店とうこう 食堂あずま	松原町10-6	54-0123	53-0345	●11:00〜18:30 ▲10:00〜18:30	不定休	50	×	○	×
	PR 駅前で旅の思い出に、憩いにお土産、お食事はいかがですか。心よりお待ち申し上げます。									
▲	村上豊八商店	松原町256	53-3811	53-3812	9:00〜17:00	水曜日	60	2	○	○
	PR 当店の日光彫は全て自社製作のオリジナルです。また店内で日光彫の体験が出来ます。									
●	山木屋食堂	安川町5-25	54-0970	54-0970	10:00〜15:00	不定休	25	2	×	×
	PR ラーメン、丼物、そば、うどん等各種ございます。									
●	ゆばとそば処 いづみや	安川町5-30	54-0085	-	11:00〜16:00 (冬期は〜15:00)	不定休	54	2	○	×
	PR 日光にうまいものあり。湯波とそば、湯波定食と湯波そばをぜひご来店しご賞味ください。									
●	ゆばそば 日光もみぢ庵	安川町5-8	54-2145	54-2146	11:30〜15:00	水･木曜日	22	4	○	×
	PR 世界遺産日光の社寺の近くにあり、日光名産湯波の安くておいしい店です。									
●	LANCATLGUE CAFE NIKKO	安川町4-1 2F	53-1193		11:30〜18:00 LO17:30	水曜日	20	0	○	○
	PR ネオクラシックな店内で、ゆっくりゆったり食事とお茶をお楽しみ下さい。									
● ▲	レストセンター福助	安川町4-22	54-2105	54-2130	9:00〜17:00	不定休	350	バス15	○	○
	PR 東照宮や日光の社寺まで徒歩5分。日光のお土産全て有り、ゆっくりお買い物が出来ます。									
● ▲	レストラン 日光つたや	本町2-32	54-0256	54-0264	10:00〜16:00	不定期	150	20	○	○
	PR 普段は修学旅行の生徒さんで賑わっていますが、ご予約にて高コスパの名物料理が!!									
●	レストラン まこ	稲荷町3-321	54-0939	54-0939	10:00〜22:00	火曜日	80	20	×	×
	PR 駅近くで、本格的な手作り洋食が楽しめて、メニューも豊富で、ゆっくりとできます。									

*1但し、4/15〜5/31、8/13〜8/16、10/1〜11/30、1/2〜1/5は無休
*2但し、11〜3月は11：00〜16：00（LO15：00）

業種	施設名	住所	電話	FAX	営業時間	定休日	席数	駐車場	HP	CC
●	和ランチのお店 近藤	本町3-39	54-3233	54-3233	11:30～15:00	火・水曜日	16	20	×	×
		PR 日光ゆばと旬の食材を使ったランチ。四季折々のお庭も楽しめます。								
	■日光山内									
●▲	お土産・お食事 きしの	山内2281-3	54-0974	54-0608	9:00～16:00 LO15:30	不定休	40	0	×	○
		PR 社寺参詣の中継基地としてご利用ください。昼食・喫茶・日光土産のご用命はぜひ当店へ。								
●	さんない食堂・喫茶 すいらん	山内2301	54-0707	54-0708	11:00～16:00	不定休	40	10	×	×
		PR 日光名産のゆばを使ったお料理をどうぞ。二荒霊泉でたてたコーヒーもおすすめです。								
●	鈴家	山内2315-1	53-6117	54-1421	11:00～14:00	無休	62	20	×	×
		PR ゆば定食。手打ちそば。手打ちうどん。								
●	本宮カフェ	山内2384	54-1669	54-1669	10:00～18:00	木曜日	40	0	○	○
		PR 世界遺産エリアにある築300年の古民家カフェ。テラス席からは神橋と大谷川が一望。								
●	西洋料理 明治の館	山内2339-1	53-3751	53-3752	11:00～19:30OL 11月下旬～4月下旬は11:30～19:30OL	無休	120	80	○	○
		PR 明治の時代が作り上げた極上の洋食を楽しみながら、ゆっくりとお過ごし下さいませ。								
●	明治の館別館 游晏山房	山内2339-1	53-3751	53-3752	11:00～19:30OL 11月下旬～4月下旬は11:30～19:30OL	水曜	26	80	○	○
		PR 本館より一段と手間ひまをかけた贅沢な西洋料理をお召し上がりいただけます。								
●	仏蘭西懐石 ふじもと	山内2339-1	53-3751	53-3752						
		PR （現在休業中）								
●	萬屋	山内2377	54-0238	54-0238	10:00～16:30	無休	20	なし	×	×
		PR 世界遺産めぐりのバスに乗り勝道上人像前下車。輪王寺へ徒歩1分、東照宮へ3分です。								
	■中禅寺湖・男体山									
●	会津屋食堂	中宮祠2480	55-0045	55-1071	8:00～18:00	不定休	60	6	×	×
		PR ゆばそば・うどん・ラーメン、特製ちたけそば・うどん、山椒うどんの他、丼物各種あり。								
●▲	アウローラ	中宮祠2478	55-0776	55-0776	9:00～20:00 （LO19:30）	不定休	120	20	○	○
		PR レストラン・お土産品等奥日光の魅力を一ヶ所にギュッと凝縮、大人気の縁態のある店。								
●	欧州浪漫館 シェ・ホシノ	中宮祠2478	55-0212	55-0058	11:30～15:00（LO） 18:00～20:00（LO）	木曜 12月～3月不定休有	40	5	○	○
		PR ヨーロッパ人の別荘地として栄えた中禅寺湖畔で創作フランス料理をお楽しみください。								
●▲	お食事処かみやま	中宮祠2480	55-0098	55-0800	11:00～16:00	木曜日 冬期不定休	100	36	○	×
		PR うなぎ茶漬け、むぎとろ、鱒鮨などや、甘味処では、わらびもち、くずきりがおすすめ。								
●	御食事処たなか	中宮祠2478	55-0141	55-0141	11:00～16:00	不定休	40	県営P	×	×
		PR 華厳の滝前、日光ゆばが入った『ゆば入り山菜うどん・そば』がおすすめです。								
●	お食事処なんたい	中宮祠2478-8	55-0201	51-0501	11:30～15:00 17:30～20:00（予約）トップシーズン無休	木曜他	40	10	○	○
		PR 地元産の拘り食材をプロの仕事で唯一無二の料理に仕上げています。								
●	観光食堂	中宮祠2480	55-0054		8:00～19:00	無休	65	4	○	×
		PR お客様の前で炊き上げる釜めし、舞茸天ざるうどん・そば等、各種手作りでお出ししています。								
●	桐花	中宮祠2480	55-0177	55-0177	11:00～15:00	不定休	40	0	○	×
		PR 自家製つゆと手打ちそばの自然食の店です。								
●▲	工房cafe 鹿の子	中宮祠2478	55-1288	55-1288	11:00～16:00 （季節により変動有り）	不定休	25	8	○	×
		PR 手作りのランチやシフォンケーキを湖一望のテラス席でどうぞ。雑貨の全て手作りです。								

業種	施設名	住所	電話	FAX	営業時間	定休日	席数	駐車場	HP	CC
●	コーヒーショップ スプーン	中宮祠2478	55-0022	55-0022	9:00～18:00	不定休	30	6	○	×
		PR 窓の下は湖。懐かしのナポリタン、ピザパイ等、夏は日光天然水のかき氷、あります。								
●	コーヒーショップ アドニス	中宮祠2478	55-0541		9:00～18:00	不定休	20	3	×	×
		PR 中禅寺湖を一望できるテラスにてコーヒーとケーキはいかがでしょうか。								
●	コーヒーハウス ユーコン	中宮祠2482	55-0147	55-0147	10:00～16:30 LO16:00	水曜 8月・10月無休	60	30	○	○
		PR 夏には深緑、秋には彩やかな紅葉の影色に囲まれながら、お食事をお楽しみ頂けます。								
●	湖楽（こらく）	中宮祠2482	55-0065		9:00～17:00	不定休	40	15	×	×
		PR 四季折々の山々や中禅寺湖に囲まれ、眺望バツグンの、ボート遊びが出来る、お食事処!!								
● ▲	紫明堂	中宮祠2478	55-0136		8:30～日暮れまで	無休	50	30	×	×
		PR 免許がなくても自分で運転が楽しめるモーターボートが人気。中禅寺ヒメマス料理も好評。								
● ▲	十一屋	中宮祠2480	55-0210	55-0210	9:00～17:00	無休	30	6	×	×
		PR 一刀彫、一分間表札、ゆば焼そば、三猿人形焼、店内で食べるよし、食べ歩きよし。								
●	菖蒲ヶ浜 レストハウス	中宮祠2484	55-0421	55-0421	9:00～17:00	不定休	24	5	×	×
		PR 中禅寺湖を眺めながら、焼きたてのニジマスの塩焼をお召し上がりください。								
▲	田中物産店	中宮祠2478-8	55-0007	55-0047	9:00～17:00	不定休			×	×
		PR 趣味のおみやげ、みやげ雑貨店。								
● ▲	中禅寺観光センター	中宮祠2478	55-0042	55-0080	9:00～17:00	無休	800	バス10	○	○
		PR 中禅寺湖畔に位置し、湖の美しさを目の前に食事、買物、ボート遊びが楽しめる観光センター。								
●	手打そば　かつら	中宮祠2482	55-0238	55-0238	9:30～16:30	冬期不定休	60	県営P	×	×
		PR 絶品そば、絶景の中禅寺湖畔でのんびりと手打ちそばをお召し上がり下さい。								
● ▲	手打そば　新月	中宮祠2478	55-0074	55-0074	11:30～売切まで	不定休	40	10	○	×
		PR 地元日光産及び厳選した国内産の玄そばを、自家製粉で毎日手打ちしています。								
● ◆	手作りの味 タロー	中宮祠2478	55-0711	55-0711	11:00～15:00 18:00～23:00OL	火曜	25	6	○	×
		PR 地元の人も集まりアットホームな店。夜はお酒や歌も楽しめる居酒屋風に。								
▲	伝統工芸日光彫・開運表札製造販売 歌ヶ浜 山田屋	中宮祠2482	55-0144	55-0167	9:00～17:00 冬期10:00～16:00	不定休		県営P	○	○
		PR 日光彫と開運表札の製造販売店。名前などをすぐ彫刻!世界にひとつの品をお届けします。								
● ▲	陶と木乃器の店 ゑびすや	中宮祠2480	55-0205	55-0205	9:00～18:00 (4月～11月)	不定休 12月～3月有連絡	20	4	×	○
		PR 中二階で美味しいコーヒーを飲みながら毎日使える器を楽しんで見て下さい 。								
● ▲	並木食堂	中宮祠2480	55-0178	55-0478	9:00～16:00	不定休	100	10	×	×
		PR 日光名物のゆばを優しい味で楽しめます。当店人気のメニューは、ゆば定食、ゆばそば等。								
▲	日光一刀彫の店 白樺物産店	中宮祠2482	55-0130	55-0135	9:00～17:00	不定休			×	×
		PR 栃木県優良県産品推薦の店。元祖、日光一刀彫開運表札、指先の伝統工芸。								
▲	日光オルゴール館	中宮祠2478	55-1284	55-1284	9:00～17:00	12～2月 不定休	50	15	○	○
		PR 華厳の滝のすぐ前にあるオルゴールの専門店です。製作体験コーナーが人気です。								
● ▲	菱屋華厳滝営業所	中宮祠2479-2	55-0166	55-0700	8:30～17:00	年中無休			×	○
		PR お土産と軽食の店。B級グルメの「餃子コロッケ」がおすすめです。								
● ▲	常陸屋歌ヶ浜店	中宮祠2482	55-0032	55-0332	8:00～17:00	不定休	120		○	×
		PR お土産と食堂メニューの豊富さが好評です。当店オリジナル商品も取り揃えています。								
● ▲	桝屋 味処	中禅寺2482	55-0225	55-0260	10:00～15:00	不定休	260	普通25 大型10	○	○
		PR 日光名物のゆばや中禅寺湖で獲れる姫鱒やわかさぎなどの郷土料理とお土産の店です。								

業種	施設名	住所	電話	FAX	営業時間	定休日	席数	駐車場	HP	CC
●▲	みはしや	中宮祠2484	55-0112		9:00～20:00	無休	50	10	○	×
		PR 当店の日光ゆば定食は、国産大豆を使用したもので好評です。								
●	野州そば処 いなりや	中宮祠2478	55-0104	55-0104	9:00～17:00	不定休	70	14	○	×
		PR 鹿沼産地粉を使ったそばを、三種の節からとった辛汁、二種の節からとった甘汁で。								
●	ラーメン屋敷	中宮祠2480	55-0124		11:00～19:00	不定休	50	3	×	×
		PR せっかく日光に来たからにゃ、家康らーめん、忍者らーめん等々、食べなきゃ損々。								
●▲	龍頭之茶屋	中宮祠2485	55-0157	55-0157	9:00～17:00 12月～4月9:30～16:00	無休 12月～4月不定休、5月～11月無休	120	20	○	×
		PR 竜頭ノ滝を眺めながら、お食事・お買い物が楽しめます。お雑煮やお団子が人気です。								
●▲	レークセンター ひたちや	中宮祠2478	55-0010	55-0164	9:00～18:00	不定休	900	120	○	×
		PR 季節と共に景色が移りゆく中禅寺湖畔に面したお店です。奥日光でのひとときを。								
●	レステル金波	中宮祠2484	55-0209	55-0208	10:00～	不定休	60	15	×	×
		PR 中禅寺湖に面した絶好のロケーションです。湖水魚料理の店・宿泊もできます。								
●▲	レストラン 大橋	中宮祠2478	55-0043	55-0200	9:00～17:00	繁忙期以外の水曜	200	2	×	×
		PR 一般から団体まで心からのおもてなし。人気メニューはゆばそば・うどん定食。								
●▲	レストラン 岡甚本店	中宮祠2482	55-0046	55-0284	9:00～18:00	不定休	100	30	○	×
		PR 中禅寺湖を一望できる店内で食べるヒメマスの塩焼は格別。ワカサギ料理、ゆばそばも好評。								
●	レストラン 滝	中宮祠2480	55-0235	55-0235	9:30～16:00	不定休	70		×	×
		PR ちょっと壊れた狸が目印です。生ゆばスープ丼・ゆばと野菜のかき揚げが人気です。								
●	レストラン メープル	中宮祠2482	55-0713	55-0145	9:00～17:00 12月～3月10:00～16:00	不定休	40	20	○	×
		PR 中禅寺湖畔に面し男体山白根の湖を囲む山々が見え大使館別荘立木観音華厳滝なども近い。								
●▲	レストラン日光	中宮祠2479	55-0232	55-0232	9:00～17:00	冬期間1月2月不定休	30	県営P	×	○
		PR ホテル湖上苑直営店。鱒の唐揚げ定食が人気。益子焼販売とお煎餅の製造販売。								

■戦場ヶ原

業種	施設名	住所	電話	FAX	営業時間	定休日	席数	駐車場	HP	CC
●◆	赤沼茶屋	中宮祠2494	55-0150	55-0751	7:00～16:00	不定休	70	30	○	×
		PR 戦場ヶ原ハイキングの拠点。ゆばそば、みそおでん、生乳ソフトクリームがおすすめです。								
●▲	光徳牧場	中宮祠2452	55-0256	55-0109	8:30～17:00 冬期～16:00(LO14:30)	不定休	50	50	×	×
		PR 大自然に囲まれた小さな牧場です。アイスクリーム・牛乳が人気です。								
●▲	三本松茶屋	戦場ヶ原三本松	55-0287	55-0525	7:00～19:00	無休	100	50	○	○
		PR 創業100年以上の老舗。男体山を眺めながら郷土料理が楽しめ、お土産品も豊富に揃う。								
●▲	レストハウス郭公	中宮祠2493	55-0313	55-0313	9:00～16:00	無休	60	60	×	×
		PR 戦場ヶ原三本松展望台すぐのお店。眺めの良い2階でのお食事は格別です。								
●▲	竜胆	中宮祠	55-0025	55-0085	7:00～18:00					
		PR								

■湯元温泉

業種	施設名	住所	電話	FAX	営業時間	定休日	席数	駐車場	HP	CC
●▲	湯滝レストハウス	湯元2499	62-8611	62-8612	9:00～17:00	冬期	300	湯滝P	○	×
		PR 雄大な湯滝を臨みながらのお食事処。奥日光ハイキングの拠点としても便利です。								

業種	施設名	住所	電話	FAX	営業時間	定休日	席数	駐車場	HP	CC

■霧降高原

業種	施設名	住所	電話	FAX	営業時間	定休日	席数	駐車場	HP	CC
●▲	菓子工房 カフェ・ド・ギャルソン	所野2832-2	25-3585	25-3585	10:00～19:00	月曜日 祝日の場合翌日振替え	2席	公園P	○	×
		PR 北海道産小麦・ビート糖・那須御養卵・日光産フルーツを使用してお作りしています。								
●	霧降高原 山のレストラン	所野1546-2	50-1525	50-1526	10:00～19:00LO 冬期は11:00～	水曜	70	50	○	○
		PR 霧降の滝を見下ろす、ロケーション抜群のレストランです。御来店お待ちしてます。								
▲	グラススタジオ ポンテ	所野1541-1499	54-1688	54-1687	9:00～18:00	火曜 第4水曜	60	20	○	×
		PR 気分はアーティスト♪たった20分で素敵なマイグラスが作れちゃう！								
●▲	日光霧降高原 チロリン村	所野1535-4	54-3355	-	●10:00～16:00 ▲9:00～17:00	夏休み以外の火曜、11月中旬～4月		50	○	×
		PR アーチェリーやエアーガン等が満喫できる他、4代目徳次郎の天然のかき氷が楽しめる。								
●	日光グルマンズ和牛	所野1541-297	53-3232	53-3287	11:00～14:00LO 17:30～19:30LO（要予約）	水曜 祝日の場合翌日休	45	20	○	○
		PR 遠方からお店を目指して来られるステーキ店です。隣接店ではハンバーグ等を販売。								
●	レストラン ニュー霧降	所野1545-6	53-4728	53-4728	10:00～19:00	不定休	106	50	○	×
		PR 高原のさわやかな風と、日光の四季折々の美しい大自然を満喫しながらのお食事をどうぞ。								

■足尾

業種	施設名	住所	電話	FAX	営業時間	定休日	席数	駐車場	HP	CC
▲	岩本				9:00～17:00			＊		
		PR 銅の（タワシ・軽石・スポンジ）があります。学生さん向きの商品も多数販売しています。								
●	栄山	足尾町1646	93-3866		11:00～14:00 17:00～19:30		54	30		
		PR 本格中華料理の店。各種麺類・ごはん物・一品料理。								
▲	えりか	足尾町通洞5588-2	93-4488		9:00～17:00			＊		
		PR 銅の（タワシ・軽石・スポンジ）があります。学生さん向きの商品も多数販売しています。								
▲	エンゼル	足尾町通洞5588-2	93-4626		9:00～17:00			＊		
		PR 化石・鉱石・標本・古銭等があります。								
●▲	小野崎写真館				9:00～17:00			＊		
		PR 銅山観光トロッコ電車の乗車記念写真の撮影と販売。絵はがき・ソフトクリーム等も。								
▲	小松物産	足尾町通洞5588-2	93-3900		9:00～17:00			＊		
		PR ち銅の（タワシ・軽石・スポンジ）があります。学生さん向きの商品も多数販売しています。								
●	サロン松木	足尾町松原2825	93-0189		10:00～16:00		40	30		
		PR 足尾歴史館内。コーヒー・紅茶・ジュース一律３００円。お茶菓子付き。								
▲	正三窯	足尾町3066-1	93-2888	25-7290			80	＊		
		PR 足尾焼体験が出来ます。成形や色付け材料込みで1,150円。他施設料等有り。要予約。								
▲	栃の木物産	足尾町通洞5588-2	93-3653		9:00～17:00			＊		
		PR 銅の（タワシ・軽石・スポンジ）があります。学生さん向きの商品も多数販売しています。								
▲	ないとう	足尾町通洞5588-2	93-3961		9:00～17:00			＊		
		PR おもに鉱石を販売しています。								
●	ヒロⅡ	足尾町通洞5588-2	93-4340		9:00～16:30			＊		
		PR 昔ながらの手打ちラーメンやオムライスが好評です。時季によりコーヒーサービスあり。								
●▲	ラポール	足尾町赤沢12-2	93-3580		10:30～21:00		35	4		
		PR 唐揚げや焼肉定食が好評。くつろぎの店。								

＊足尾銅山観光の駐車場を利用

②湯波専門店

■日光市街

施設名	住所	電話	FAX	営業時間	定休日	席数	駐車場	HP	CC	料金（円）
割烹二葉	本町3-2	54-0246		11:00～14:00 17:00～21:00（LO20:00）	不定休	70	8	○	×	4,620 ～ 7,600
	PR 丹念に作り上げた季節料理を、落ち着いたお座敷で寛ぎながらお召し上がりください。要予約。									
元祖日光ゆば料理 恵比寿家	下鉢石町955	54-0113	54-0168	11:00～14:30LO	火曜日	80	15	○	×	2,310 ～ 4,620（ゆば料理）
	PR 元祖ゆば料理の恵比寿屋です。宴会・法事（日本料理）も行っております。									
髙井家	本町4-9	53-0043	53-0044	12:00～22:00（LO20:00）	不定休	30	10	○	○	6,930 円～
	PR 創業文化2年。鳴虫山を借景に七福神の石像が佇む苔むした庭園で老舗の味を。要予約。									
日光ゆば遊膳	安川町1-22	53-0353	53-0355	11:30～15:00（材料が無くなり次第終了）	水曜日（祝祭日は翌日）及び冬期会臨時給業有り	72	16	○	×	2,800 ～ 3,300（税込）
	PR 神橋近く。ゆば料理をカジュアルに。ゆばしゃぶしゃぶ付きの遊膳が好評です。									
本格懐石湯波料理 与多呂	下鉢石町965	54-0198	53-2861	11:00～20:00	水曜	90	30	○	○	昼3,000～ 夜5,000～
	PR 先代料理人の味を継承した二代目による懐石湯波料理座敷でゆっくり味わって下さい。									
ゆば亭 ますだや	石屋町439	54-2151	53-3315	11:00～15:00	木曜（冬期不定休）	40	15	○	○	3,900 ～ 5,600
	PR 庭と山並みを眺めながら、140年の伝統を誇る「日光御膳湯波」のコース料理。									

■日光山内

施設名	住所	電話	FAX	営業時間	定休日	席数	駐車場	HP	CC	料金（円）
精進料理 堯心亭	山内 2339-1	53-3751	53-3752	11:00～19:00LO 冬期は 11:30 ～	木曜	48	80	○	○	3,800 円～
	PR 日光で唯一の精進料理の専門店。日光名物の湯波を豊富に使用したコースがおすすめ。									

③製造元（食品）

■日光市街

施設名	住所	電話	FAX	営業時間	定休日	代表商品	HP	CC
落合商店	下鉢石町938	54-2813	54-2813	9:00～18:00	水曜	志そまきとうがらし（細まき、大辛、激辛）	○	×
	PR 昔ながらの手作りで一本一本心を込めて、丁寧に手で巻いております。							
柏崎商店	下鉢石町 797-1	54-0086	53-3480	9:00～17:00	無休	木の芽さんしょ、きゃらぶき	○	×
	PR 日光郷土センター前にある老舗。日光の水と自然の恵みを十分に生かした特産品です。							
金谷ホテルベーカリー カテッジイン店	本町1-25	50-1873	25-3125	9:00～17:00（季節変動有り）	不定休	パン・クッキース	○	○
	PR 厳選素材と明治から受け継がれた拘りの製法で作られるパンやクッキーはお土産にも最適。							
元祖日光煉羊羹 綿半	安川町7-9	53-1511	53-5410	8:30～17:30	火曜	竹皮包煉羊羹、日の輪	○	×
	PR 創業天明七年（1787）日光で最初に羊羹を製造販売した元祖日光煉羊羹の綿半です。							
鬼平の羊羹本舗	中鉢石町 898	54-0104	54-0204	8:30～18:00	火曜日（不定休）	水羊かん、一口羊かん	×	×
	PR 甘味を控えた「さっぱりした味の水羊かんと昔からの竹皮包みの一口羊かん」が好評。							
晃麓わさび園	野口924	53-5051	53-5238	9:00～17:30	無休	日光わさび漬	×	×
	PR 深山の清流で育った山葵と良質の酒粕を使い風味豊かなわさび漬を製造販売しています。							

施設名	住所	電話	FAX	営業時間	定休日	代表商品	HP	CC
創業文化元年 湯沢屋	下鉢石町946	54-0038	54-3438	8:00～18:00 （売り切れ仕舞）	不定休	元祖日光饅頭 （酒まんじゅう）	○	○
	PR 世界遺産日光の社寺御用。大正天皇献上品。二百年以上受継がれる天然酵母の酒饅頭。							
日光名物 御膳湯波 元祖 海老屋長造	下鉢石町948	53-1177	53-1176	9:00～18:00	水曜	さしみ湯波、揚巻湯波	○	○
	PR 国産大豆と日光のおいしい水を原料に最高品質の日光湯波を手作りで製造しております。							
日光湯波 ふじや	下鉢石町809	54-0097	53-0909	8:30～17:30	週1回 不定休	ゆばトロ、揚巻ゆば	○	○
	PR 日光湯波専門店。							
ひしや	上鉢石町1040	54-0623		9:00～売切まで	不定休	日光袮りようかん	×	×
	PR 創業以来、厳選された十勝小豆、砂糖、寒天を丹精こめて練り上げた手作りの本練羊羹。							
ふだらく本舗	花石町1935-1	54-2385	53-3610	8:30～17:00	無休	補陀洛まんじゅう、山 菅最中、ゆばむすび	○	×
	PR 厳選素材と明治から受け継がれた拘りの製法で作られるパンやクッキーはお土産にも最適。							
三ツ山羊羹本舗	中鉢石町914	54-0068	54-0058	8:00～18:30	元旦のみ	水羊羹、一口羊羹	○	○
	PR 厳選した材料を伝統の技で煉り上げた羊羹、水羊羹、本煉羊羹とも品のいい甘さが魅力。							
吉田屋羊羹本舗	中鉢石町903	54-0009	54-0111	9:00～18:00 （季節変動有り）	水曜日 営業の場合有	日光水羊羹、一口羊羹 煉羊羹	○	×
	PR 老舗日光羊羹製造本舗。日光山御用達。銘菓一口ようかん・水ようかんは、全国的に有名。							

■中禅寺湖・男体山

施設名	住所	電話	FAX	営業時間	定休日	代表商品	HP	CC
みやま堂	中宮祠2478-15	55-0162	55-0521	9:00～17:00	木曜	けっこう饅頭	×	×
	PR 厳選した北海道小豆を使用し、昔ながらの製法で丁寧に製造しています。							

■今市

施設名	住所	電話	FAX	営業時間	定休日	代表商品	HP	CC
金谷ホテルベーカリー 本社工場 直売店	土沢 992-1	21-1275	21-1265	10:00～16:00	日曜日 年末年始	ロイヤルブレッド 百年ライスカレー	○	×
	PR 厳選素材と日光の名水から生まれる「金谷ホテル伝統の味」をお届けしています。							
金谷ホテルベーカリー 道の駅日光店	今市 719-1 「道の駅日光」日光街道ニコニコ本陣内	25-5255	25-5255	9:00～18:00	第3火曜日 （他道の駅の休みに準ずる）	コロッケサンド 金谷マイルドカレー	○	×
	PR 伝統のパンやクッキーは勿論、店内で焼き上げる出来立てのパンもお買い求め頂けます。							

6 スポーツ・レジャー情報

☎日光の市外局番（0288）
HP＝ホームページ

■温泉

施設名	アクセス	入浴時間・休館日	入浴料	泉質
日光温泉浴場 ☎53-3630　HPあり	七里425-3 七里から徒歩8分 Pあり	10:00～21:00 火曜休（祝日の場合翌日）	大人410円 小学生200円 65歳以上270円	アルカリ性単純温泉
カジュアルユーロ **日帰り温泉　ほの香** ☎53-0500　HPあり	所野1550-38 丸美から徒歩1分 Pあり	10:00～22:00 不定休	大人500円 3歳～小学生300円	アルカリ性単純温泉
日光小倉山温泉春曉庭 **（しゅんぎょうてい）「ゆりん」** ☎54-2487　HPあり	所野2823　日光霧降スケートセンターから徒歩10分　Pあり	14:00～深夜2:00	800円	アルカリ性単純温泉
和の代温泉 やしおの湯 ☎53-6611　HPあり	清滝和の代町1726-4 やしおの湯すぐ、清滝一丁目から徒歩15分 Pあり	10:00～21:00 木曜休（祝日の場合翌日）	大人510円 小学生250円 65歳以上340円	アルカリ性単純温泉
日光山温泉寺 ☎55-0013　HPあり	湯元 湯元温泉から徒歩2分 Pあり	4月下旬～11月下旬の8:00～17:00まで受付（1時間）	大人500円 小人300円	硫黄泉
ゆ処山月　五識の湯 ☎62-2166　HPあり	湯元2553 湯元温泉から徒歩2分 Pあり	11:30～19:00 不定休	大人900円	硫黄泉
あんよの湯（足湯） ☎53-3795　HPなし	湯元2549 湯元温泉から徒歩5分 Pなし	9:00～20:00 冬季休館あり （12/30～1/3開館予定）	無料	硫黄泉
足尾温泉「庚申の湯」 ☎93-3420（国民宿舎かじか荘）	足尾町銀山平5488 タクシーが便利	10:30～20:00	大人（中学生以上）610円 小人（3歳～小学生）300円	アルカリ性単純温泉

■市営スポーツ施設

施設名 アクセス	区分	使用時間		利用料金（単位＝1時間）市内 一般	市内 中学生以下	市外 一般	市外 中学生以下	備考
日光運動公園 ☎54-1585 所野2832-2 所野公園・ゴルフ場前・所野第二団地すぐ Pあり	野球場・本球場 ナイター夜間照明	4/中～11/中	8:00～17:00 18:00～22:00	510円 4,110円	無料 3,600円	1,020円 8,220円	1,020円	硬式野球は使用不可
	スポーツ広場 全面使用（トラック・サッカー）	4/中～11/中	8:00～17:00	510円	無料	1,020円		
	スポーツ広場 片面使用（トラック・サッカー）							硬式野球は使用不可
	テニスコート ナイター夜間照明	通年	8:00～17:00 18:00～22:00	300円 720円	無料 410円	610円 1,440円		コート代+照明代
	ゴルフ場	通年	4～9月 8:00～18:30 10～3月 8:30～17:30	一般 410円	中学生以下 65歳以上 200円	市外 1,230円		874ヤード・9ホール・パー27のショートコースのみ（林間コース）貸クラブ・貸靴あり

■市営スポーツ施設

施設名 アクセス	区分	使用時間		利用料金（単位＝1時間） 市内 一般	市内 中学生以下	市外 一般	市外 中学生以下	備考
日光体育館 ☎54-1187 相生町15 🚃 JR・東武日光駅から徒歩3分 🅿あり	半面 全面 競技場（アリーナ）・柔道場 会議室 体育指導室	通年 （休＝12/29～1/3）	9:00～21:00	510円 1,020円 510円 200円 200円	無料 無料 無料	1,020円 2,040円 1,020円	510円 1,020円 510円	バスケットボールコート（2面）・卓球台（17台）・バレーボールコート（2面）・柔道場（1室）・バドミントンコート（3面）・体育指導室（1室）・会議室（1室）・更衣室（1室）
日光清滝体育館 ☎53-1010 清滝桜ヶ丘210-7 🚏清滝駐在所前から徒歩5分 🅿あり	半面 全面	通年 （休＝12/29～1/3）	9:00～21:00	510円 1,020円	無料 無料	1,020円 2,040円	510円 1,020円	バスケットボールコート（2面）・卓球台（5台）・バレーボールコート（2面）・バドミントンコート（4面）・男女更衣室（各1室）
足尾原体育館 ☎93-3322 足尾町3376	全面			200円	無料	410円	200円	
足尾中央グラウンド ☎93-3322 足尾町2805-4	野球場 夜間照明			510円 1,020円	無料 1,020円	1,020円 2,050円		
	テニスコート（1面）			100円	無料	200円		
	ゲートボール場（1面）			無料	無料	510円		
足尾向原テニスコート ☎93-3322 足尾町向原2479-1	テニスコート（1面）			100円	無料	200円	100円	

■スケート場

施設名	アクセス	滑走の期間と時間	利用料金 一般	団体割引	共通利用	貸切料金
日光霧降スケートセンター （屋外400mスピードリンク） ☎54-2401	所野2854 🚏日光霧降スケートセンターすぐ 🅿あり	11月上旬～2月下旬 平日10:00～16:00 土日祝日9:30～16:30	大人1,540円 4歳～中学生820円 貸靴1足510円	20名以上1割引 40名以上2割引	大人 2,340円 4歳～中学生 1,150円	2時間61,710円
栃木県立日光霧降アイスアリーナ （屋内リンク） ☎53-5881	所野2854 🚏日光霧降スケートセンターすぐ 🅿あり	7月中旬～4月下旬 10:00～15:30	大人1,310円 4歳～中学生650円 貸靴1足510円	20名以上2割引		30分 8,280円
細尾ドームリンク ☎54-0474	細尾町676-12 🚏 細尾リンク入口から徒歩10分 🅿あり	10月上旬～3月中旬 平日8:00～16:30 土8:00～13:00 日祝日10:00～15:00	大人720円 高校生410円 小中学生200円	20名以上2割引		30分 3,600円

■スキー場

<table>
<tr><th>施設名</th><th>アクセス</th><th>滑走の期間と時間</th><th colspan="2">リフト料金</th></tr>
<tr><td>日光湯元温泉スキー場
☎62-2532
(湯元ロッヂ)
HPあり
＊</td><td>湯元温泉
湯元温泉から徒歩5分
Pあり(有料)</td><td>12月下旬～3月下旬
9:00～16:00
(日祝日は8:30～、時間延長・変更の場合あり)</td><td colspan="2">1回券　大人300円
　　　　小人300円
1日券　大人3,500円
　　　　小人2,500円</td></tr>
<tr><td rowspan="2">クロスカントリースキー
☎55-0585
(日光アストリアホテル)
HPあり</td><td rowspan="2">光徳温泉
光徳温泉すぐ
Pあり</td><td rowspan="2">12月下旬～3月下旬</td><th>コース</th><th>レンタル料金</th></tr>
<tr><td>1km、3km、5km(組合せ可)
5kmコースは全日本スキー連盟クロスカントリーコース公認A級、10km</td><td>2,300円</td></tr>
</table>

＊スキースクール　☎62-2515(全日本スキー連盟公認スキー学校)
午前の部10:00～12:00　午後の部13:15～15:15

	半日(2時間)	1日(4時間)
スキー　一般	4,000円	5,500円
スキー　4歳～小学生、小学2年生(キッズレッスン)	5,000円	6,500円
スノーボード 小学4年生以上	5,000円	6,500円
マンツーマン	10,000円	18,000円
グループ(3名)	18,000円	28,000円
学校団体　※指導員1名の料金	19,440円	32,400円

■釣り

<table>
<tr><th>場　所</th><th>遊魚期間</th><th>遊魚時間</th><th colspan="4">遊魚料金（1日券）</th></tr>
<tr><td>大谷川(主流・田母沢・鳴沢川)
☎54-1851
(鬼怒川漁業組合日光支部)
HPあり</td><td>4月1日～9月19日</td><td>日の出～日没</td><td colspan="4">鮎全魚種釣券(全魚種・岸釣)　2,700円(現場料金3,500円)
普通釣券(鮎以外の魚種岸釣)　1,500円(現場料金2,000円)
雑魚釣券(雑魚・岸釣)　800円
団体雑魚釣券(雑魚・岸釣)　700円
学生鮎全魚種釣券(全魚種・岸釣)　1,100円(現場料金1,400円)

※雑魚とは、全魚種から、あゆ、さくらます、やまめ、いわな、かじかを除いた魚種をいう。
※学生とは高校生をいう。ただし大谷川特別漁場及び東古屋特別漁場は中学生も含む。
※団体券は10人以上の団体遊漁に適用する。</td></tr>
<tr><td rowspan="12">中禅寺湖
☎55-0271
(中禅寺湖漁業協同組合)
HPあり</td><td rowspan="12">岸釣
4月1日～9月19日
(湖面東側のみ)
船釣
4月20日～9月19日
(湖面東側のみ)
雑魚釣
4月1日～9月19日
(9月20日～10月31日までは組合が定めた場所及び時間でワカサギ釣りのみできます。)</td><td rowspan="12">解禁日
5:00～18:00

4月2日～5月14日
4:00～18:00

5月15日～8月15日
4:00～19:00

8月16日～9月19日
4:00～18:00

※5月12・13日は中禅寺湖マス類標識放流採捕調査のため全面禁漁</td><th colspan="2">遊魚料金(1日券)＊現地徴収3割増レンタル料金</th><th>定期料金</th><th>現場料金</th></tr>
<tr><td>日釣券 岸釣/船釣</td><td rowspan="4">解禁日から9月19日まで
魚種:全魚種
区域:岸ヶ渕より松ヶ崎を結ぶ線から東側の区域</td><td>2,160円</td><td>2,770円</td></tr>
<tr><td>6回回数券 岸釣/船釣</td><td>10,800円</td><td></td></tr>
<tr><td>子供券(18歳以下) 岸釣</td><td>無料</td><td></td></tr>
<tr><td>障害者 手釣又は竿釣</td><td>1,080円</td><td></td></tr>
<tr><td>日釣券</td><td rowspan="3">解禁日から9月19日まで
魚種:雑魚
区域:岸ヶ渕より松ヶ崎を結ぶ線から東側の区域
手釣又は竿釣</td><td>1,080円</td><td>1,380円</td></tr>
<tr><td>子供券(18歳以下)</td><td>無料</td><td></td></tr>
<tr><td>障害者</td><td>540円</td><td></td></tr>
<tr><td>日釣券</td><td rowspan="3">9月20日から10月31日まで
魚種:雑魚
区域:指定区域
手釣又は竿釣</td><td>1,080円</td><td>1,380円</td></tr>
<tr><td>子供券(18歳以下)</td><td>無料</td><td></td></tr>
<tr><td>障害者</td><td>540円</td><td></td></tr>
<tr><td colspan="4">【18歳以下無料について】
但し、年齢確認のできる身分証明書を提示した方に限り、遊漁券取扱所で認定券を交付します。
【障害者割引について】
但し、遊漁券取扱所で障害者手帳を提示した方に限る。
●9月19日　無料</td></tr>
</table>

■釣り

場　所	遊魚期間	遊魚時間	遊魚料金（１日券）
湯ノ湖・湯川 ☎55-0702 （全国内水面漁業協同組合連合会日光支所） HPあり	5月1日〜9月30日 ＊1	日の出〜日没	湯ノ湖（岸釣）　湯川　※現地徴収500円増 解禁日　3,600円　3,000円 5月2〜31日　2,600円　2,000円 6月1日〜9月30日　2,000円　2,000円
神子内川他 ☎93-0777 （足尾町漁業協同組合） HPあり	3月21日〜9月19日 ＊2	日の出〜日没	年間　6,000円　※現地徴収500円増 日釣　1,500円

＊1 毎週土日、祝日放流。湯ノ湖釣り大会５，８，９月開催。（キッズ賞、参加賞あり）
＊2 毎月１回放流日あり。渡良瀬川納涼釣り大会８月開催。

■キャンプ場

施設名	アクセス	開設期間	持込テント・オートキャンプ料金	バンガロー・デイキャンプ等料金
奥日光湯元キャンプ場 ☎62-2321 HPなし	湯元 🚏湯元温泉から徒歩5分 Pあり	6月上旬〜10月下旬 （水道凍結が解消され次第）	＜持込テント＞　大人1,000円 子供500円	＜デイキャンプ＞1人500円
菖蒲ヶ浜キャンプ場 ☎55-0227 ネット予約専用（フルシーズン） ☎070-4415-8872 HPあり	中宮祠2485 🚏遊覧船発着所から歩5分 Pあり	5月1日〜10月下旬	＜持込テント＞　大人1,000円+税 子供800円+税 タープ・大型テント1張1泊 1,500円+税	＊1
ニュー霧降キャンプ場 ☎53-4728 HPあり	所野1545-6 🚏鳴沢から徒歩1分 Pあり	4月下旬〜11月下旬	＜持込テント・オートキャンプ＞ 大人1,550円 3歳〜小学生1,200円 電源付サイトは上記+1泊1,000円	＊2
キャンプの森小来川 ☎63-3392 ☎090-5544-6903（田中） HPあり	西小来川3198 マイカーまたはタクシー Pあり	4月1日〜10月下旬	＜オートキャンプ＞ 1区画　4,000円 管理費　1人500円	＜ツリーハウス＞1棟 7,000円 ＜バンガロー＞1棟 10,000円 上記管理費　1人1,000円 ＜バーベキュー小屋＞4,000円 ＜デイキャンプサイト＞ 1区画　2,000円 上記管理費　1人500円
銀山平キャンプ場 ☎93-3116 HPあり	🚃わたらせ渓谷鐵道通洞駅からタクシーで15分	4月1日〜11月30日	＜持込テント＞1張1泊1,500円 ＜タープ＞1張1泊1,500円 ＜宿泊管理料＞大人1人1泊300円 小学生以下　1人1泊100円	＊3

＊１ ＜バンガロー＞３人用（３棟）１棟 4,500 円、８人用１棟 20,000 円、10 人用１棟 15,000 円
＜ログキャビン＞６人用１棟 10,000 〜 11,000 円、10 人用１棟 16,000 円
＜施設利用料＞ 200 円
＊２ ＜バンガロー＞４人用１棟 8,650 円、20 人用１棟 32,400 円、30 人用１棟 46,450 円
＜ログハウス＞４人用１棟 12,950 円、６人用１棟 18,350 円、８人用１棟 22,700 円、12 人用１棟 25,900 円
＜デイキャンプ＞１人 750 円（３歳以上）
＜キャンプ用品レンタル・販売＞炊事用品各種　50 〜 300 円、炊事用薪１束　600 円、シーツ１枚　200 円、木炭 1.5kg 入　500 円、他各種あり
＜キャンプファイヤー＞ 7,000 円〜
＜家族風呂＞ 45 分貸切 1,550 円（要予約）
＊３ ＜バンガロー＞６人用１棟 13,000 円、６人用１棟 11,000 円、４人用１棟 8,000 円、４人用１棟 5,000 円 ※寝具付

■その他のアウトドア施設

種　類	施設名	電話	HP	住所
釣堀	小倉山つり堀茶屋	53-0122	○	所野2846-3
ゴルフ場	日光カンツリー倶楽部	54-2128	○	所野2833
	日光霧降カントリークラブ	53-4111	○	所野1538-18
娯楽	チロリン村（アーチェリー、エアライフル、パターゴルフ）	54-3355	○	所野1535-4
乗馬	小倉山乗馬クラブ	53-4607	×	所野2844-1
中禅寺湖モーターボート&遊覧ボート	中禅寺観光センター	55-0042	○	中宮祠2478
中禅寺湖レンタルボート&送迎船	レーク岡甚	55-0046	○	中宮祠2482

英国大使館別荘記念公園・イタリア大使館別荘記念公園・中禅寺湖畔ボートハウスは、日光国立公園の自然に親しみ、国際的な避暑地として発展した中禅寺湖の歴史と文化にふれることができる3つの施設です。

■英国大使館別荘記念公園

開園期間　4月1日から11月30日
開園時間　9時から17時まで(11月11日から30日は9時から16時まで)
※館内喫茶スペース「Tea Room南4番Classic」は10時00分から16時30分まで（ラストオーダー15時30分まで）

●観覧料　大人200円 小人100円（4才以上から中学生まで）
●イタリア大使館別荘記念公園との共通観覧券　大人300円　小人150円

■イタリア大使館別荘記念公園

開園期間　4月1日から11月30日
開園時間　9時から17時まで（4月と11月11日から30日は9時から16時まで）

●観覧料　大人　200円 小人100円（4才以上から中学生まで）
●英国大使館別荘記念公園との共通観覧券 大人300円 小人150円

■中禅寺湖畔ボートハウス

開園期間　4月1日から11月29日
開園時間　9時から17時まで（4月と11月11日から29日は9時から16時まで）

※お問い合わせ 55-0880（日光自然博物館）

■体験

日光でチャレンジ！

千年を超す歴史と豊かな自然を誇る日光。世界遺産の社寺建設で培われた匠の技から生まれた伝統産業を誰もが身近に体験できる。スポーツやレジャーの舞台としての自然もいっぱいで訪問者を歓迎する。観光を終えた後は積極的に挑戦してみよう。

＜やってみる＞

年間を通して楽しめる野外スポーツは乗馬にネイチャーガイド、アーチェリー、カート、ゴルフ、釣りと多彩。夏は水辺と川でカヤックにカヌー、キャニオニング、ラフティングで夜はキャンプ。冬はスキー、スケートに新しいスポーツのスノーシューも人気だ。

＜作ってみる ＞

伝統の日光彫や杉板焼き、草履編み、工作で創作意欲を発揮しよう。足尾焼、鬼怒焼でオリジナルの陶器を作るのもいい。熱に耐えて、エッチングガラスやステンドグラス、とんぼ玉作りに挑戦。オルゴールに押し花、ろうけつ染めと癖になりそう。

＜観てみる＞

見どころ満載の日光。名所旧跡の観光に案内人を頼むのも理解を深める手だ。プロと案内ボランティア団体もいて、内容や目的によって選択するのがお勧め。広域の日光には絶景を誇る名所や近代的な美術館、見学を歓迎する企業、体験施設も多い。

＜学んでみる ＞

自然科学の知識を高めたい。日光の自然と文化について、全体像や植物、魚類などへの好奇心を満足させる施設が目白押し。ダムや電気の働き、環境について、丁寧に解説もしている。足尾で、荒れた自然を回復させる運動に参加する貴重な体験もできる。

＜食べてみる＞

食べるだけでなく、製造工程見学や製作体験もできれば、一段とおいしく感じるだろう。日光例幣使そば街道の中心である日光には、100軒を超す手打ちそばの店があり、ソバ打ち体験のできる店も多い。特産のゆばや豆腐、せんべい作りも体験できる。乳搾りやいちご狩り、ブルーベリー摘みもある。酒蔵見学で美酒の試飲も素敵だ。

※詳しくは「日光まるごと体験ガイドブック」をご覧ください。

https://www.city.nikko.lg.jp

7 日光の伝統行事

期日	名称	場所（主催）
1月1日	歳旦祭	日光東照宮本社（日光東照宮）
	歳旦会	日光山輪王寺三仏堂（日光山輪王寺）
	歳旦祭	日光二荒山神社本社（日光二荒山神社）
3日	外山毘沙門天縁日	外山山頂（日光山輪王寺）
4日	武射祭	二荒山神社中宮祠拝殿・上神橋（二荒山神社中宮祠）
初旬	五社祭	磐裂・青龍・八幡・花石・久次良の各神社
9日	鎮守虚空蔵尊縁日	虚空蔵尊（観音寺）
12日	初市（鉢市）	鉢石町（中鉢石町）
14日	律院年越祭	興雲律院境内（興雲律院）
	道陸尊神	志度淵川畔（松原町）
	どんど焼き	各町
最終日曜日	節分会追儺式	温泉寺（日光山中禅寺）
2月3日	節分祭	日光東照宮五重塔前（日光東照宮）
	節分会追儺式	日光山輪王寺三仏堂（日光山輪王寺）
	節分祭	日光二荒山神社本社（日光二荒山神社）
13日	小玉堂法楽	小玉堂（日光山輪王寺）
3月1日	深沙大王法楽	深沙王堂（日光山輪王寺）
25日	稲荷神社例祭	稲荷神社境内（稲荷神社）
	滝尾稲荷神社例祭	滝尾神社境内（日光二荒山神社）
4月1日	開山会	開山堂（日光山輪王寺）
2日	強飯式	日光山輪王寺三仏堂（日光山輪王寺）
13~17日	弥生祭例大祭	日光二荒山神社・滝尾神社・本宮神社（日光二荒山神社）
13日	神輿飾祭	日光二荒山神社本社（日光二荒山神社）
14日	滝尾神社神輿渡御祭	本社～滝尾神社（日光二荒山神社）
	酒迎式	東照宮表門前（日光東照宮）
15日	氏子大祭	日光二荒山神社本社（日光二荒山神社・日光二荒山神社氏子会）
16日	滝尾神社神輿還御祭	滝尾神社～本社（日光二荒山神社）
	・高天原神事	日光二荒山神社本社神苑
	宵まつり（各町家体繰り出し）	日光市街（日光二荒山神社氏子会・日光市観光協会）
	渡橋神事	神橋（日光二荒山神社氏子会）
17日	例大祭（各町家体繰り出し）	日光二荒山神社本社（日光二荒山神社・日光二荒山神社氏子会）
	三神輿着輿祭	本社拝殿（日光二荒山神社）
20日	家光公御祥忌法要	家光廟大猷院（日光山輪王寺）
24日	菅笠日限地蔵尊大縁日	浄光寺（浄光寺）
5月5日	開山祭	二荒山神社中宮祠（二荒山神社中宮祠）
17日	延年舞	日光山輪王寺三仏堂（日光山輪王寺）
17~18日	日光東照宮春季例大祭	日光東照宮（日光東照宮）
17日	弓矢渡し式	表門
	流鏑馬奉納	表参道
	日光東照宮宵成祭	二荒山神社

期日	名　　称	場所（主催）
18日	百物揃千人武者行列	表参道他
	御旅所祭	御旅所
18日	開創会	四本龍寺観音堂（日光山輪王寺）
中旬	報醸祭	日光二荒山神社神苑（日光二荒山神社）
24日	かけなし地蔵尊縁日	所野白返・かけなし地蔵尊
25日	滝尾稲荷神社講社大祭	滝尾神社境内（日光二荒山神社）
28日	行者堂法楽	行者堂（日光山輪王寺）
	荒沢不動尊縁日	裏見ノ滝（興雲律院）
6月第1土·日	だいこくまつり	日光二荒山神社境内（日光二荒山神社）
8日	大日堂法楽	大日堂跡（日光山輪王寺）
18日	中禅寺講	日光山中禅寺観音堂（日光山中禅寺）
7月3日	星の宮例祭	星の宮
14日	慈雲寺法楽	憾満ヶ淵・慈雲寺
7月31日~8月7日	男体山登拝祭	二荒山神社中宮祠（二荒山神社中宮祠・奥宮）
7月31日~8月1日	深山踊り	境内
2日	湖上祭	中禅寺湖
4日	扇の的奉納弓道大会	中禅寺湖
4日	船禅頂	中禅寺湖（日光山中禅寺）
8日	温泉寺薬師堂法楽	温泉寺（日光山中禅寺）
旧8月15日	律院へちま加持	興雲律院（興雲律院）
8月17日	所野磐裂神社例祭	所野磐裂神社
25日	北野神社例祭	北野神社
9月15日	青龍神社例祭	青龍神社
第2日曜日	磐裂神社例祭	磐裂神社
第4日曜日	花石神社例祭	花石神社
10月2日	長講会	慈眼堂（日光山輪王寺）
16~17日	日光東照宮秋季例大祭	日光東照宮（日光東照宮）
16日*	神事　流鏑馬	表参道
17日	百物揃千人武者行列	表参道他
	御旅所祭	御旅所
18日	産の宮法楽	観音堂（日光山輪王寺）
下旬	祈醸祭	日光二荒山神社神苑（日光二荒山神社）
24日	産子地蔵尊縁日	安良沢・産子地蔵尊
25日	閉山祭	二荒山神社中宮祠（二荒山神社中宮祠）
28日	荒沢不動尊護摩供養	裏見ノ滝（興雲律院）
30日	若子神社例祭	若子神社
11月9日	律院三千仏名会	興雲律院（興雲律院）
25日	子供強飯式	七里・生岡神社
12月12日	神橋すす払祭	神橋（日光二荒山神社）
14日	煤払供養	日光山輪王寺三仏堂（日光山輪王寺）
31日	除夜祭	日光東照宮本社（日光東照宮）
	歳末会	日光山輪王寺三仏堂（日光山輪王寺）
	除夜祭	日光二荒山神社本社（日光二荒山神社）

*年によって変更する場合あり

8 日光の観光イベント

☎日光の市外局番（0288）

＊ホームページ　日光旅ナビ http://www.nikko-kankou.org
＊年によって内容・時期・時間が変更される場合がありますのでご注意ください。

期日	イベント名	時間	会場	参加申込および問合せ電話番号	概要
4月上旬～下旬	**日光桜回遊**		日光駅～世界遺産「日光の社寺」周辺	日光市観光協会 ☎22-1525	日光駅から世界遺産周辺「日光の社寺」周辺にかけて、樹齢200年を越える桜の名木が多数点在しています。イベント期間中は、加盟店舗で桜にちなんだ期間限定の販売などがあり、「食」での桜もお楽しみください。
4月～9月下旬	**大谷川つり解禁**	日の出～日没	大谷川・その支流	鬼怒川漁業組合日光支部 ☎54-1851	日光連山に囲まれた河川で、ニジマス、イワナ、ヤマメ、カジカなど渓流釣りが楽しめます。
4月～9月下旬	**中禅寺湖つり解禁**	日の出～日没	中禅寺湖	中禅寺湖漁業協同組合 ☎55-0271	釣り人なら誰でも一度は憧れる「鱒釣りの聖地・中禅寺湖」。日本を代表する鱒の養殖放流事業でも知られる湖だけに、魚種も豊富で、釣果も楽しめます。
5月～9月	**湯ノ湖・湯川釣り解禁**	日の出～日没	湯ノ湖・湯川	湯元釣り事務所・湯ノ湖釣り事務所 ☎62-2524	明治時代からフライフィッシングを楽しんだ西洋式鱒釣り発祥の地「奥日光」。国民保養温泉地で知られ、ラムサール条約に加盟された「湯ノ湖」と戦場ヶ原を縦断する「湯川」での釣りが解禁されると、えさ釣り、浮き釣り、ルアー釣り、フライフィッシングなど、待ちに待った太公望達が日の出を待って腕前を競います。
5月3日	**足尾まつり**	9:00－14:00	足尾町内各所及び足尾銅山観光駐車場	日光市観光協会 ☎22-1525	銅山を守る山神社へ奉納する山神祭の伝統を受け継いだ祭で、各町内から山車や神輿がにぎやかに繰り出されます。
6月～2月	**霧降高原にムチュー!キャンペーン**		霧降高原	日光市観光協会 ☎22-1525	霧降高原を中心としたハイキングや収穫祭、キャンドルナイトや冬の雪遊びなどのイベントがあります。
7月31日・8月1日	**湖上花火・深山踊り**	湖上花火（奉納花火） 21:00～ 深山踊り 19:00～22:00	日光二荒山神社中宮祠	日光市観光協会 ☎22-1525	今から1200年以上前の奈良時代末より連錦と続く祭です。ハイライトは男体山信仰に根ざした登山で、奥宮である山頂は登山者や参拝者で大変賑わいます。
8月第一金曜	**日光和楽踊り**	19:00～21:00	古河電工和楽池	古河電工㈱ 日光事業所総務課 ☎54-0501	日光の夏の風物詩の一つとなっている「日光和楽踊り」を、古河電工㈱内にある和楽池を舞台に開催します。華麗なイルミネーションの元で、工場内の和楽池の周りを老若男女が浴衣で踊ります。
8月下旬	**日光山輪王寺「薪能」**	開演 18:00～	日光山輪王寺 雨天の場合は日光総合会館	日光山輪王寺 ☎54-0531	日光山の静謐な夜空のもと、世界遺産を舞台に演じられている幽玄の世界を体験することができます。

期日	イベント名	時間	会場	参加申込および問合せ電話番号	概要
9月初旬の土日	**日光ツーデーウォーク**	8:00～	日光総合会館	日光市観光部 日光観光課 ☎53-3795	世界遺産「日光の社寺」周辺に点在する歴史や豊かな自然に触れあえるコースや周辺の市街地を歩くコースなどがあります。世界遺産登録を記念して始まったウォーキングです。
10月上旬の土曜日 ※花火は順延	**日光けっこうフェスティバル**	10:00～15:00 （花火:19:00～20:00）	日光けっこうフェスティバル:日光運動公園ほか 日光秋の花火:大谷川河畔	日光市観光部 日光観光課 ☎53-3795	日光秋の恒例イベントです。日光特産の日光下駄を使った「日光下駄飛ばし選手権」や「関東一芋煮会」で振るまわれる芋煮は毎回大人気です。夜には「日光秋の花火」で秋の夜空を彩ります。
11月上旬～中旬	**ライトアップ日光**	17:00～21:00	二社一寺 （世界遺産）	日光市観光協会 ☎22-1525	世界遺産（東照宮・輪王寺・二荒山神社）が幻想的にライトアップされます。期間中は殿堂案内人による無料案内ツアーや各種イベントが行われます。情緒たっぷりの散策は秋の夜長におすすめです。
12月上旬～2月末	**わたらせ渓谷鐵道各駅イルミネーション事業**	17:00～各駅最終列車通過まで	わたらせ渓谷鐵道各駅 わたらせ渓谷鐵道桐生駅～間藤駅間の各駅	日光市観光協会 ☎22-1525	開催期間中は毎日わたらせ渓谷鐵道の各駅において、駅舎等をイルミネーションで飾ります。イルミネーションは各地で毎年趣を凝らしています。
1月下旬～氷が解けるまで（約2週間位）	**奥日光湯元温泉雪まつり【全日本氷彫刻】第11回全日本氷彫刻奥日光大会（かまくらの中の氷彫刻）**		湯元温泉	奥日光湯元温泉旅館協同組合 ☎62-2570	全国有名ホテル、食品会社のコックさんや彫刻士達が彫刻する高さ2メートルの力作を大きなカマクラの中に約10基展示します。
2月初旬～中旬開催	**奥日光湯元温泉雪まつり 雪灯里 （ゆきあかり）**	17:00-21:00 予定	湯元温泉	奥日光湯元温泉旅館協同組合 ☎62-2570	湯元園地にミニかまくらに光を灯す「雪灯里」。冬の静寂の中に、奥日光に降り積もった雪と美しい光が織りなす幻想的な世界が広がります。

9 日光の歴史年表

西暦	年号	事項
766	天平神護2	勝道上人、大谷川を渡り四本龍寺を創建（日光山の起源）
767	神護景雲元	勝道上人、大谷川の北岸に二荒山大神をまつる（本宮神社の創建）
782	天応2	勝道上人、二荒山（男体山）の初登頂を果たす（奥宮の創建）
784	延暦3	勝道上人、中禅寺湖畔に神宮寺（中禅寺）を創建し、千手観音を安置する
808	大同3	下野国司・橘利遠、朝命により本宮神社の社殿造立、山菅の橋を架けて往来の便に供す
810	弘仁元	四本龍寺を本坊とし、一山の総号を満願寺と称する
814	同　5	弘法大師、『二荒山碑文』（勝道上人伝記）を著す
816	同　7	勝道上人、日光三社大権現（本社・滝尾・本宮神社）を勧請する
820	同　11	弘法大師、滝尾、若子両神社をまつる
829～33	天長6～10	慈覚大師、このころ来山し、三仏堂を創建する
836	承和3	下野国二荒神に正五位下が授けられる（869年には正二位になる）
1000	長保2	このころ書かれた『枕草子』に「橋は…山すげの橋」と神橋が記述される
1145	久安元	常行三昧堂で行法が始まる
1185	文治元	屋島の合戦に赴く那須与一、二荒山神社に祈念し扇の的を射る
1186	同　2	源頼朝、下野国寒河郡の田地15町を日光山三昧田として常行堂に寄進
1189	同　5	源頼朝、奥州遠征の際に使いをもって二荒山神社（宇都宮）に祈願する
1203	建仁3	源実朝、神馬を二荒山神社に奉納する
1210	承元4	このころ、弁覚が日光山座主となって復興に着手する
1215	建保3	弁覚、二荒山神社（新宮）を造営
1240	仁保元	弁覚、光明院を創設し、一山の本坊となる
1292	正応5	鹿沼教阿、新宮に銅灯籠（化灯籠）を奉納する
1315	正和4	仁澄、中禅寺の大造営を行う
1468	応仁2	連歌師・宗祇、日光山を訪れ、『白河紀行』に記す
1476	文明8	権別当・昌源、日光山中に杉、松など数万本の植林を行う
1513	永正10	温泉神社に薬師像銅祠が造られる
1590	天正18	日光山衆徒、北条氏に加担したため、豊臣秀吉から所領を没収される。以後、衰退する
1613	慶長18	慈眼大師天海、日光山貫主となり、日光山を復興する。足尾銅山が幕府の直轄となり銅買い上げが開始される
1616	元和2	徳川家康公、駿府で死去（4月17日、75歳）、久能山にまつられる。11月、日光で社殿の造営が始まる
1617	同　3	家康公に東照大権現の神号が勅賜される。日光東照社が完成し、久能山から家康公の神霊を遷葬する
1618	同　4	黒田長政、大石鳥居を東照社に寄進する
1619	同　5	将軍秀忠公、東照社の西に常行・法華両堂を移し二荒山神社の新宮（本社）を造営する
1625	寛永2	松平正綱、この年から20年にわたって日光道中に杉並木を植える
1634	同　11	東照社の大造替（「寛永の大造替」）始まる（総奉行・秋元泰朝、大棟梁・甲良宗広）
1636	同　13	東照社の大造替成る。家光公、日光に社参し、家康公二十一回忌を営む。オランダ商館から銅灯籠が寄贈される。朝鮮使節が参詣する
1640	寛永17	春日局、東照社に参詣する
1643	同　20	慈眼大師天海、江戸東叡山で没す
1645	正保2	東照社に宮号が勅賜され、東照宮となる
1647	同　4	日光例幣使が制度化される。鉢石町、宿場となる

西暦	年号	事項
1648	慶安元	松平正信（正綱の子）、杉並木寄進碑を建立する（家康公三十三回忌）
1650	同　3	酒井忠勝、東照宮に五重塔を寄進する
1651	同　4	将軍家光公没し、大黒山に埋葬される。堀田正盛、阿部重次ら殉死者の墓碑を妙道院に建てる
1652	承応元	八王子千人同心、日光勤番（火の番）を命ぜられる。幕府、今市に米蔵を建てる
1653	同　2	家光廟大猷院が造営される。林羅山『日光山紀行』を執筆する
1655	明暦元	日光門主・守澄法親王に輪王寺宮号が勅賜される
1689	元禄2	芭蕉、曽良とともに日光を訪れる（『奥の細道』に日光をうたった俳句がある）。足尾銅山の生産減退
1700	同　13	幕府、目付を廃して、日光奉行を置く
1729	享保14	日光神領で朝鮮人参の栽培始まる。興雲律院、建立
1816	文化13	東照大権現二百回忌を営む
1868	明治元	大鳥圭介率いる旧幕軍が日光を目指すが、官軍の板垣退助の努力で兵火を逃れる
1871	同　4	日光山の神仏分離が実施され、東照宮、輪王寺、二荒山神社に分かれる
1872	同　5	男体山の女人禁制が解かれる
1876	同　9	明治天皇、日光を巡幸され、中禅寺湖を「幸の湖（さちのうみ）」と和歌に詠まれる
1879	同　12	保晃会設立
1889	同　22	町制施行
1890	同　23	国鉄（現JR）日光線が開通する
1906	同　39	清滝に日光電気精銅所（現・古河電工）が創立
1913	大正2	大正天皇・皇后、日光電気精銅所ご視察。日光和楽踊り始まる
1924	同　13	東京アングリング・アンド・カントリークラブ発足
1925	同　14	日光電気精銅所に日光で初めてのスケートリンクが完成する
1929	昭和4	東武鉄道日光線が開通する
1932	同　7	日光登山鉄道（現・明智平ロープウェイ）が開業する
1934	同　9	日光国立公園に指定される
1946	同　21	戦場ヶ原に開拓農家が入植する
1951	同　26	文化財保護法が施行され、東照宮本殿・陽明門などが新国宝に指定される
1954	同　29	市制施行
		第一いろは坂有料道路が完成する
1961	同　36	本地堂（薬師堂）が焼損する。1966（昭和41）年に「鳴竜」、1968（昭和43）年に堂が完成する
1965	同　40	金精道路、第二いろは坂が開通する
1976	同　51	霧降高原有料道路が開通する
1981	同　56	日光宇都宮道路（宇都宮～清滝間）全線開通する
1999	平成11	「日光の社寺」が世界遺産（文化遺産）に登録される
2005	同　17	神橋改修工事終わる
		湯ノ湖、湯川、戦場ヶ原、小田代原が、ラムサール条約の世界的に重要な湿地に登録される
2006	同　18	JR・東武鉄道相互乗入れ直通特急の運行が開始される
		市町村合併（日光市、今市市、藤原町、足尾町、栗山村）により新・日光市が誕生する
2015	同　27	日光東照宮400年式年大祭　斎行
2017	同　29	日光東照宮国宝「陽明門」40年ぶりの大修理を終え竣工式を行う

索引

あ

か

さ

た

な

は

ま

や

ら

わ

〈制作スタッフ〉

【編　　　　集】　田中弘道

【執　　　　筆】　井下優子・大野哲男・岡元信一
　　　　　　　　　肥沼謙介・那珂　弘・水谷佳美

【編 集 協 力】　斎藤　晃

【基本デザイン】　遠藤　勁

〈協　力〉

日光東照宮・日光山輪王寺・日光二荒山神社

さかなと森の観察園・日光自然博物館

小倉山森林公園・日光植物園

〈写真クレジット〉

町田有輝・高野康男・佐々城淳一・高藤晴俊

中村幸雄・荒井　修・池田芳一

日光フォトライブラリー

〈改訂新版〉日光パーフェクトガイド

2012年3月30日　初版第1刷発行
2024年12月25日　初版第6刷発行

【監　　修】日光市観光協会
〒321-1261
栃木県日光市今市 717-1
Tel 0288-22-1525　Fax 0288-25-3347

【編集・発行】下野新聞社
〒320-8686
栃木県宇都宮市昭和 1-8-11
Tel　028-625-1135
Fax 028-625-9619

【印刷・デザイン】TOPPAN 株式会社

価格は裏表紙に表示してあります。

ISBN978-4-88286-485-1　C0026

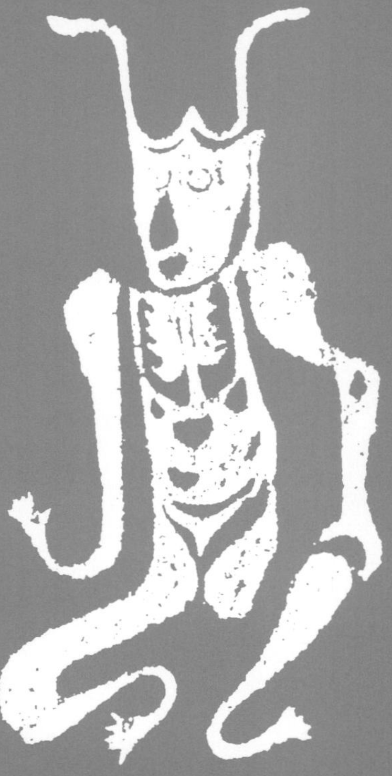

慈恵大師が祈禱のとき鏡に映ったという角大師（P77）